ALCÉE

FRAGMENTS

COLLECTION DES UNIVERSITÉS DE FRANCE
publiée sous le patronage de l'*ASSOCIATION GUILLAUME BUDÉ*

ALCÉE

FRAGMENTS

TOME II

TEXTE ÉTABLI, TRADUIT ET ANNOTÉ

PAR

GAUTHIER LIBERMAN

Maître de conférences à l'Université de Paris X

PARIS
LES BELLES LETTRES
1999

Conformément aux statuts de l'Association Guillaume Budé, ce volume a été soumis à l'approbation de la commission technique qui a chargé Mme Pascale Hummel d'en faire la révision et d'en surveiller la correction en collaboration avec M. Gauthier Liberman.

© *1999. Société d'édition Les Belles Lettres,*
95 bd Raspail 75006 Paris

ISBN: 2-251-00476-9
ISSN: 0184-7155

296a Poème peut-être complet en huit vers, mais dont le sens reste opaque. Obscur est notamment le rapport entre Éros (ou l'amour) et la mort de compagnons d'Alcée qui met sa faction en situation d'échec ; l'auteur de la (mauvaise) idée du début ne fait-il qu'un avec le personnage invectivé à la fin ? Voir Page, p. 299 n. 1 ; Treu, p. 138 ; Barner, p. 42-52.

(Bien mauvaise) cette idée qu'a eue...(d'apaiser ?) Éros...la cité...du roi fils de Cronos...quant à (eux), ils sont morts (et s'en sont allés) dans la demeure d'Hadès, et sans eux...aucun effort...mais tout est perdu...de bonnes choses...et...le bon au mauvais[184]. (Ne méritait-il pas) d'être écorché comme un lion[185] ?

184. Gomme, p. 257, pense qu'il pourrait s'agir de la lutte des « pauvres » contre les « riches », dans le cadre d'un conflit semblable à celui que connut Athènes sous Solon. Pittacos, ici attaqué, serait le meneur du mouvement démocratique.

185. Maas (*Kl.*, p. 4), suivi par Lloyd-Jones (p. 55-56) et W.J. Henderson, *AClass*, 37, 1994, p. 103-106, veut qu'il soit question d'un tyran de Chalcis, Antiléon, connu par Aristote, *Polit.* 5,12 1316a : on aurait μᾶλλον] κ᾿ ἄξιοσ Ἀντιλέ[ο]γτ[οσ ὄδ]᾿ ἦσ ἀπυδέρθην, mais plus vraisemblable est une expression proverbiale fondée sur une pratique qu'illustre l'exemple du lion de Némée : ἔνθα μοι ἀθανάτων τις ἐπὶ φρεσὶ θῆκε νοῆσαι | αὐτοῖς δέρμα λέοντος ἀνασχίζειν ὀνύχεσσι. | Τοῖσι θοῶς ἀπέδειρα, dit Héraklès chez Théocrite 25,276-278. Que cette pratique soit restée présente à la mémoire des Grecs (voir O. Keller, *Die antike Tierwelt*, I, Leipzig, 1909, p. 45), c'est ce que montre le proverbe ἂν ἡ λεοντῆ μὴ ἐξίκηται, τὴν ἀλωπεκῆν πρόσαψον (Zenobius 1,93 I p. 30 *CPG*, cf. Otto, p. 189 ; autres proverbes à rapprocher chez Steier, *RE* XIII,1 s.v. Löwe, 985).

295-297 P.Oxy.2302 = Π, saec. II/III p.C.

295 omitto, nisi quod haec laudo : *a* (fragmentum fort.
ex ea col., quae fr. 296 praecessit) v. 5]ερον χόλο̣[ν
(possis μάλ]ερον uel potius κάρτ]ερον), v. 6]πύθμενα̣[

296a Metr. : pher³ᵈ ueri sim.

```
       ]. νότατον τόδ[......... ἐ]νόησεν[
    _  ]λασθ᾽ Ἔρον ἀλ̣[........].[..].νταπέδ[
       ]δη πόλισ ὠ[....... Κρο]νίδα⟦ι⟧ βασίλη[οσ
 4  _  ]μω . .[. .]υ. . [........ ]. δε θάν[ον]τε[σ
       ] εἰσ Ἀΐδα δόμο[ν .....] ἄνευθα δ[ὲ] τούτ[ων
    _  οὐ]δεὶσ πόνοσ ὠ[...... ἀ]λλὰ τὰ πά[ν]τ᾽ ἀπ[όλωλε
       ].εν καλα . ε. . [........]δ̣ε τᾶσλα κάκο̣[ισι(ν)
 8  ⊗  ]. ἄξιοσ ἀντὶ λέ[ο̣]γτ[οσ ..]᾽ ἦσ ἀπυδέρθην̣[
```

Test. Π fr. 4 1-8, e duobus fragminibus coniunctis factum (plura apud
Lobel P.Oxy. XXI, p. 81-82).

Suppl. Lobel 1 ἀπαλα]μνότατον Lobel, δε]ι̣νότατον Barner ‖
2 ἔλ]λασθ᾽ = ἱλᾶσθαι Lobel (debuit ἵλλασθ᾽ — cf. Aeolicum ἵλλαος,
Meister, p. 143 n. 3 —, nam Aeolicum ἔλλαθι [Meister, p. 143 n. 4]
perfectum est) ; ῥῆ᾽ ἔλ]λασθ᾽ ἔρον· ἀλ[λὰ Δικὰ ϝ᾽] ἀ[έκ]οντα
πέδ[ηλθεν Page e.g. ‖ 3 ἐπεὶ] δὴ πόλισ ὤ[λετο Page, ὤ[λετ᾽ ὑπὰ
Snell ‖ 4 πολέ]μω Barner ‖ ο]ι̣ δὲ exspectauerim, at ι Lobel minus
quam η, ν probat ‖ 5 εὔρυν] εἰσ Ἀΐδα δόμο[ν ἦλθον] possis compositis Page et Barner supplementis ‖ τούτ[ων Page, -[ω Lobel ‖ 6 ἦσ
οὐ]δεὶσ Page, an νῦν οὐ]δεὶσ ? ‖ ἀπ[ώλολε Page ‖ 7 κάλα̣ θε̣ὶσ
legere possis (Lobel), dein [ἐκέρασσε] Lobel ‖ 8 ἦρ᾽ οὐ]κ̣ (οὐκ iam
Lobel) Page ‖ ὄδ]᾽ Hamm et Maas, ὄ γ]᾽ Page.

296b Il est possible, voire plausible, que ce fragment contienne les restes de deux poèmes différents composés dans un mètre peut-être unique, le second relatant un exil du poète (cf. Barner, p. 172-177), tandis que le premier, peut-être complet en huit vers (Page remarque que de trois poèmes composés dans ce mètre par Horace, deux font huit vers, le troisième seize), paraît évoquer une action ou un état du dénommé Damoanactidas — on a pensé qu'il était question d'amour, d'éveil de l'amour — concomitant aux cérémonies d'une fête printanière qu'il est tentant de lier au culte d'Aphrodite et dont Damoanaktidas est peut-être l'heureux témoin, surtout si on prend au sens spatial l'expression ἐν κάλῳ (v. 1). L'instauration d'un rapport entre printemps et amour évoque bien sûr le proème du *De rerum natura* de Lucrèce ; peut-être est-il ici question d'Aphrodite patronne de la transformation sexuelle de l'adolescent (cf. Pirenne-Delforge, p. 40, 419-421 [exemple d'Athènes]). Voir Page, p. 297-299 ; Barner, p. 16-30 ; M. Vetta, *QUCC*, 39, 1982, p. 10, 11, 18 ; construction arbitraire de Pippin-Burnett, p. 137-138, qui peut néanmoins avoir raison de rapprocher le fr. 41.

Déesse née à Chypre, c'est à un moment propice[186] que Damoanactidas, qui te...s'est étendu (?) près des oliviers charmants, (trouvant de réjouissants spectacles ?), car lorsque s'ouvrent les portes du printemps[187]...(de jeunes garçons) fleurant l'ambroisie... sous...ne pas... ;...jeunes gens...couronnés de jacinthe[188]...

---

186. Page traduit « in good season ». On peut aussi comprendre « dans un bel endroit » : sur l'expression ambivalente ἐν καλῷ, voir Gow à Théocrite 15,73.

296b Metr. : gl²ᶜ (de v. 9 ss. res minus certa est).

⊗

    Κ]υπρογένη', ἔν σε κάλωι Δαμοανακτίδ[αισ

—   ]. πὰρ ἐλάαισ ἐροέσσα[ισ] καταήσσατο

    ]σύναισ· ὢσ γὰρ ὀΐ[γ]ο̣ντ᾽ ἔαροσ πύλ̣[αι

4 —   ἀμβ]ροσίασ ὀσδόμενοι [.]ᾶισ ὐπαμε[

    ]κ̣ήλαδε.[]ν[

—   ]οιδε...[ ]᾽[   ]...[

    ] ο̣ὐκ ο.[....]θ᾽· α[..]αυ[..] νεάνι̣[αι

8 —   ].ξ ἰακ[ίνθ]ω<ι> στεφανώμενοι[

    < duorum uersuum spatium uacuum >

    ].α γὰρ δὴ διε[....]μα[

    ]. ο̣ὔπω διε.[....].. [

    ].σ ἐπάερρον [

12   ]ωδ᾽ [ἐ]ρ̣άτασ εἰσ α.[

    ἐ]ξέφυγον πόλλα̣[

Test. Π fr. 4 9-26 = v. 1-18.

Suppl. Lobel 1 Ἄγνα Barner, cf. 384 ‖ Κυπρογένη᾽ uocatiuum propter -η· in Π ‖ 2 ὀμμένω]ν Barner ‖ de ἐλάαισ cf. Blümel, p. 72 ‖ καταήσατο (cf. Hesych. καταήσεται· καταπνεύσει ; memorandus et [Alcaeus] 115,12 καταη[; at κατασσάτω 130a,13 non contulerim) mirum, exspectatur καταέσσατο : cf. Hesych. καταέσσας (-έσας Latte)· κατακοιμηθείς ; Heubeck [Oxon., 1988] ad Od. 3,151 et Hoekstra [Oxon., 1989] ad Od. 16,367 ‖ 3 εὔρων εὔφρο]σύναισ (εὔφρ- Lobel, cf. Od. 6,156) uel simm. possis, alia si]συναισ ad adiect. pertinet (uide 286b,5 app. crit.) ‖ οἴ[fere Π, grammatici (cf. fr. 420 Test. ; Zonaran p. 224 = inc. auct. 20 LP, Voigt diaeresin Aeolicam ὀΐγων testantem) : ὀ<ε>ί[Lobel, cf. ὀείγην IG XII2 6,43 (saec. IV a.C. fin.) ; Bechtel, p. 86-87 ; Chantraine s.v. οἴγνυμι ‖ 4 κόροι δ᾽ uersus init. Barner, nescio an possis χόροι δ᾽ ‖ [τ]αισ Barner, qui 57,1]τᾶισμ.[conferre uult ‖ 7 ἀ[λλ᾽] αὖ[θι] Page ‖ 8 κρούοισιν πόδ᾽ ἐνάλλ]αξ ἰακ[ίνθ]ω<ι> Page ; exspectatur ὐακ- (cf. Sapph. 105b,1 ; 166,1, quamuis ea papyris non tradantur) ‖ de spatio uacuo, quid significet, uide Lobel, P.Oxy. XXI, p. 83-84 ‖ 9 διε[λήλα]μα[ι Lobel e.g. ‖ 12 Λέσβ]ω Lobel ‖ 13 ἐ]ξέφυγον πόλλα̣[πάθων ἔγω Page.

car…ne pas encore…soulevais (?)…de l'aimable…
vers…je me suis enfui, non sans (avoir) beaucoup
(enduré)…du vent…vers le fond…

297

…ancre…amour (?)…

]ν.ν [ἀ]νέμω λ[
]αο̣[.]δοσ̣ [ἐ]σ πύθμ[ενα
16   ]ον[.]ῆσμα.[
          ].έα̣σ[.].υχ[
          ]ρ̣ρ̣[..].[

15 suppl. Barner qui et [ὄ]δοσ̣ proposuit ; πύθμ[ενα (cf. 295a,6) hic potius de gurgite quam de uasculo quodam intelligo ‖ 16 ῆσ̃ («erat») agnoscit Barner ‖ 17 νέα̣σ ψύχ[- legere possis (Lobel, quem uide).

297

          ]νθε.[
        ] ἀγκυρρα[
        ].ε· κυ.[
        ]τ' ἐροσ[

Test. Π fr. 5.

3 π[fortasse, unde propter subsequens ἐροσ[de Κυπρογενηα- (cf. 296b,1 ; 380) uel simm. cogitaris (cf. Horat., *Carm.* 1,32,9-10 = fr. 430 ?).

298   Vestiges d'au moins treize strophes alcaïques appartenant sans doute toutes à un poème unique. Que les
citoyens de Mytilène risquent de payer ou paient très cher le
fait de ne pas punir de mort Pittacos, tel est le fait que paraît
illustrer Alcée au moyen d'un exemple mythologique déve-
loppé sur un rythme narratif allègre, celui d'Ajax fils
d'Oïlée, dont la folie sacrilège valut aux siens, qui ne l'ont
pas puni de mort pour son acte, une catastrophe collective. Il
n'est pas sûr que l'acte commis par Pittacos soit analogue à
celui commis par Ajax (il est risqué de rapporter à Pittacos
et au présent fragment une glose du fr. 59 visant un sacrilège). Le fr. 306Ah se rapporte-t-il à notre poème ? — Voir
Lloyd-Jones, p. 38-52 et A.M. Van Erp Taalman Kip, *Mnemosyne* suppl. 99, Leyde, 1987, p. 95-127 (édition et commentaire perpétuel) ; Meyerhoff, p. 140-155 ; A. Pardini,
BollClass, 16, 1995, p. 103-117 ; D. Neblung, *Die Gestalt
der Kassandra in der antiken Literatur*, Stuttgart-Leipzig,
1997, p. 15-17.

...(il convient)...en dégradant ceux qui commettent
l'injustice, et (de les punir) par la lapidation après leur
avoir jeté autour du cou un lien épais. (Pour sûr), il eût
mieux valu pour les Achéens mettre à mort le sacrilège[189] : (ce faisant), ils auraient, en longeant Aigai[190],
trouvé une mer (plus calme). (Mais) la fille de Priam,
dans le temple...d'Athéna grande pourvoyeuse de
butin...en lui touchant le menton, tandis que les enne-

189. Commence ici le récit d'un épisode dont les protagonistes sont
Ajax et Cassandre. Ajax se trouvait peut-être nommé au v. 16 ; quant
à Cassandre, elle est désignée par une périphrase au v. 8, conformément à une pratique appelée par M. Davies « paradigmatic allusive-
ness » (voir *ZPE*, 72, 1988, p. 39-42). — Sur le châtiment évoqué par
Alcée, cf. West, *The East Face*, p. 53.
190. L'identification avec le promontoire d'Aiga en face du promontoire lesbien de Maléa et non avec la ville d'Aigai en Eubée sug-
gérerait le rapprochement du fr. 17 de Sappho qui serait relatif à la
même tempête que celle évoquée par Alcée : voir G. Huxley, *GRBS*,
10, 1969, p. 1-11 ; A.M. Van Erp Taalman Kip (*op.cit.* dans la notice),
p. 112-113 ; R.L. Fowler, *Phoenix*, 42, 1988, p. 100-101.

298 Voigt = 298 *LP* + S 262a *SLG*.

Metr. : str. Alc.

δρά]σαντασ αἰσχύν[...]τα τὰ μῆνδικα
   ...]ην δὲ περβάλοντ᾽ [ἀν]άγκα<ν>
3   ἄμ]φενι λαβολίωι πά[χη]ᾶν·
      ].Ἀχαίοισ᾽ ἦσ πόλυ βέλτερον
αἰ   ]..η..ᾳ κατέκτανον·
      π]αρπλέοντεσ Αἴγαισ
7 _   ]. ἔτυχον θαλάσσασ·
      ]ὲν ναύω<ι> Πριάμω πάισ
      Ἀ]θανάασ πολυλάϊδοσ
      ] ἀπαππένα γενείω

Test. I P. Colon. 2021, saec. I p.C. (ed. princeps R. Merkelbach, *ZPE*, 1, 1967, p. 81-93 ; denuo B. Kramer - D. Hagedorn, *Kölner Papyri*, II, Opladen, 1978, p. 31-39 ; uide etiam A.M. Van Erp Taalman Kip, *Mnemosyne* suppl. 99, 1987, p. 99-101).
II ,v. 15-28ᴛ = Π fr. 1 a+b. — Cf. 306Ah comm. fort. huc trahendum ; ad v. 16-23 traxit Merkelbach (*APF* 16, 1958, p. 92) ea uersuum initia quae fr. 135 = P.Oxy.2165 fr. 6 continet ; at, ut ipse fatetur Merkelbach, obstat accentus ne fr. 135,4 δείν[cum v. 19 δεινο]τά,τα coniungatur : uide etiam Voigt, p. 276.

Suppl. Merkelbach 1 uestt. schol. marg. sup. dext. [1]]πόλεμοσ| [2]]Μυτιl[3][λήνη] |[4]] II αἰσχύν[νον]τα uel simm. Page II schol. marg. dext. μῆνδικα - τὰ μὴ ἔ[νδικα, τ]ὰ μὴ ἐν δίκη<ι> κε[ί]μενα II 2 τίν]ην Tarditi II [ἀν]άγκα<ν> suppl. Page, corr. Luppe (qui [ὸν]άγκαν uult), recte quidem : primum cf. schol. marg. dext. [1] τὴν ἀγχόνην |[2] οὕτωσ εἴρη|[3]κε· δεσμὸν τὴν ἀνάγκην ; dein, cum uersu sequenti αὔχενι uel potius ἄμφενι probabiliter legendum sit, caue ne hiatu minime tolerando ἀνάγκα uel ἀνάγκαι | ἄμφενι legas ; solum igitur conuenit ἀνάγκαν II 3 ἄμ]φενι formam Aeolicam (cf. app. crit. ad 129,15 ; Theocrit. 30,28 ἄμφενα ; Meister, p. 120) post Gallavotti scripsi, etsi testibus Kramer-Hagedorn χ potius quam φ legendum : αὔ]χενι Merkelbach II schol. supra λαβολίωι script. λε[υ]σμῶ<ι> ; cf. app. crit. ad 68,3 II πά[χη]αν Treu II 4 ἦ μάν] κ᾽ Kassel II 5 suppl. Page II schol. marg. dext. θεοσυλῆ ὄντα, unde (φῶτα) θεοσ]ύληντα Treu (cf. ad v. 18 ; Blümel, p. 218) II 6 οὕτω (hoc Lloyd-Jones) κε π]- Page II 7 πραϋτέρα]σ Page II 8 ἀλλ᾽ ἁ μὲν] Page II 10 de ἀπαππένα (= ἤμμένη, non ἀφημμένη, quod praebet schol. marg. dext.) et γενείω formis cf. S.R. Slings, *Mnemosyne*, 32, 1979, p. 243-267.

mis parcouraient la cité. (Ils tuèrent)...et Déïphobos en même temps ; du mur (s'éleva) une plainte et le cri d'enfants emplissait la plaine (dardanienne). (Ajax ?), en proie à une folie meurtrière, vint (au temple) de la sainte Pallas, qui de tous les dieux bienheureux est la plus (impitoyable) pour les sacrilèges. Après avoir des deux (mains) saisi la jeune fille qui se tenait près de la statue..., le Locrien la..., sans craindre (la fille de Zeus), dispensatrice de la guerre.... Elle, terriblement...sous ses sourcils...devenue blême[191]...sur la mer couleur de vin, et soulevait de soudains ouragans cachés....sacrées...Ajax...Achéens...homme...

191. Rapprocher la citation anonyme de la Souda Σ 488 = Callimaque fr. 374 Pfeiffer, 'ἡ δὲ πελιδνωθεῖσα καὶ ὄμμασι λοξὸν ὑποδράξ | ὀσσομένη', τουτέστιν ᾠχριάσασα καὶ ὑποβλεψαμένη διὰ τὴν ὀργήν, fragment où Pfeiffer supposait déjà qu'il était question d'Athéna, et qu'il est tentant (cf. Barner, p. 194 n. 7, qui attribue inexactement l'idée à Lobel, P. Oxy. XXI, p. 87) de rapporter au premier livre des *Aetia*, dans lequel Callimaque a peut-être évoqué le forfait d'Ajax (cf. *Aetia* fr. 35 Pfeiffer). Sur le blêmissement d'Athéna, voir West, *The East Face*, p. 200. — L'obélisation des vers 25-31 dans le papyrus de Cologne pose un problème insoluble : l'extension exacte et la signification de l'obélisation ne peuvent être déterminées à cause, en premier lieu, de l'état fragmentaire du poème (voir la discussion des différentes hypothèses chez Van Erp Taalman Kip, *op.cit.* dans la notice, p. 118-122). L'hypothèse de Merkelbach (*ZPE*, 1, 1967, p. 92), selon laquelle les v. 32-39 seraient (ou plutôt auraient été considérés à tort comme ?) un doublet des v. 24-31 est invérifiable mais a quelque chose de séduisant (noter que l'enjambement des v. 23-24 apparemment attesté au v. 24 par la ponctuation du papyrus d'Oxyrhynchos empêche de considérer les v. 24-31 comme un ensemble détachable). En tout cas, la jonction des deux papyrus aux v. 24-27 ne paraît pas entraîner d'objection dirimante : voir *ZPE*, 77, 1989, p. 27-29, où j'ai défendu la combinaison de ἐξαπίνασ et de l'imparfait ἐκύκα ; je propose ici de joindre ἐξαπίνασ à θυέλλαισ selon la figure dite ὑφ' ἕν, du type *paulatim socium iacturam fleuit Vlixes = iacturam quae paulatim facta est* (Properce 3,7,41) : cf., avec la note de Gow, Théocrite 9,34, ἔαρ ἐξαπίνας, pour ἔαρ ἐξαπιναῖος.

11 δυσμέ]νεεσ δὲ πόλιν ἔπηπον
......]... [..].ᾶσ Δαΐφοβόν τ᾽ ἄμα
].ν οἰμώγα δ᾽ [ἀπ]ὺ τ_ϵίχεοσ
κα]ὶ παίδων ἀΰτα

15 Δαρδάνι]ον πέδιον κάτη_˳χε_ι·
λ]_˳ύ_ισσ_˳αν ἦλθ᾽ ὀλό_ιαν_˳ ἔχων
]_˳. [ἄ_ι]γν_˳ασ Πάλλα_ιδ_˳οσ ἇ θέω_ιν
-_˳σι θε]οσύλαισι πάντων

19 _ -]τα_˳τα μακάρων πέφυκε·
χέρρεσ_˳σι δ᾽ ἄμφο]ιν παρθενίκαν ἕλων
_˳παρεστάκο]ισαν ἀγάλματι
_˳ὸ Λ_ιό_˳κροσ, οὐδ᾽ ἔ]δεισε

23 _ _˳.οσ πολέμω δότε_ιρ_˳ρ]αν
_˳ν· ἀ δὲ δεῖνον ὐπ᾽ _ιὄ_˳]φρυσι
–σμ[...._˳π_ιε_ιλ_ιι_˳δνώθεισα κὰτ οἴνοπα
–...[. πόν_˳τ_˳ο_ιν_˳, ἐκ δ᾽ ἀφάντοισ

27 –ἐξαπ[ίν_˳ασ ἐκύκα θυέλλαισ·
–αἰδή.[....._˳φ_ι   _˳ί
–ἰραισ.[
–Αἴασ Ἀχα̣[ι-

31 –ἀνδρὸ·̣ []. [
. .μο[
. . .ρ.[

11 πόλιν Π (de πόλῑν cf. B. Gentili, *Gnomon*, 48, 1976, p. 744 ;
Blümel, p. 259) : πόλη᾽ Lloyd-Jones ‖ 13 ἔπεφν]ον Merkelbach,
cetera Lobel et Page ‖ 14 ἔγεντο ante κα]ὶ Pavese ‖ 15 suppl. Page et
Treu ‖ κὰτῆχε (i.e. κατῆχε) I, perperam ‖ 16 Αἴασ δὲ Merkelbach ‖
17 ἐσ ναῦο]ν Page et Kassel ‖ 18 θνάτοι_˳σι Page ‖ de synizesi θεο-,
cf. Hamm, p. 34 ‖ 19 αἰνό]τα_˳τα Page ‖ μακάρων Π : om. I ‖
20 suppl. Page et Treu ‖ 21 σέμνωι] Page ‖ 22 suppl. Lobel ; ne
ὕβρισσ᾽] (Lloyd-Jones) suppleas, monet Meyerhoff, p. 147 ‖ 23 παῖδα
Δ]ίος Page, reliquum suppl. Lobel ‖ 24 γόργωπι_˳ν Page, reliquum
suppl. Lobel ‖ -υσι I : -ὺσιν II ‖ 24-25 ὐπ᾽ ὄφρυσι ad σμ[(σμ[έρδνα
[= σμερδνή] Tarditi) referendum puto ‖ 25 schol. infra script.
[1]]μέλοντο δὲ ἕνεκεν [..]. [2] []αι τὴν πόλιν καὶ [[3]]τουαι ορ° (τοῦ
Αἴ(αντοσ) ὅρο(σ) Lloyd-Jones et Rea) ἐπιλεγομεγ[[4]]. χάριν
ἀνδρὸσ οσ[‖ 26 ἄἴξ[ε Merkelbach.

allait...qui dure(nt) toute la nuit...premier(s)...ter-
rible...se précipita (sur) la mer...souleva la puissance
(des vents ?)...partout...(d'un seul homme)...(pas
même ainsi pour nous)...il est vivant...ô rejeton
d'Hyrrhas[192]...voilier (?)...

299

...ne pas...ta...(fleur) de la jeunesse...fréquen-
ter...et elle-même (?)...endroit...tout... prostituée(s)[193]...

193. « Offenbar ein erotisches Thema », dit Barner, p. 189 n. 3.
Sur l'éventuelle expression « fleur de la jeunesse », voir n. 351 au
fr. 397. Peut-être Alcée s'adresse-t-il à un jeune compagnon censé
gâcher la fleur de sa jeunesse en fréquentant les prostituées. Rapprocher pour le thème le fr. 306i col. II ; [Alcée] fr. 117b,26 ss. (cf. Introduction, p. LXXXVIII) et Archiloque fr. 302 West².

ἔβασκε[
35   παννυχιο[
πρωτοι.[
δεινα.[
ἄϊξε πόγ[τον
39   ὦρσε βία[ν
. . . ισε[
παγτᾱπ.[
. .].το. . .[
43   δ. . .ροσενο[
.υ. .δεκαμ[
ζώει μεγω.[
ἄτᾱν βροτ.[
47   ωϋρραδον.[
. .ε. κελητ.[
.]. . . . . .ωπ[
.   .   .

43 δ᾽ ἄγδροσ ἔνο[σ hoc Merkelbach, illud Voigt ‖ 44 οὐδ᾽ ὧδε
καμ (κ᾽ ἄμ[μιν Merkelbach) Snell ‖ 45 μὲγ ὤγ[ηρ Merkelbach ‖ 47 ὦ
Ὑρράδ<ι>ον (sc. γένοσ uel simm.) Lloyd-Jones, ὦ Ὑρρά δον.[
Snell minus bene ‖ 48 κέλητο[σ Merkelbach (cf. 306d, l. 7 ? ; Gentili, *Gnomon*, 48, 1976, p. 743).

299

.   .   .

μητα[
σὰν κα[
ἄβασ αγ[
4   φοιταί[
καὐτα τ[
χῶρον[

Test. Π fr. 2.

3 ἄγ[θοσ Barner.

300

...armée...   (-ana)ctidas...qu'il...homme...réson-
ner...(introduisant)[194]...

302

194. Évocation d'un combat, ainsi que le suggèrent les mots στροτ[
et]βραχη[, verbe dont l'emploi est confiné au domaine des armes ?

8 παντα[
   πορνα.[
   . . .

300 Metr. : str. Alc. ut uid.

    . . .

    ]ν στροτ[
    ]λετο
    ]
4 _   ]λλοι·
    ]κτίδαισ[
    ]ξέτω·
    ]σ
8 _   ]ανδρα
    ]βραχη[
    ]ισαγων[
    . . .

Test. Π fr. 3.

1 στρότ[ον possis ‖ 2 ἀπώ]λετο possis ‖ uestt. schol. marg. dext.
¹ οτ[‖² κϱ[‖ 5 Δάμοανα]-, Ἀρχεανα] , simm. possis ‖ 9 formam uerbi
βραχεῖν audio ‖ 10 ε]ισάγων possis.

301 omitto, nisi quod haec excerpo : 2 ἐσθεταύ[ubi
ἔσθετ' agnosco, 3]γ σύνεντε[fort. a συνίημι.

302bc Voigt = 302 col. II *LP* (302a Voigt = 302 *LP* col.
I omitto, excepto schol. ad v. 19 marg. dext. Μυρ]σίλου,
non ut uid. Πεν]θίλου (Lobel) ; v. 1-11 carmen str.
Sapph. scriptum ut uid., in quo v. 8 κρ]ετέντων, sup-
plentibus *LP* in indice, et v. 4]αρχον exstant : an
μόν]αρχον supplendum, coll. 6,27, ubi de Myrsilo agitur, et 306C fr. 12a, l. 5-6 ?).

    Metr. : *c* fort. str. Alc.

b ...Penthilos[195]...(mains)...le tyran...

c J'ai peur...notre...qu'il arrive...propos...nuée...
tour(s)...arriverait...fort[196]...

195. Fils d'Oreste ancêtre des Penthilides ou bien le Penthilos tué
par Smerdis vers 620 (cf. Page, p. 149-150 ; Berve, p. 91) : voir
l'Introduction, p. XVI-XVII.
196. Rapprocher le fr. 130a,1, surtout en tenant compte de la scholie « ...ils sont tombés...car mes amis » (cf. app. crit.). L'échec d'une
expédition paraît évoqué ; « nuée » doit peut-être être entendu métaphoriquement (l'*Iliade* a par exemple θανάτου, Τρώων, πολέμοιο
νέφος).

b

. . .

Πένθι[λ-
αἰκιζα[
. .τον[
χ[έρ]ρεσ[
5   σαμφο[
λᾱ[.]δεχ[
_f_ τοισ τύρα[ννο-

c

⊗   Τάρβημμι[
ἄμμαν χ[
γένητ᾽ αμ[
4   _μῦθον ἐ.[
νέφοσ κα.[
πύργων[
γένοιτο τ[
8   _κάρτερον ạ[

Test. *b* = P.Oxy.2304 (sacc. II p.C.) col. II 1-7.
c = eiusdem col. II 8-15.

b suppl. Lobel 2 ξ etiam possis ; fort. αἴ κ᾽ ἰ- ‖ 5 uerborum synaphiam suspicatus est Page (p. 326) ‖ 6 an λά[ω] δ᾽ ἐχ[- ? ‖ 7 τύρ Π ‖
τοισ ad praecedentia fort. referendum, si uerborum synaphiam recte
suspicatus est Page.
c 1 τάρβημμι Π² ˢˢᶜʳ : -ημι Π¹ ‖ 3 γέν᾽ηταμ[Π falso ‖ 4 μῦθον
Π ‖ 8 infra schol. script. ει ἔπεσεν, οἱ φίλοι γ(ὰρ).[

303

...des sandales ; cependant seront (?)...des chaussures en peau de cerf...marchant...avoir les deux...
tenus en estime (?) remède...grand(s)...tout(e)
entier(e)...pas encore[197]...

303B   Bribes inintelligibles au recto ; le verso porte cette
indication : « Livre I [ou, moins vraisemblablement, IV]
des poèmes d'Alcée ».

303   Metr. : v. 1-9 ut uid. aeolˣᶜ, fort. idem metrum ac v. 10 = 350,1.

σά]μβαλα καίτ' ἔσσετ' ἀ[
εὐ]μάριδασ βαισαπο[
].ιμε.η.ιγτοναν[
].σεχητ' ἀμφοτερ[

5   ]δοκίμοισ φαρμακ[
]μεγαλαντ..[
]..[.]συμπαισαφ[
]ασ οὔπω[
]θαστα[

(10)   ⊗   ῏Ηλθεσ ἐκ περάτων γ]ᾶσ ἐλεφ[αντίναν

· · ·

Test. : P.Oxy.2305, saec. II/III p.C.

1 Lobel praeeunte suppleui et distinxi, cf. Sappho 110,2 σάμβαλα ‖ 2 e commento Lobeliano suppleui, qui δ̣ legere noluit, at legere potes. Εὔμᾰρισ tantum ap. *A.P.* 7,413,4 ; est autem uox non Graeca ‖ an particip. βαὶσ (uel sim.) agnoscendum ? ‖ 10 hic fr. 350,1 supplere proposuit Lobcl.

303A Voigt : potius Sapphicum (99 *LP*) ; uide quae praefatus sum p. XCII-XCIV.

303B Voigt = 304A *LP* in secundis curis, p. 339.

· · ·

]. .[
].ιτα.[
]νμε.[
]γαιγα[

Test. P.Oxy.2358 (saec. II p.C.), propterea utile fragmentum, quod uersa papyro scriptum est ᾽Αλκαίο[υ ǀ μελῶν .[, ubi, hastulae parte ima tantum seruata, α[uel minus ueri sim. δ[possis, i.e. liber primus uel quartus.

305-306E Fragments papyrologiques de travaux relatifs aux poèmes ou à la vie d'Alcée, réédités par Porro avec commentaires, bibliographie des fragments importants et planches.

305 Voir la notice des fr. 207 et 306C.

305a

...si (tu)...clan (?)... : *même si tu* (*abandonnes* ?) *ce clan* (?), (*il conservera* ?) *ce que tu as concocté, c'est-à-dire : jamais ne viendra à manquer la guerre de notre côté*[198]. — comme si vous puisiez dans la mer grise : *comme si vous vidiez l'eau de la mer, vous aurez une guerre qui n'aura pas de cesse.*

[Nouveau poème] Puisse-t-il entre toi et moi ne survenir ni guerre *: adressé à un certain individu nommé Mnèmon qui a fourni une embarcation légère*

---

198. Alcée semble s'adresser à un individu qui fait partie d'un clan (celui de Myrsile ? cf. note suivante) et se trouve à l'origine d'un conflit entre ce clan et celui du poète.

304 *LP* : potius Sapphicum (44A Voigt) ; uide quae praefatus sum, p. XCIV.

305a Voigt = 305 col. I *LP* ; Porro p. 40 et 42.

Metr. : primum carmen gl^{xd} uel gl^{2d} possis ; alterum aeol^{xc}, fortasse gl^{2c} uersu in lemmate bis decurtato : cf. quae de fr. 207 praefatus sum.

```
        ]ε καὶ αὐτο[
5       γ]ένοσ αἴ κ[. . .]. .[
        ἔ]ὰν καὶ κα[. . . .]πηισ
        γέγ[οσ] ἔ[κ]εῖνο, ἐκτ.[. .]ται τὰ
        ὐ]πὸ [σ]οῦ κεκερασμ[έν]α, τοῦ-
        τ' ἐστιν οὐδέποτε ἔ[πιλ]είψει
10      ὁ ἐξ ἡμῶν πόλεμοσ.[ ] ὣσ ἄλυυ
        ἐ<κ> πολίασ ἀρυτημεν[ ·] ὣσ
        ἐκ θαλάσσησ ἀντλο[ῦ]ντεσ
        ἀνέκλειπτον πόλε[μο]ν ἔ-
        ϝ ξετε        Σ[οὶ] κἄμοι
15      πόλεμοσ μήτε γένοιτ[ο]· γέγρα-
        πται πρόσ τινα ὀνόματι κα-
        λούμενον Μνήμονα ὃσ ἀ-
```

Test. P.Oxy.2306 (saec. II p.C.) col. I, cuius l. 1-3, 29-31 omisi.

Suppl. Lobel 5 κ[uox κ(εν) agnoscenda est, κ[αί prohibere uidetur metrum ‖ 6 κα[ταλί]πηισ Barner ‖ 7 an ἐκτή[σε]ται (= κεκτήσε-ται) ? ‖ 9 ἐ[κλ]είψει Barner spatio breuius ‖ 11 -ήμεν[οι Lobel ; an -ημέν[οισ (uide quae de fr. 307 praefatus sum) ? ‖ 14 suppl. Latte.

pour le retour de Myrsile. Il lui dit, donc, qu'il ne l'en accuse pas et qu'il n'en fait pas un différend. — et quiconque veut, alors que nous sommes opposés l'un à l'autre, nous : *soit en général... Pittacos*[199] *et les siens...* — ô Mnamon... : *selon certains, il s'agit d'un nom propre...Mnèmon...*un peu...

306   Porro (p. 97, 110-111) pense que tous les poèmes analysés dans les fragments de ce commentaire pourraient renvoyer à la période de l'ésymnétie de Pittacos. Je suis sceptique. Il peut être question de Myrsile au fr. 306a, l. 13, qui se rapporte au fr. 68, tandis que les l. 18 ss. se rapportent au fr. 69, que Porro met en rapport avec l'ésymnétie de Pittacos en se fondant sur un rapprochement arbitraire avec le fr. 306Af (en voir la notice). Dans le fr. 306c, il est question de Bycchis, compagnon d'Alcée mentionné au fr. 60 (scholie), où le contexte est celui du premier exil (de là, aux lignes 4-5 du fr. 306c, le supplément de Treu, p. 163, et de Trumpf, p. 53, cité dans l'app. crit.). Le fr. 306 (16) *LP* = fr. 16 Porro (p. 82) se rapporte au fr. 73, où il est également question de Bycchis : le fr. 306b évoque-t-il non le retour de Myrsile (fr. 305a, l. 14 ss.), mais le retour d'Alcée que le fr. 73 présente comme perdu de vue (voir la notice de ce poème) ? Le fr. 306d est-il

κάτιον παρέστησεν εἰσ τὴν
·/· Μυρσίλου κάθοδον· φησὶν οὖν
20   ὅτι οὐκ αἰτιᾶται αὐτὸ̣[ν] οὐδὲ
διαφέρεται περὶ το[ύ]του.
ὅττισ δ' ἄμμε διάστα[ντ]ε̣ θέλει·
ἤτοι καθόλου λ[......].των
περὶ Φίτ̣τακον [......].των.
25   ὦ Μνᾶμον κ[......] τιν(έσ)
.]. κύριον ὄνομ[α... Μ]νήμο-
ν-   ].κατα.[Φιτ]τ̣άκου
τ]ύτθον

22 ὅττισ Lobel : ὅστισ Π ‖]ε̣, non]ι̣ Π, unde διάστα[ντ]ε̣ Di
Benedetto et Snell recte, falso autem διάστα[σα]ι̣ Gallavotti, Porro,
cui supplemento metrum parum fauet.

305b Voigt (= 305 col. II *LP* ; p. 44-45 Porro) : uide
fr. 208, Test. VI.

306 P.Oxy.2307, saec. II p.C. = Π.

306a Voigt (Π fr. 1 = 306 (1) *LP* ; fr. 1 Porro, p.64) :
uidc fr. 68, Test. II et 69, Test. Π.

306b Voigt (Π fr. 2 = 306 (2) *LP* ; fr. 2 Porro, p. 66) ;
haec excerpo : 1 κ]α̣θοδο̣ρ̣[; 2]νεωσ[; 4 κ]αθηκον[;
5 κάθο]δοσ του[

relatif à ce retour ? Il n'est nullement certain que le fr. 306g, l. 1-8, se rapporte à l'ésymnétie de Pittacos ; aux lignes 9 ss. peut être évoqué le serment du fr. 129 relatif à la trahison de Pittacos, antérieure à son ésymnétie. — Notre commentaire paraît analyser, dans l'ordre de leur occurrence dans l'édition alexandrine, des poèmes que contenait le livre dont sont extraits les fr. 59-111 et 129-139, lesquels paraissent se rapporter à une période précédant l'ésymnétie de Pittacos (cf. Introduction, p. LIV-LV). Supposons que cette hypothèse soit juste : alors, si par extraordinaire les dernières lignes du fr. 306f se rapportaient à un fragment du groupe 140-199 (P.Oxy.2295) relatif à la guerre de Sigée (cf. fr. 167, 170), il s'ensuivrait que ce groupe et les fragments 200-203 (P.Oxy.2296, qui se recoupe avec deux fragments de P.Oxy.2295) faisaient partie du même livre de l'édition alexandrine dont sont extraits les fr. 59-111 et 129-139. Voir la notice des fr. 140-199.

306c

   ...à l'époque du...exil...à Bycchis...(craindre)...

306c Voigt = 306 (3) col. I *LP* ; fr. 3 col. I Porro, p. 66.
Col. II omitto nisi quod excerpo l. 4 φιλε.[; inter l. 4-5
coronis exstat : litteris κεπ, quibus l. 5 incipit, docemur
noui carminis initium in l. 4 parte altera prostitisse.

].σ ἐπὶ μὲν
5   ]ησ φυ[γ]ῆσ
].σεσθ[.]ιτο
]τῶι Βύκχι-
[δι   ]νδεδιε

Test. Π fr. 3 col. I ; l. 1-3, 9 omisi.

Suppl. Lobel 4-5 « perhaps ἐπὶ μὲν| [τῆσ   ]ησ φυ[γ]ῆσ 'at
the time of the.[th] exile' or 'of the flight to' » (Lobel) ; πρώτ]ησ Treu
et Trumpf, τ]ῆσ Voigt ‖ 8 δέδιε uel potius δεδιέ|[ναι potes.

306d

(en hâte ?)...*une planche* (?)...*bateau* (?)...*Alcée*...
les faits survenus...*de la planchette* (?)[200] *nécessité*...

[Nouveau poème] *de*... *jusqu'à*......*ce poème-ci est
aussi écrit*...

306f

l. 6 (*il prend plaisir à s'exprimer allégoriquement*),
l. 13 ss. ...*jeune garçon*...*il y a longtemps*...

306d Voigt = 306(4) *LP* ; fr. 4, p. 68 Porro.

· · ·

].εσυθ[

]ω πίναξ δ.[

]νεωσ ὠσ ἀποι[

]ενου τοῦ 'Αλκ[αίου

5   ]γεγονότα ϙα.[

    πι]νακίδοσ ἀναγϙ[

f–   ]λομένου κελ.[

    ]σασ ἔωσ χαλαλ[

    ]καὶ αὔτη γέγραπ[ται

10   ]....συμη[

· · ·

Test. Π fr. 4.

Suppl. Lobel 1 an uestt. uerbi σεύομαι ab Alcaeo usurpati ? ‖ 3 an νεὼσ et ἀπ᾽οϊ[κου (cf. 306Ce l. 8) agnoscenda ? ‖ 7 an uox κέλησ (cf. 298,48) agnoscenda ? ‖ Porro auctore coronidem suppleui ‖ 8 an uerbum χάλαμι (e.g. ἄγκυρραν) agnoscendum ? ‖ 10 σὺ μὴ Alcaei uerba ?

306(5) *LP* a Voigt omissum et 306e Voigt [= 306(6) *LP*] = fr. 5 et 6 p. 70 Porro omitto, nisi quod excerpo 306e, l. 2]ν ὄρν[ι]ν τ[

306f Voigt = 306 (7-8) *LP* ; fr. 7-8, p. 71 Porro.

6   ]αιρει αλ[

13   ]ν παῖδα

      ]ον μὲν

15   ]λο παλαι

Test. Π fr. 7-8 a *LP* coniuncta, quorum l. 1-5, 21-24 omisi.

6 χ]αίρει ἀλ[ληγορῶν Voigt e Lobel, qui 306i, col. I l. 12-13 contulit.

jeune(s) garçon(s)...(Périandre, ils se sont battus pour Sigée et les citoyens l'ont choisi comme ?) média-teur[201]...

306g

...à présent il convient que (tous ?), profitant de la chance qu'ils ont eue, courent se jeter sur le dos de Pittacos (et) mettent fin à l'insolente malfaisance du tyran[202].

[Nouveau poème] Puisse le fils de Zeus fils de Cronos porter ses regards : *ce poème-ci est aussi écrit contre Pittacos, relativement aux serments faits au*[203]...

201. La présence hypothétique de ce mot a conduit Lobel et Page (p. 159) à rapporter ce passage au rôle de médiateur joué par Périandre entre Athènes et Mytilène dans la guerre de Sigée (cf. *TVA* VI) et à l'interpréter et le compléter en conséquence. La mention éventuelle d'événements liés à la guerre de Sigée pourrait s'inscrire dans le cadre d'un poème relatif à Pittacos (cf. fr. 167) ; il est remarquable que cette mention se trouve précédée de l'évocation d'un jeune garçon, voire de plusieurs (l. 13, cf. l. 16 [pluriel ?]). Si (voir l'Introduction, p. XVI n. 24), Alcée était trop jeune pour participer au renversement de Mélanchros dans l'olympiade 42 (612-609) et si l'épisode de la guerre de Sigée où il abandonna ses armes est assigné à la même date que le combat singulier de Phrynon et Pittacos, à savoir 607/606, alors à cette époque le poète pouvait encore être un παῖς (rapprocher le παῖς dont le poète évoque la mort au combat au fr. 306Ab, l. 25). Mais le fait que les Athéniens ont suspendu le plumet d'Alcée dans le sanctuaire d'Athéna (fr. 401 B) impliquerait-il une certaine notoriété du poète ?

].των παι-
].ον πε-
].ν επο-
].αι μεσί-
20[την   ]οδ.τη[

16-17 παι‖[δ- agnoscendum ‖ 17-18]τον Πει[ρίανδρον Page ‖ 18-19 περὶ Σίγειι]ον ἐπο‖[λέμησαν Page, at potius περὶ Σιγείου exspectares, cf. Plutarch., *De Herod. malign.* 15 858a πολεμούντων γὰρ Ἀθηναίων καὶ Μυτιληναίων περὶ Σιγείου ‖ 19-20 αἰροῦν]ται μεσί‖[την Lobel, πολῖ]ται μεσί‖[την εἴλοντο Barner melius, quo recepto exspectaueris ἐπο‖[λέμηοαν, οἱ δὲ πολῖ]ται μεσί-.

306g Voigt = 306 (9) *LP* ; fr. 9, p. 72 Porro.

Metr. : carmen alterum metro Ionico scriptum est (cf. fr. 10 cum Test. IIa).

. . .
                    ]
                ].[.] . τοδε
κελ[   ]του ἀγαθη
νῦν δεῖ α[   ] ἀγαθῆ<ι> χρη-
σαμένου[σ τύχηι] ἐνθορεῖν
5   καὶ ἐνορμ[ῆσαι τ]οῖσ τ[ο]ῦ Φιτ-
τάκ[ο]υ νώτ[οισ καὶ τῆσ] κα-
κῆσ ὔβρεωσ [τὸ]ν τύραννον
f_παῦσαι. Ἐπιδ[οί]η{ι} Δίοσ υἶοσ
Κρονίδα. Καὶ α[ὔ]τη κατὰ
10   Φιττάκου γέγ[ρα]πται περὶ τῶν ὅρκων [τῶν γ]ε[γ]ε-
νημένων ἐν [   ].
πολ[.....]ρ[   ].
. . .

Test. Π fr. 9.

Suppl. Lobel 1-2 τόδε ǀ κελ[εύει uel κέλ[ευσμα αὐ]τοῦ Barner ‖ 3 α[ὐτοὺσ] Page, ἄ[παντασ] Gallavotti ‖ 4 suppl. Gallavotti ‖ 6 καὶ (Treu, Steffen) ; τῆσ] Barner ‖ 8 suppr. Lobel, de forma ἐπιδοίη cf. Hamm, p. 163-164.

306g'

…libre…(Ouranos ?)…Éros (?) mais[204]*…*

306g''

l. 3-5 *…pour décrire le moral…cet homme…bon…*
l. 9-13 *…prépar(er)…est caché…manière…pris dans
une embuscade (?)…*

306h

…mais si…jusqu'à front*…qu'il apprenne…*

---

204. Ce fragment pourrait évoquer Ouranos (cf. 441) et Éros
(cf. 327 ; le fr. 198a de Sappho présente Éros comme fils d'Ouranos et
Gê).

306g' (om. Voigt) = 306 (10) *LP* ; fr. 10, p. 74 Porro.

]ἐλευθέραι[
]ρχον ὁ οὐρ[
5   ] Ἔρωσ, ἀλλὰ [

Test. Π fr. 10, cuius l. 1-2 et 6 omisi.

4 an ἄ- uel -α]ρχον ὁ Οὐρ[ανὸσ ?

306g'' (om. Voigt) = 306 (11) *LP* ; fr. 11ab, p. 74 Porro.

3   ἠθικῶσ . . β[ἄν-]
         δρα τοῦτον α.[
5   νạ[.] ἀγạθὸν [.].[
9   ]βα[ι] συνιστ[
         ].. [ι]χοσε[.].τ[
         ]κέκ[ρι]υπται[
         ]τ[ο]ρ|οπο. κ[
13   ]ἐνεδ|ρευτ.[

Test. Π fr. 11a et b (auctore Lobel coniunx. *LP*), cuius l. 1-2, 6-8, 14 omisi.

3-4 suppleui ‖ 13 .[: « a small semicircle just off the line » (Lobel), unde ἐνεδρευτο[- proposuerim.

306h Voigt = 306 (12) *LP* ; fr. 12, Porro p. 75.

                . . .
              ]ο . . . . . .[
_   ]σει αἰ δετ[
         ἔωσ μέτωπον   [
         γεινώσκοι αφ[

Test. Π fr. 12, uide infra ad 306(13abc).

4 γεινώσκοι Π^{pc sscr} : -κει Π^{ac}.

*qu'il soit vivement frappé...se rengorgeant...et sur sa
tête*[205]...

306i   Contrairement à ce qu'avait avancé Lobel (P.Oxy.
XXI, p. 120), il n'est pas du tout acquis (cf. Porro, p. 107)
que la première colonne de notre fragment se rapporte au fr.
73, car une telle hypothèse amènerait naturellement à placer
au bas de cette colonne la fin de colonne que constitue
P.Oxy.2307 fr. 16 = 73,8-10 (voir *ad loc.*), ce qui rendrait
très problématique la suite des idées entre la fin de la première colonne et la seconde. On ne sait si la première
colonne se rapporte au poème visé par la seconde (non selon
G.L. Koniaris [*Hermes*, 94, 1966, p. 389], plutôt oui selon
Porro, p. 107-108) ; peut-être Porro (p. 108) a-t-elle raison
de penser que la première colonne contient des propos géné-
raux sur l'allégorie maritime chez Alcée : ces propos
seraient-ils illustrés avec un exemple tiré d'un poème commenté ou précédemment ou dans la suite, et qui serait le
fr. 73 ? En tout cas, il est certain que la seconde colonne se
rapporte à une pièce unique ; on a voulu y reconnaître
l'allégorie politique du navire-*polis* (voir par exemple Gentili, p. 277 ss.) : je pense avec Rösler, p. 236, que cela est
douteux. La superposition de l'allégorie du navire-cité et de

5   ἐκπλήσσοιτο[
           ἐναβρυνομ[
           καὶ κατὰ κεφ[αλ-
           μενον   μ[
            ]εωσ[
10   ].[
           . . .

7 suppl. Lobel ‖ 8 post spatium uacuum lemmatis initium perspexit Porro.

306 (13) *LP* (om. Voigt) ; fr. 13abc, p. 75 Porro : haec lacinia et fr. 306h ex eadem uicinitate orta sunt ; omisi, nisi quod fr. 13a, l. 2 excerpo]βριχαα[, quod quomodo intellegendum sit non liquet.

306i Voigt = 306 (14) *LP* ; fr. 14, p. 76,78,80 Porro Sub fr. 73 Test. II extat Π fr. 16 [=306 (16) *LP* ; fr. 16, p. 82 Porro], quod sub fr. 306i col. I posuit Voigt perperam.

Metr. (col. II) : str. Alc. ut uid.

col. II
. . .

[[ποτουτων]]παλλ[
ἑστάναι ψόμμοσ [
ἔωσ ὀνστείχει· τὸ ọ [με-
ταλαμβάνουσιν ἐ[πὶ τὸ

Test. Π fr. 14.

Suppl. Lobel   Col. I 1 τὴν ν]αῦ[ν Barner ‖ 3 ἀσήμου ante ἕρμα]τοσ Page ‖ 4]ε possis, unde ἔωσ Barner ‖ 10-11 auctore Lobel suppl. Page ex Anacreont. fr. 403 *PMG* ab Hesych. s.v. ἕρμα laudato. Col. II 3 ὀνστείχει Π : ὀστ- Lobel.

celle du navire-prostituée rendrait le poème bien compliqué. Rien dans les propos du commentateur ne vient soutenir l'interprétation politique. Peut-être Alcée compare-t-il la vieille prostituée retirée au navire usé, immobilisé et envahi par le sable. La comparaison de la prostituée avec le navire se trouve en *A.P.* 5,44 (Rufin) ; 5,161 (Asclépiade) ; 9,415 et 416. La métaphore du navire usé mais encore en service est laborieusement filée par Méléagre, *A.P.* 5,204 ; dans une épigramme d'Asclépiade, *A.P.* 7,217,4, une courtisane est, selon une variante significative, présentée comme πρωτό-πλοος au temps de sa jeunesse (on se rappelle la réponse que fit, selon Macrobe, *Sat.* 2,5,9, la fille dissolue d'Auguste, Julie, à ceux qui s'étonnaient que ses enfants ressemblent à leur père : *numquam enim nisi naui plena tollo uectorem*). Le fr. 299 présente, semble-t-il, une image négative des prostituées (voir n. 193 *ad loc.*). Par ailleurs, les femmes vieilles et laides sont classiquement objets d'αἰσχρολογία (voir D. Mankin, *Horace. Epodes*, Cambridge, 1995, p. 152 à l'Épode 8).

col. I *…il met en scène (l'embarcation) brisée par un écueil…la mer…les endroits immergés…d'un côté, n'étant pas…de l'autre, apparaissant…la mer…*je suis porté(e) sur des écueils[206]*…Anacréon…prend plaisir à l'allégorie…*

col. II *être immobilisée…* du sable… jusqu'à monte *: les Éoliens mettent « o » pour « a » : ainsi, il a dit ici « psommos » pour « psammos ». Par là il désigne l'impureté : comme elle est élimée et transpercée, monte en elle une impureté abondante et blanche ; « leukos » est employé à cause du gonflement*[207]. — À présent elle a les jambettes[208] disjointes (?) : *et ses jambes sont vieilles. —* Qui tant et tant a parcouru (la mer) : *il (reste) dans l'allégorie…elle a navigué et à cause de navigations nombreuses et répétées à présent ses jambes sont devenues vieilles. —* Mais ce n'est

col. I

. . .

]α.[

]. ἐπιφέρει ὑπὸ

ἔρμα]τοσ διερρηγυῖαν

].ωσ θάλασσαν

5] ὔφαλοι τόποι

] οὐκ ὄντεσ μὲν

]μη φαι[ν]ομε-

νοι δὲ   ]δια το[..].. [   ]

] θάλασσαν[   ]

10 ἀσήμων ὑ]πὲρ ἑρμάτω[ν   ]

φορέομαι   Ἀ]νακρέων

ἀλ]ληγορῶν χαί-

ρει   ].αι...τ..

]π.. η. . .

15   ].

]

. . .

5 ᾱ οἱ Αἰολεῖσ· καὶ νῦν [τὴν

ψάμμον ψόμμον εἴρ[η-

κε· σημαίνει δὲ τὴν ἀκα-

θαρσίαν. Θλιβομένησ αὐ-

τῆσ καὶ περαινομένησ

10 πολλὴ [[αν]] ἀκαθαρσία ἀνα-

πορεύεται καὶ λευκή· εἴρη-

ται δὲ τὸ λεῦκοσ διὰ τὸ ἔ-

_παρμα.   Διὰ δὲ σκέλη ἤ-

δη κεχώρηκε αὔται· καὶ

15 τὰ σκέλη αὐτῆσ πεπαλαί-

ωτα[ι· πύκν]α τε καὶ θάμα[

_δρομ[οίσαι· μένει ἐ]πὶ τῆσ ἀλ-

ληγορία[σ ...]. πεπλευ-

κυίαι αὐτῆ<ι> διὰ τοὺσ πολ-

20 λοὺσ πλοῦσ καὶ πυκνοὺσ ἤ-

_δη π[α]λαιὰ γέγονε[ν·] ἀλ-

λ᾽ οὐ σ.[..].ων ἔνεκ[α

ται ... [..] οὐ διὰ τὸ [πεπα-

λαιῶσθ[αι ...]... [κα-

25 θορμισθῆναι η[

συνουσί[ασ] πεπα[ῦσθαι

ἡ ναῦσ π[α]λαιὰ τοῦ [.].[

πλεῖν κ[α]τίσχει τουτι[

π[......]γασ πορεύετα[ι

30 τ[......]γομένουσ πε[

]νεισ πάντα λι[

]τάγεται ω[

].[

. . .

7 σημαίνει Lobel : -μηνει Π ‖ 13 δία Page : οια Π ‖ σκέλη
contra dialectum : miscentur poetae uerba et paraphrasis (uide adn.
212) ‖ 16 θάμ᾽ ἀ[λα Page, θάμε[α (Gallavotti, Porro) litterarum numero
solito satis non facit ‖ 22 ἔννεκα postulabat poetarum horum lingua ‖
22-23 βόλλε‖ται Gallavotti, παύε‖ται Barner ‖ 26 suppl. Voigt ‖
27 τοῦ [αὖθισ] Barner ‖ 32 κα]τάγεται Barner.

pas (pour cela qu'elle veut)...*pas à cause du vieillisse-
ment...mouiller*[209]...*(cesser) les rapports*[210], ...*l'embarcation, vieille...retient de naviguer* (?)...*circule...
chaque*[211]...*est emmenée* (?)...[212]

306A Fragments d'un traité sur plusieurs poètes lyriques,
dont Alcée, dans le genre, selon Pfeiffer (*Storia*, p. 345),
non de l'ὑπόμνημα qui commente vers par vers le texte de
l'auteur, mais plutôt du Περὶ τοῦ δεῖνα qui traite dans un
ordre libre de questions biographiques et de problèmes
d'interprétation de passages choisis.

209. Rapprocher Rufin, *A.P.* 5,44,1-2, Λέμβιον, ἡ δ᾽ ἑτέρα Κερ-
κούριον, αἱ δύ᾽ ἑταῖραι | αἰὲν ἐφορμοῦσιν τῷ Σαμίων λιμένι.
    210. Paraphrase d'un passage exprimant l'idée que ce n'est pas en
raison de son âge qu'une prostituée se retire ?

306 (15, 17-19) *LP* [fr. 15, 17-19 Porro ; a Voigt omissa] ;
(20) *LP* [fr. 20 Porro] = 306k Voigt ; (21-25) *LP* [fr. 21-
25 Porro ; a Voigt omissa] ; (26) *LP* [fr. 26 Porro] = 306l
Voigt ; (27-80) *LP* [fr. 27-82 Porro ; a Voigt omissa]
omitto, nisi quod haec excerpo : 306k Voigt l. 1-2].ι
ἀλλὰ νι|[κ-   ]παιζον ; l. 4]πεσσὸν ει[;
306l Voigt l. 1-2 γυμνα̣[| μαρναν[(μάρναν[ται e.g., uer-
bum poeticum, igitur Alcaicum ?) ; 306 (27) *LP* [fr. 27
Porro] l. 3]τον ἱστὸν ; 306 (29) *LP* [fr. 29 Porro] l. 1
]αεροφ[(an ἀεροφ[οιτ- ? ἀερ- non Aeolicum ; Aeolicum αὐήρ testatur Iohann. Gramm. *Comp.* III,2 p. 215
Hoffmann) ; 306 (37) *LP* [fr. 37 Porro] l. 2-3]δέοσ
δ[|]φοβω.[; 306 (39) *LP* [fr. 39 Porro] l. 2-3]η πλεῖν
μ[|]ι τὸν ἐχθ[ρὸν (suppl. Barner) ; 306 (42) *LP* [fr. 42
Porro] l. 8]φυγα[; 306 (46) *LP* [fr. 46 Porro] l. 3
Ὀλ]υμπ[- ; 306 (65) *LP* [fr. 67 Porro] l. 2]μέσφα[: uox
Alcaica ut uid. ; 306 (66) *LP* [fr. 68 Porro] l. 2 ἐ]χύθη[
(suppl. Mazzucchi) ; 306 (69) *LP* [fr. 71 Porro] l. 7
]βοήθε[ι (accentus in Π ; suppl. Mazzucchi), cf. 288,2.

306A P.Oxy.2506, saec. I/II p.C. = Π, cuius exstant
fragmenta quaedam quae, etsi res incerta est, fieri potest
ut ad Alcaeum pertineant, neque ea recensuerunt Page
(*SLG*), Voigt, Porro ; uelim conferas e.g. fr. 33 (cf. Page,
ad fr. 6 (b), l. 6, P.Oxy. XXIX, p. 35) ; fr. 34, l. 4]κ̣αλκ[
(poetae nomen ab ipso cum crasi καὶ 'Α- usurpatum ?) ;
fr. 78 (?) ; fr. 79 (uide adn. 215 ad 306Ab, l. 22) ; fr. 90 ;
fr. 131, l. 1].α̣λ̣κ̣..α[

306Aa

a ...par   Dicéarque...cela...Aristote...par   Aristarque...le ([fils d'] Hyrrhas[213]*)...*

c ...supposant (?)...(ayant éliminé un chef d'accusation ?)...dire (?)...emportée...de la punition...en effet envoyer...a reçu...

213. La restitution hypothétique du nom du père de Pittacos permettrait d'associer à Alcée la mention des trois grands noms qui précèdent, connus pour avoir travaillé sur ce poète (voir l'Introduction, p. XXXVIII et LXI), et de rapporter le fr. *c* à Alcée : on pourrait alors envisager un lien entre les fragments 306Aa et 306Ab.

306Aa Voigt = fr. 6 (a) Porro, p. 192 = Aristoteles *CPF*
I.1* 24, 65 T ; Dicaearchus *CPF* I.1** p. 30-31. *c* prop-
terea addidi, quia ad Alcaeum fieri potest ut pertineat (cf.
Test.).

a

```
      ὑπὸ Δικα[ιάρχου
      ταυταμạ[        Ἀ-]
5     ριστοτέ[λ-       ὑ-]
      π᾿ Ἀριστάρ[χου
      τὸν υρ[.].  .[
      π.[
      μη[
10    κεφ[
      . . .
```

c

```
      . . .
      ]ευκω[
      ]αυτω[
      ]. .θυμια[
      ]υπολαβον[
5     ]ναικαιτυ.[
      ]μααπολυσ[
      ]επιφωνησ[
      ]φερομεν[
      ]κολάσεω[σ
```

Test. *a* : Π fr. 6 (a), cuius l. 1-2 omisi.
c : Π fr. 6 (c). — « The vertical relations of (a), (b) and (c) are fixed
by the fibres ; there is no means of telling how much is missing between (a) and (b), or whether anything is missing between (b) and (c) »
(Page, P.Oxy. XXIX, p. 34) ; (b) lacinia miserrima continens omisi.

Suppl. Page *a* 7 Ὑρ[ρ]ạσ uel Ὑρ[ρ]ạọ[ν Page.
c 3]ẹυθυμια[uel ἐ]πιθυμια[possis (Page) ‖ 6 ἔγκλη]μα ἀπολυσ[α-
Page ‖ 9 suppleui.

306Ab et *306Ab Append. Il est question de la mort d'un individu dans laquelle Alcée est soupçonné de porter une responsabilité. D'abord, le commentateur cite un poème (l. 12 ss) qui semble évoquer ce mort à une époque où Alcée l'affectionnait : c'est un καλός, peut-être un (ancien) éromène du poète, un des ses (anciens) compagnons (cf. Introduction, p. LVII n. 190) ; le commentateur cite ces vers pour montrer les liens unissant Alcée et celui dont il est soupçonné d'avoir causé la mort. Ensuite, le commentateur cite deux passages d'un autre poème d'Alcée. Dans le premier passage (= *306Ab App. *a*), le poète apostrophe le défunt d'une manière qui témoigne de l'inimitié qu'il a pour ce dernier ; il évoque les conditions de sa mort, qui mettent le poète hors de soupçon : il a succombé lors d'un engagement avec les Alliènoi. Puis le commentateur prétend illustrer le fait qu'un dénommé Amardis[214] soupçonne Alcée d'être responsable de la mort du garçon, et il cite un second passage (= *306Ab App. *b*) où le poète, qui cherche à se disculper dans un poème chanté devant ses compagnons, évoque le soupçon émanant d'Amardis, et nie toute responsabilité. La mention de Pittacos (l. 2) laisse attendre un lien entre ce dernier et l'affaire qui occupe le commentateur ; ce lien pourrait nous ramener à un exil du poète. En effet, si Amardis peut faire peser un soupçon sur Alcée relativement à une mort survenue à l'étranger, c'est que le poète s'y trouvait, peut-être engagé avec d'autres membres de sa faction comme mercenaire, lors d'un exil. Il me paraît exclu que Pittacos soit l'individu assassiné, comme le voulait Treu (*QUCC*, 2, 1966, p. 20-30 ; thèse acceptée par Berve, p. 575). Consulter M. Vetta, *QUCC*, 39, 1982, p. 7-20 ; Pippin-Burnett, p. 169-170, et surtout Barner, *Hermes*, 95, 1967, p. 1-15 ; voir également la notice du fr. 306Af. — La

10   ].αλλονε.[
       ]νον ὑπο[
       ]γὰρ εἰσπεμψ[
       ]ονεδεξατ[

306Ab Voigt = S 280 *SLG* ; fr. 77 Porro, p. 192 et 194 ;
l. 1-10 = Dicaearchus *CPF* I.1** p. 30-31.

            ].τ[.]λλ[
        Φι]ττακο[-
          ]να συμφ[
          ]ην 'Αλκαιο[
5   ].ρ ὑποδικ[-
          ]τον αλ.[
          ]ουτεφ[
          ]μου φον.[
          ]σ μελεδ[
10   ].αμα.[......].[
          ]σ ταῦτα δηλοῖ.[
          ]α· πὰρ δ' ὀ κάλο[σ
          ]οσ ἔστο δάφν[αι-
          ].τε στεφανώμε[νοσ
15   ]ωι κελο.[
            ].οσ· ὅτι δ' α[
            ]κεισαν ὦσ
          ] σὺ μὲν ἀμ-
   ..]...[...]μιν πόησ γὰρ οὐ
20   ..]σ κάκον, θάνων ἐπεὶ βέ-
       βα]κασ α[ἴ]νωσ πλάγαισιν ὐ-

Test. Π fr. 77, uide fragmentum quod sequitur.

Suppl. Page 5 ὑπὸ Δικ[αιάρχου Page ‖ 8]μου : fort. hominis
occisi nomen ‖ 9 cf. Sapph. 37,3 μελέδωναι ; de eiusdem stirpis uoci-
bus cogites ‖ 10 'Αμαρ[δι- Page ‖ 15 κέλομ[αι Treu et Barner ‖
19 ἄμ]μιν Page dubitanter.

région des l. 25-28 résiste à toute interprétation précise ; la traduction se rapporte au seul fr. 306Ab, mais on se reportera également au fr. *306Ab App.

> *...Pittacos...mésaventure...Alcée...coupable* (?)... *meurtre de -mos* (?)...*souci...montre cela...*(il était arrivé ?) le beau...il était revêtu...couronné de laurier et...(je demande)... *Relativement au fait que... :* toi (?)...car tu ne fais pas...de mal, ayant trépassé, mort affreusement sous les coups des Alliènoi[215]. *Relativement au fait qu'Amardis a soupçonné Alcée d'être responsable de la mort :* et puis tu nous avais sacrifiés[216] (?), garçon vil d'entre tes pairs ; et, quant à ce (qui vient ?) d'Amardis, je m'en réjouis (?), mais,...mes compagnons de boisson... s'indigner davantage[217]...et je ne suis en rien responsable...du sang...

215. On connaît des Ἀλιηνοί en Phrygie (c'est ceux-là que Barner [p. 10-13 de l'étude citée dans la notice] veut reconnaître chez Alcée), des Ἀλιανοί en Lydie, des Ἀλλιανοί en Mysie et en Carie : voir Zgusta, §44-1 p. 59 (il ignore le témoignage d'Alcée, tout comme T. Drew-Bear, « Problèmes de la géographie historique en Phrygie, L'exemple d'Alia », *Aufst. u. Nied. d. röm. Welt*, II 7.2, Berlin/New York, 1980, p. 932-952), et §44-4 p. 61. On attendrait chez Alcée la forme Ἀλλιάνων (mais voir Barrett à Euripide, *Hippolyte* 737), et peut-être est-elle à reconnaître dans P.Oxy.2506, fr. 79, l. 2]αλλια[; le rapport de ce fragment avec Alcée est hypothétique (cf. l. 4]κτιδ̣[; l. 6 et 7, avec les suppléments de Page, Δι]καια[ρχ-, Ἀρισ]τ̣αρχο̣[: rapprocher le fr. 306Aa *a*).

216. Interprétation de ἀπέθυσασ (West, *Notes*, p. 5) qui rattache ce verbe à θύω « sacrifier » ; si le verbe vient de θύω « s'élancer avec fureur », le sens pourrait être « tu t'es enfui » (cf. Barner, *op. cit.* dans la notice, p. 8), mais West signale à juste titre que la notion de fureur contenue dans θύω surprend ici (autre essai d'interprétation, peu vraisemblable, chez Vetta, *op. cit.* dans la notice, p. 18). Il n'est pas certain qu'Alcée s'adresse encore au défunt. Si tel est le cas, alors le poète fait allusion à un fait qui s'est produit avant que le garçon ne soit intercepté (?) et mis à mort par les Alliènoi : peut-être (mais l'hypothèse ne s'impose pas) le passage (= *306Ab Append. b*) que cite le commentateur précède-t-il dans le poème d'Alcée celui où il est fait état de la mort du garçon (= *306Ab Append. a*).

π᾽ Ἀλλιήνων· ὅτι δὲ τοῦ θανάτου τὸν Ἀλκαῖον Ἄμαρδισ
ὑπενόησεν· κἄπειτ᾽ ἀπέθυ-
25   σασ ὦ πόνηρε παίδων καὶ τὸ̣[
.]ο̣τ᾽ Ἀμάρδιοσ μὲν χαίρῳ[
..]σοθεν δὲ συμπόταισ τα[
..]θα τ̣ὸ πλῆον ἐπασχαλλ.[
..]δ᾽ αἵματόσ ἐμμι τὼ σκ[
30   ..]ιν ο̣ὐδὲν ἐπαίτιοσ ε[
..]. .[.].σ̣τωι̣.[.]οι ταδε[
].δ̣ε̣[

. . .

28.[: semicirculum ad ω, ο, ε pertinententem uideo ; ἐπασχάλαο̣[
emendauerim (uide *306Ab App. b 5).

*306Ab Appendix

Metr. : ‸gl ◡–◡–x ‖ ‸hipp ‖‖ sec. Alexandrinorum descrip-
tionem ; re uera ‸gl ia ‖ hipp ‖‖ (R. Führer) ; ‸hipp ‖ ‸gl
◡–◡–x ‖‖ quaeque West (Notes, p. 4) proposuit ueri minus
similia mihi uidentur.

]αισδοισαι[
ὦ] πόνηρε πα̣[ίδων
Ἀμάρδιο]σ μέν
δὲ] σ̣υμπόταισ[
5   ]ο̣ [
] [
] [
]ε̣ιθο.[
] [

Test. P.Turner 2 (ed. S. Daris in Papyri Greek & Egyptian edited…in
honour of E.G. Turner…, London, 1981, p. 20-21 ; denuo ed. Porro,
p. 205). Ex 306Ab suppleuit S. Daris. — R. Führer, ZPE, 54, 1984,
p. 40, fragmentum b et West, Notes, p. 4-5, fragmenta ab resarcire
conati sunt, compositis quae e 306Ab et ‸P.Turner 2‿ innotuerunt :

306Ae, Ac, Ae bis   Selon les observations papyrologiques
de Page retranscrites dans les Test. de ces fragments, on se
représentera ainsi leur arrangement : 306Ac est à placer, à
une distance indéterminée, sous les restes de 306Ae col. I ;
306Ae bis peut avoir appartenu à la même colonne que
306Ae col. III. On aurait là un ensemble cohérent de mentions relatives à un ou plusieurs exils du poète qui se suivent
dans cet ordre : Béotie (306Ac) ; un lieu à déterminer en
306Ae col. III ; Béotie, si les suppléments de Page introduisant mention de l'Asôpos et de Tanagra sont justes. C'est en
fonction de cette remarque que je suggère en 306Ae col. III,
l. 5 le supplément suivant, que je crois matériellement pos-
sible : τὴ]ν δευτέ|ραν [εἰσ Θή]βασ φύγην (voir la notice
de 306Ae). Peut-être, dès lors, la « bataille près du pont »
mentionnée dans le même fragment vise-t-elle un lieu situé
en Béotie ou aux alentours. Pour la Béotie comme séjour
d'Alcée, rapprocher les fr. 325 et 425, et voir Barner,
Hermes, 95, 1967, p. 24-25.

306Ae   L'interprétation de ce fragment capital pour la
chrono-biographie d'Alcée est aléatoire. Il y est question de
la date de la mort d'Antiménidas et de celle de son frère
Alcée en liaison avec des événements précis. On apprend

a   x – ⌣⌣ – ⌣ – ⌣]ο̣υ̣ μὲν ἀμ[x

       x ἄμ‚μι{ν}· πόησ γὰρ ο̣ὐ̣ [–]σ̣

       κάκον <⌣> θάνων ἐπεὶ βέ[βα]κ̣ασ α[ἴ]νωσ

       πλάγαισιν ὑπ' Ἀλλιήνων

b   ˌαισδοισαιˌ

       κἄπειτ' ἀπέθυσασ ὦ ˌπόνηρε πα‚ίδων·

       καὶ τὸ̣ [⌣]οτ' Ἀμάρδιο‚σ μὲν

       χαίρω, [⌣]σοθεν δὲ̣, συμπόταισˌ τα[–]θα

5   τὸ πλῆον ἐπασχάλα‚ο̣

       οὐ]δ' αἵματόσ ἔμμι τὼ σκ[⌣ –]ιν οὐδὲν

       ἐπαίτιοσ ε[– ⌣ –].σ̣τωι̣

       ἔ[μ]οι τάδε[– ⌣ – ⌣ – ⌣ – x

a 2 suppr. West ‖ ο̣ὐ̣ [πω]σ̣ legit et suppl. West ‖ 3 <τι> West ‖ 4 Ἀλλιάνων exspectasses, uide adn. 215 ad 306Ab, l. 22.

b 1 uestt., qualia leguntur, in metrum non quadrant ; carminis uero initium *b* v. 2 ponenti Führer noli assentiri ‖ 3 [πρ]ὸτ' West, uide 58,17 app. crit. ‖ 4 [μέ]σοθεν Führer ‖ 5 ἐπασχάλα‚ο̣ scripsi : επασχαλλο[Π fr. 77, l. 28 (uide ad loc.) ἐπασχάλ{λ}α[μι Treu et West obstantibus papyris ἐπασχαλ{λ}ά‚ω‚ (melius foret ἐπασχάλα‚ω) Führer contra dialectum ‖ 6 suppl. Barner ‖ σκ[ύρω σφ]ιν Führer (coll. 167,3) et West, σκ[άω (Barner) etiam possis ‖ 7 ἔ[γω Tarditi ‖ 8 suppl. Führer.

306Ac post Ae posui.

306Ad Voigt = fr. 91, p. 197 Porro (om. *SLG*) omitto, ubi l. 1 Ἀλ]καῖοσ legitur.

306Ae Voigt = S 282 *SLG* ; fr. 98(a) Porro, p. 198. Auctore Page fragmentulum Π fr. 98(b) disiunxi, alia adiunxi : uide Test.

que la mention de son frère Antiménidas par Alcée en relation avec (ou après[218]) le second exil à X et la « bataille près
du pont » montre que ledit Antiménidas était encore vivant
au moment considéré. Puis le commentateur paraît revenir à
Alcée ; il évoque l'opinion de gens qui refusent l'idée que
le poète soit mort au cours d'une bataille dont nous ignorons
si elle est ou non la bataille « près du pont ». La bataille au
cours de laquelle on a pu penser qu'Alcée avait été tué pourrait être liée au troisième exil. En effet, le commentateur
oppose à la thèse selon laquelle Alcée est mort au cours de
cette bataille[219], un troisième retour du poète à Mytilène qui
suppose un troisième exil et laisse attendre la mention d'un
événement qui s'est produit pendant cet exil. Ce troisième
retour, qu'il soit considéré comme un fait ou non, est lié au
début d'une guerre entre le roi des Mèdes et celui des
Lydiens[220], Alyattès. Si la bataille au cours de laquelle
Alcée, selon certains, disparaît et qui semble avoir eu lieu
pendant le troisième exil, est la bataille « près du pont »,
alors l'expression ambiguë « second exil à X » suppose un
comput des exils relatif à leur lieu ; si les deux batailles ne
sont pas les mêmes, alors le comput est absolu. Obscur est
le lien de ce fragment avec 306Ag et 306Af, fragment qui
pourrait avoir précédé le nôtre, puisque le commentateur
prend le soin de présenter Antiménidas comme étant le frère
d'Alcée. Sur ce fragment difficile, on peut voir Page, P.Oxy.
XXIX, p. 44-45 ; Barner, *Hermes*, 95, 1967, p. 15-21, et la
notice du fr. 306Af. Voir aussi l'Introduction, p. xx-xxii.

col. I …*quand avec…étant venu de…*

col. III … (*non seulement en relation avec* ?) *celui-
là mais* (*aussi en relation avec* ?) *le second exil à…et*

---

218. Selon qu'on supplée κατὰ ou, moins bien, semble-t-il, μετὰ (col. III l. 5).
219. Le supplément souvent utilisé, τ[ότε (ἐν τῆι τ[ότε | παρα]τάξε[ι, col. III l. 9-10), paraît court et flou.

306Ae = Col. III

. . .

col. II

. . .

col. I

σε[
τι[
μα[   ]ταύτην
ἀλλ[τὴ]ν δευτέραν [. . . . . .].ας φυγὴν καὶ
τὴν π[ρὸσ] τῆι γεφύρη<ι> παρά-
ταξιν ἔτι μέμνηται τοῦ Ἀν-
] γα[τι]μενίδα· ἀλλὰ γὰρ οὐδ' αὐ-
] μ[τὸ]ν Ἀλκαῖον ἐν τῆι τ[
] τ.[παρα]τάξε[ι τ]ελευτ[ῆσαι
] λ[ο]μολο[γ]οῦσι ἀλ[λὰ
]   τ]ὸ τρίτον τοῖσ[
] μ.[..]ν κάθοδον ὑπο[
] δε[...] διὰ τὸ συνίστασθ[αι
] το[πό]λεμον ἐν[.]ιστ[Ἀ-
τη[στ]υάγηι τῶ[ι   Ἀ-
φι[λυά]ττην ω[

. . .

col. I
10
. . .
].[
]ντοσι.[
]ουσοτ[
15]ιαναπ[
].ην γε[ ]
]ον ὅτε σvν

Test. col. I et col. II = Π fr. 81 col. I, col. II ; col. III = Π fr. 98(a). —
Π fr. 81 et fr. 98(a) ita, ut exhibui, coniungere iussit fibris fretus Page
(P.Oxy. XXIX, p. 44 ; SLG, p. 93). Si recta coniunctio est, iam Π
fr. 98(a) et (b) coniungere uix possis. Nam, si coniunxeris, 98(b), quod
columnae finem exhibet, in l. 22 desinet. Ideo fortasse Page, cum Π fr.
98(a) et (b) ap. P.Oxy. XXIX coniunxisset ita ut (a) l. 16 et (b) l. 1
conglutinaret, postea ap. SLG disiunxit (uide 306Ae bis, Test.). Π
fr. 98(a) et (b) coniunxerunt Voigt et Porro, quae de fr. 81 (a se
omisso) et 98 coniungendis tacuerunt. Vide etiam 306Ac, Test.

Suppl. Page Col. III 3-5 οὐ μόνον κατὰ] ταύτην, ἀλλ[ὰ καὶ κατὰ
τὴ]ν δευτέραν Barner ; κατὰ aut μετὰ iam Page ‖ 5 [εἰσ Page, [εἰσ
Θή]βας ego, [εἰσ Ἀθή]νας Barner dubitanter ‖ 9-17 ἐν τῆι τ[ότε
(displicet ; τ[ρίτηι Page olim) Ι παρατάξει τελευτ[ῆσαί τινεσ
ὁ]μολο[γ]οῦσι, ἀλ[λὰ γενέ]σθαι τ]ὸ τρίτον τοῖσ [περὶ αὐ|τὸ]ν
([φεύγου|σι]ν Treu) κάθοδον ὑπο[λαμβάνου|σιν] διὰ τὸ συνίσ-
τασθ[αι τὸν Ι πό]λεμον ἐν [ὦ]ι στ[ρατεία Ἀ|στ]υάγηι τῶ[ι Μήδωι
πρὸσ Ἀλυά]ττην κτλ. Page e.g. (SLG).

la bataille près du pont, il mentionne encore Antiméni-
das ; c'est qu'en effet...ne sont pas d'accord pour dire
qu'Alcée lui-même est mort au cours de la bataille...,
mais...pour la troisième fois pour (les exilés)...un
retour...en raison du fait que s'engageait (la)
guerre[221]*...Astyagès...Alyattès...*

306Ac

...(allié)...de la Béotie...voguons...la très divine
(Thèbes ?)...vers le...Béotie...

---

221. Rapprocher Hérodote 1,74,1, πόλεμος τοῖσι Λυδοῖσι καὶ
τοῖσι Μήδοισι ἐγεγόνεε ἐπ' ἔτεα πέντε. La mention de cette guerre
dérive, semble-t-il, d'un poème d'Alcée (cf. Mosshammer, p. 271).

]ε̣λθὼν ἐκ   .[
]...π̣[.]στην   [
20   ]ρικα   κα[
      ]νοω   λε̣[
      ]δαν   ..[
      ]τοδε   π[
       ]σ   . . .
. . .

Col. I 22 'Αντιμενί]δαν ?

306Ac Voigt = S 281 *SLG* ; fr. 82 p. 196 Porro.

. . .
      ]ελλα[
      ]ν σ̣υμμ[
      ]α̣ι Βοιωτίασ [
      ]πλέωμεν
5   ].αι ζαθε̣[
      ]α̣ι πρὸσ το[
      ].η Β̣οιωτ[
      ]εσεσοι.[
      . . .

Test. Π fr. 82 « fr. 80 [lacinia miserrima a me omissa] supra, fr. 82
infra fr. 81 stetisse credo, interuallis incertis » Page ; uide 306Ae,
Test.

1 Ἑλλα[- Barner ; at possis etiam, uerbo ad Alcaeum relato,
θυ]ελλα[(Porro), ἀυ]ελλα[(cf. 401G) ‖ 2 σ̣υμμ[άχ- Page ‖ 5 Θῆβ]αι
ζάθε[αι Barner.

306Ae bis

...(*sur les bords de l'Asôpos* ?)...(*autour de Tana-gra* ?)...*bataille*...

306Af Comme dans le fragment 306Ae col. III, il est question d'Antiménidas. A. Tarditi (*Mélanges F. M. Pontani*, Padoue, 1984, p. 81-92 = *Studi di poesia greca e latina*, Milan, 1998, p. 183-194 ; voir aussi Porro, p. 212) pense que la guerre dont il s'agit ici est la guerre lydo-médique évoquée dans le fr. 306Ae. Les fr. 69, 306Ab et 306Ae col. III ainsi que le présent fragment renvoient tous à cette guerre, selon une hypothèse arbitraire de Tarditi ; comment, en effet, ramener avec vraisemblance à un seul événement plusieurs témoignages fragmentaires de relations entre la faction d'Alcée et les Lydiens ? Pour le fr. 306Ab, Huxley, *GRBS*, 6, 1965, p. 206, remarque à juste titre : « there is no evidence that the engagement [celui avec les Alliènoi] was an episode in the Lydo-Median war ». La mise en rapport du présent fragment avec le fr. 306Eb[222] est incertaine ; celle avec le fr. 306Ae, où il est aussi question d'Antiménidas, est tentante. La mention de Crésus, rappro-

306Ae bis = 306Ae, l. 16-22 Voigt = S 285 *SLG* ;
fr. 98(b), l. 16-22 p. 198 Porro.

. . .

].ἐφ[
]ειτη[
]αρασω[
]περιτα[
5　　].ητε.[
].μ[.]χ.[
]οϲτον[

. . .

Test. Π fr. 98(b), « fort. eiusdem columnae ac fr. 98(a) » (Page, *SLG*,
p. 96) ; antea cum fr. 98(a) coniunxerat fibris fretus ap. P.Oxy. XXIX,
ubi p. 44 « the vertical relation is certain, the horizontal probable but
not quite certain ». Vide 306Ae Test.

1 de]γεφ[ύρηι uel simm. cogitauit Huxley (nam]γ uel]τ possis) ‖
3 π]αρ᾽ ᾿Ασω[πῶι Page ‖ 4 περὶ Τά[ναγραν Page ‖ 6 -]ομ[α]χι[α-
Page.

306Af Voigt = S 283 *SLG* ; fr. 102 Porro, p. 200.

. . .

].. .α[.].. .[
]ο τῶν Λυδ[ῶν βα-
σιλε]ύσ, καθ᾽ ἥν [
]ειτε δια.[
5　　]τον Ἀντιμ[εν]ίδαν [ἀ-
δελ]φὸν τὸν Ἀλ[κ]αίου [
].γτα πα[ρ᾽] αὐτῶι [
].. ντα προσ[
πόλ]εμον κινδυ[ν-
10　　].α μ(ε)ῖσοσ το[

Test. Π fr. 102.

Suppl. Page　7 πολεμο]ῦντα Tarditi ‖ 10 corr. Page.

chée de celle de Pittacos, fait difficulté (cf. Introduction, p. xv n. 23), puisque, d'après Hérodote (1,26,1), Crésus a 35 ans lorsqu'il accède au trône, en 560 : ses prétendues relations avec Pittacos (cf. Hérodote 1,27 = Pittacos Test. 15 Gentili-Prato) doivent être antérieures à la mort de ce dernier (578-577, cf. *TVA* V n. 10), et il n'a pu jouer de rôle dans la guerre lydo-médique mentionnée dans le fr. 306Ae que si l'on admet que cette guerre s'est poursuivie au delà de 585 (voir n. 220). En tout cas, un rôle de Crésus au début de cette guerre, c'est-à-dire en 590, est exclu *si* l'on s'en remet au témoignage d'Hérodote selon lequel Crésus a 35 ans lorsqu'il succède à son père.

> *...le roi des Lydiens, pendant laquelle...Antiménidas le frère d'Alcée...à ses côtés...guerre...danger... haine...devint...Pittacos...Crésus...*

306Ag Fragment embarrassant à cause de la présence de l'adjectif « éphésien » et peut-être de l'astynyme « Sardes », et en raison de la mention de la 40e olympiade (620-617) et d'une ou plusieurs batailles. Le rapport exact de ces éléments avec Alcée, plusieurs fois nommé, ne peut faire l'objet que de conjectures (ainsi, C. Baurain, *Les Grecs et la méditerranée orientale*, Paris, 1997, p. 195, fait gratuitement de Sardes un lieu d'exil d'Alcée). Campbell a suggéré que la mention de l'olympiade pourrait être relative à la naissance du poète ; s'il a raison, ce qui n'est nullement certain (cf. Introduction, p. xvi n. 24), peut-être le commentaire cherche-t-il à fixer les dates de naissance et de mort du poète, puisqu'il paraît mentionner une bataille en relation avec Alcée (l. 23-24, cf. fr. 306Ae).

> *...-ides...éphésien...(Sardes ?)...(bataille)...(postérieur ?)...Alcée...comme (je l'ai dit ?)...*

]κον ἐγένετο [
] Φίττακοσ επ.[
Κρ]οίσωι [

. . .

11 Φίττα]κον Page e.g.

306Ag Voigt = S 284 *SLG* ; fr. 105 Porro, p. 200-201.

. . .
  ]αλ[
  ]νει.[
  ] κει.[.].[
  ] ιδαι λε[
5   ] Ἐφέσιοσ[
  ].ωνδη[
  ]. Σαρδ[-
παράτ]αξι[-
  ].υστ[
10   ]ου[.]α[
 Ἀ]λκαῖοσ .[
   ]οροσ α[
  ὥ]σπερ ἔφη[(-)

Test. Π fr. 105.

Suppl. Page ; 1-4, 16-17 linearum initia (Page *SLG*). 4 nobilis gentis nomen in -ίδαι exiens, dein λέ[γονται uult Barner ‖ 5 sic Barner, nam σ[possis ‖ 7 post Campbell sic legi ‖ 9 ὑστ[« als chronologische Angabe » Barner ‖ 13 ἔφη[Barner, ἔφη[ν Page.

*(Alcée ?) à…40ᵉ…est écrit…40ᵉolympiade…preuve…
Alcée… (dans la ?) bataille…*

306Ah Fragment qu'il est tentant, mais non certain, de considérer comme relatif au poème 298 (cf. Meyerhoff, p. 142). L'identification du mot « trident » (l. 13) renverrait à la fin d'Ajax, qui se noie parce que d'un coup de son trident Poséidon brise le rocher où le héros s'était réfugié (*Odyssée* 4,500 ss.). D. Neblung (*Die Gestalt der Kassandra in der ant. Lit.*, Stuttgart/Leipzig, 1997, p. 16 n. 37) rapporte la séquence τὸν ἔρω[(l. 15) à la violence faite par Ajax à Cassandre dont il serait amoureux (cf. Théognis 1231-1234). Le fragment pourrait être en fait relatif à un passage de l'*Iliou Persis* de Stésichore (cf. J. Davreux, *La légende de la poétesse Cassandre*, Paris, 1942, p. 18-19 ; D. Neblung, *op. cit.*, p. 13-14), poète qui fait l'objet d'une discussion en P.Oxy.2506 fr. 26 col. I = fr. 193 *PMGF* (*Palinodies*) et col. II = fr. 217 *PMGF*.

…mais également Ajax, accusé par les…sur la personne de Cassandre…et en effet elle, à la statue… (étant passé)…(d'Athèna ?)…(trident)…(amour ?)…

15

20

```
              ]ιοσ εἰσ[
              ]μ̄ α[
              ]γραφετα[ι
              ]μ̄ ὀλυμπ[ιάδ-
              ]τηνα[
              ]ησαλ[
              ]αλλα[
              τ]εκμη[ρι-
              [    ]
              Ἀλκ]αῖοσ δ[
              παρ]αταξε[-
                  . . .
```

14 an Ἀλκα]ῖος εἰσ[? ‖ 16-17 suppl. Lobel.

306Ah Voigt = S 272(c) *SLG* ; fr. 84+108 Porro, p. 202.

5

10

15

```
      ἀ]λλὰ καὶ τὸ[ν] ὑπὸ τωγ[
      Αἴ]αγτα κατη<ι>τιάμενο[ν
      ]α [ἐ]πὶ τῆι Κασσάνδρα[ι
      κ]αὶ γὰ[ρ] αὐτ̣[ὴν τῶι ἀ]γάλμ̣[ατι
      ]αιπραιτ̣[
      ]ροτετ[
      ]αρελθω[
      ]ησαθην[
      ].ρινακ.α.[
      ]σποιηται[
      ]ναι τὸν ἐρω[
```

Test. Π fr. 84 = l. 5-8 fin. + fr. 108. L. 1-4, 16-19 non repraesentaui.
Coniunx. Lloyd-Jones *CR*, 15, 1965, p. 72.

Suppl. Lloyd-Jones 11 π]αρελθὼ[ν Rösler ‖ 12 τ]ῆσ Ἀθην[ᾶσ
Rösler ‖ 13]θρινακιατ[legere et uocem θρῖναξ agnoscere possis.

306B Bribes de paraphrase d'un poème où Alcée taxait des gens de lâcheté et en évoquait (les mêmes ou d'autres ?) dont l'entreprise avait, aux yeux du poète, scandaleusement réussi ; peut-être en opposition à ces chanceux, la fin du fragment évoque des exilés (φεύγοισιν, citation d'Alcée). Le fragment mentionnant Myrsile, on est tenté de rapprocher les événements rapportés dans la scholie du fr. 114.

*...lâches parce que...(la métaphore est tirée) des dés...à remarquer...les malheurs (changés[223])...et les événements heureux ; et...*il n'est pas supportable *que...*ait réussi[224]*......l'ordre des mots est : (mais)...il n'est pas supportable que...ait réussi...fils de Cléanor[225] parce que...ensuite qu'(il est question) de Myrsile...sera porté, ce que certains...*exilés[226] *: ainsi...*

---

223. Ou « détournés ».
224. Εὖ πίπτειν se dit des dés eux-mêmes (cf. Sophocle fr. 895 Radt, ἀεὶ γὰρ εὖ πίπτουσιν οἱ Διὸς κύβοι) et par extension de quelque chose qui réussit à quelqu'un (cf. Eschyle, *Agam.* 32, τὰ δεσποτῶν γὰρ εὖ πεσόντα, avec la note de Fraenkel ; Euripide, *Oreste* 603, οἷς δὲ μὴ πίπτουσιν εὖ, sc. γάμοι).
225. Nom du père de Myrsile, lequel est présenté comme membre de la famille des Cléanactides en 112,23 (voir aussi 306a, l. 13) ?
226. Ou « ils sont en exil ».

306Ai Voigt = S 279 *SLG* ; fr. 115 p. 203 Porro. Alcaeo abiudicaui, nam explicatur carmen in quo nescioquis inducitur loquens (l. 7)]μι· γάμ[β]ροσ εἴην [, in eoque de nuptiis (l. 10) quibusdam agitur. Sapphoni dedit E. Contiades-Tsitsoni (*ZPE* 71, 1988, p. 1-7), apud quam plura uide.

306B = S 263 *SLG* ; p. 126 Porro.

. . .

     ].·[
     ]ωτακα[ ].....[
     ]ν δειλοὺσ ὅτι ε.[
     ].των κύβων η [
5   ]. σημειωτέον [
    τὰ κ]ακὰ ἐκτρεπομε- [
     ]καὶ τἀγαθά· καὶ [
    εὖ π]έτην οὐ τλᾶτον [
     ]τὸ ἑξῆσ ἐστιν· αλ-[
10   ε]ῦ πέτην οὐ τλητόν (ἐστιν)[
    ] υἱὸσ τοῦ Κλεάνοροσ ὅτι [
    ] ἑξῆσ τὸν Μύρσιλον .εγε. [
    ] ἐνεχθήσεται ὃ ἔνιοι   [
    ].εσ· φεύγ[οι]σιν· οὕτωσ [
             ] [

. . .

Test. P.Oxy.2733, saec. II p.C. med. (Lobel) aut fin. (Porro).

Suppl. Lobel 2 τὰ κα[κὰ Porro dubitanter ‖ 4-5 ἀπ]ὸ τῶν κύβων ἡ ǀ μεταφορά] Lobel ‖ 8 suppleui e l. 10 ‖ 9-10 ἀλǀλὰ] Page ‖ 10 exspectabatur πεσεῖν ‖ τλητόν/ Π ‖ 12-13 λέγεσǀθαι] Lobel ‖ 14]δεσ possis.

306C Fragments d'un commentaire relevant, semble-t-il, plutôt de la *diègèsis* (cf. Pfeiffer, *Storia*, p. 307, et la description de P. Med. 18 dans Pfeiffer II, p. xii) : chaque *incipit* est suivi d'un résumé-paraphrase du poème et l'ordre de succession est celui de l'édition de référence[227]. 306Ca cite l'*incipit* des trois premiers poèmes du livre I de l'édition alexandrine. Il est plausible de rapporter à ce même livre non seulement les autres poèmes résumés dans le papyrus, mais aussi les documents contenant des fragments de ces poèmes ou des fragments de poèmes contigus à ces derniers : ainsi, P.Oxy.2297 (= fr. 205-248), qui contenait le poème 208 dont l'*incipit* est rapporté par 306Cd, peut se rapporter au livre I. Cela pourrait être confirmé par l'identification du fr. 233 avec 308,1-2, cité par 306Ca. Pardini (p. 283 n. 2) émet l'hypothèse que, deux passages des fr. 6 et 208 (fragments de deux poèmes unis entre eux thématiquement et chronologiquement) étant cités ensemble par l'allégoriste Héraclite, le fr. 6 fait partie du livre I. Cette hypothèse est étayée par le rapprochement du fr. 6 et de P.Oxy.2734 fr. 12a (voir la notice de 306C dans la page de gauche). D'après cette hypothèse, les fr. 1-32 (P.Oxy.1789) se rapportent au livre I. — On retrouve en 306C, dans le même ordre, qui fut donc celui de l'édition de référence, deux ou trois poèmes qui font l'objet du fr. 305 : 1) (cas hypothétique) 305a, l. 1 (?)-14 ≈ 306Ce (= fr. 207 ?) ; 2) 305a, l. 14 ss. ≈ 306Cd, l. 1-6 ; 3) 305b ≈ 306Cd, l. 6-9 (= fr. 208).

306Cb

...*Aristote*...*politiques* (?)...*le temps étant* (*difficile à vivre* ?)...*incité* (?)...*charmer*...

---

227. Toutefois notre commentaire paraît, dans le fr. 306Cb, s'écarter du genre de la *diègèsis* proprement dite (cf. Porro, p. 147-148) : en témoigneraient le recours à l'autorité d'Aristote, le mot πραγματικῶν (l. 4) et une interprétation incertaine de παροξυνομεν.[(l. 6) au sens de « accentué paroxyton » (cf. Porro, p. 142-144).

306C : P.Oxy.2734 saec. II p.C. inc. = Π. Fr. 2-3 et 8 uacare scito ; fr. 9-10 et 12-13 (= S 268-269 et 271-272 *SLG* ; fr. 9-10 et 12-13, p. 136-138 Porro) omitto, nisi quod haec excerpo : fr. 12a, 1. 5-6]ου μοναρχ[(an Μυρσί]λου ?) |]τυρạνν[, 1. 9]τυρạ[νν- : cf. 6,27 μοναρχίαν de Myrsilo dictum ; fr. 13, 1. 1].οηι.[quod, si uox Alcaica ὀήϊον agnoscenda est, fortasse ad 208,9-10 (cf. app. crit. ad loc.) spectat.

306Ca = Π fr. 1 (= S 264 *SLG*) + 12b (= S 271 *SLG*), p. 134 Porro [quae fr. duo coniunxit] : uide 307 *a* Test. *a* I ; 308 *a* Test. *a* III et 308 *b* Test. ; 308A Test. I.

306Cb = S 265 *SLG* ; fr. 4 p. 135 Porro = Aristoteles *CPF* I.1* p. 386-387.

>].[.].ουν Ἀ[ρισ]τοτέλησ
>]πρ[αγ]ματικῶν ου.
> 5 -]ρητοσ ὢν ὁ χρόνοσ
>]σ παροξυνομεν.[
>].τερψατ[].[

Test. Π fr. 4, cuius l. 1-2 et 8-10 omisi.

Suppl. Lobel 5 δυσφό-], οὐκ εὐφό-] uel simm. ?

306Cc

...(*a été cousu* ?)...(*qui déchirent* ?)...(j'attache ?)...
(*filé* ? [*peau de*] *boeuf* ?)[228]...

306Cd

...*qu'il ne le...de rien...à Myrsile une embarcation légère...(ayant effectué* ?) *le retour...ignorant... puissé-je ne pas avoir la guerre et dans...à lui il veut dire*[229]... — Je ne comprends pas la direction des vents : tantôt de-ci vient le flot qui roule, tantôt de-là[230] : *ce* (*poème*)...*il tente à nouveau*[231]...

228. Le contexte est-il celui des armes et est-il question d'un bouclier en peau de boeuf par exemple ?
229. Voir le fr. 305a avec n. 199.
230. Début du poème 208a, également commenté dans le fr. 305b. Voir la notice du fr. 208.
231. Sujet : Myrsile (cf. notice du fr. 208) ; l'usage du verbe ἐπιχειρεῖν ne me paraît pas recommander l'interprétation de Rösler, p. 137 n. 61, « mit diesem Gedicht greift er [Alcée] erneut Myrsilos an ».

306Cc = S 266 *SLG* ; fr. 5 p. 135 Porro.

>]ραφη[
>]ρηξίουσ[
>]...η[]μι αλλι.[
> 5   ].ητου βου[-
>]..τινηι συŋ[

Test. Π fr. 5, cuius omisi l. 1, 7-8.

2 ἐρ]ράφη[uel simm. ? ‖ 3 (-)ρηξίουσ, seu passiue siue actiue dicitur, a (-)ρηξισ audio uelut ἀλαλάξιοσ, φύξιοσ Alcaicumque illud διώξιοσ 358,4 ‖ 4 -η[μ]μι Porro ; ὀη[]μι possis, unde -δίδημι audierim ‖ 5 fort.]γητου, a (-)νέω.

306Cd = S 267 *SLG* ; fr. 6-7, p. 136 Porro.

> . . .
>].ετ..[
>]ωσ οὐδὲν αὐ[τὸν
>].....[.].[]. Μυρσίλωι ἀκ[άτιον
>]εραϲαϲ κα[τάπ]λουν· ἀγνοουν[τ-
> 5   μή]τε πό[λε]μόϲ μοι εἴη καὶ ἐν τ[
>]ν αὐτῶι διανοειτ[ἀϲυννέ-
> τημμι τὼν ἀνέμ]ων ϲτάϲιν, τὸ μὲν γ[ὰρ ἔνθεν κῦμα
> κυλίνδετ]αι [τ]ὸ δ' ἔνθεν· ταύτη[
> ἐπι]χειρεῖ πάλιν τη[
> . . .

Test. Π fr. 6 + fr. 7(= l. 3-5 init.). Coniungere proposuit Lobel dubitanter.

Suppl. Lobel   2 305a, l. 19-20 contulit Lobel recte ‖ 3 305a, l. 17-19 cont. Lobel ‖ 4]ε dubium ; πε]ιράϲαϲ me exspectare confiteor ‖ 5 305a, l. 15 cont. Lobel ‖ 7-9 = 208a, 1-3.

306Ce   Fin présumée de colonne qui pourrait se rapporter au même poème que 305a, l. 1 (?)-14 (en ce cas, selon Lobel, P.Oxy. XXXV, p. 7, notre fragment proviendrait de la fin´ de la colonne précédant celle du fr. 306Cd) ; ce poème n'est peut-être autre que le fr. 207, dont on verra la notice.

   …(incessant [*combat*] *?)…avoir emmené…*

306Ce = S 270 *SLG* ; fr. 11, p. 137 Porro.

. . .

```
              ]ων λ[
              ]ων δ[
              ]. ἀδιαλ[ειπτ-
              ]κηρικ[
5             ]αφηι πρ[
              ]σιν εκα[
              ]αγαγεῖν [
              ].εποικ[
              ]τω. .[
              ] [
```

. . .

Test. Π fr. 11.

3]ν̣ inter alia possis ; suppl. Lobel ‖ 4 η uel α̣ι̣ Lobel ‖ 8 ἐπ' οἰκ̣[ον « uel aliquid simile » Porro, cf. 306d l. 3.

306D = S 286 *SLG*. P.Mich inv.3498 recto (saec. II a.C. ; primus ed. R. Merkelbach, *ZPE*, 12, 1973, p. 86). Trium columnarum (col. I nihil utile seruat) sunt uestigia, carminum initia, i.e. uerba duo aut tria, continentium ; repraesentantur Sappho Alcaeus Anacreon. Alcaei sunt col. II, l. 1 = fr. 34,1 ; l. 11 = fr. 308a,1 ; Alcaei uel Sapphus est col. II l. 6 πότνι' ὠράνω. De aliis initiis, in col. III male habitis, nihil certi.

306E Π = P.Oxy.3711, saec. II p.C.

306Ea Restes de deux colonnes de 36 lignes ; à la première il manque les deux lignes de la fin, tandis qu'on a les
traces des 36 lignes de la seconde. La première colonne et
peut-être le début de la seconde sont relatifs à l'étiologie de
la loi dite « lion » (le lion est un type monétaire de Mytilène), que Diodore de Sicile (5,82,4), témoin unique et peu
disert de cette loi jusqu'à la publication de ce fragment, dit
avoir été faite et ainsi nommée par Macareus, roi de Lesbos,
et qu'il présente comme πολλὰ τῶν κοινῇ συμφερόντων
περιέχοντα. Le reste de la seconde colonne est d'abord
relatif à l'étiologie de l'épiclèse dionysiaque « Omestès » ;
puis est cité un passage du poème 130b, suivi d'une notice
sur la ville d'Ainos. La citation d'Alcée (dont le nom n'est
pas mentionné) est trop abrupte pour ne pas favoriser la
thèse que le présent document est un commentaire relatif à
Alcée et non, comme le pense R. Giannatasio Andria (*Boll-
Class*, 16, 1995, p. 55-62 ; là-contre cf. Porro, *Carmi*,
p. 183 n. 15), un ouvrage historiographique où on invoque-
rait parmi d'autres le témoignage de ce poète. Aussi, je crois
que Haslam (*BASP* 25, 1988, p. 9-11) a raison de penser que
les l. 17-18 de la col. I contiennent un *lapsus calami* : par
« auteur des ἔπη » le commentateur avait en vue un tout
autre poète qu'Alcée (selon Haslam Apollonios de Rhodes,
à qui les Modernes attribuent la *Lesbou Ktisis* [fr. 12
Powell]). Ce commentaire sur Alcée serait de nature compo-
site, entre l'*hypomnèma*, à la pratique duquel renvoie le
mode de citation du passage de 130b, et le περὶ τοῦ δεῖνα
(cf. 306A) qui choisit et approfondit les questions qu'il
traite dans un ordre libre. Conformément à la pratique de
l'*hypomnèma*, le commentaire suivrait l'ordre de succession
des poèmes dans l'édition de référence ; l'étiologie de l'épithète de Dionysos pourrait renvoyer au poème 129 (v. 10),
puisque, dans la suite, la notice sur Ainos s'appuie sur la
citation d'un passage de 130b (l'ordre de succession est 129,
130a, 130b). Le rapport entre le développement sur la loi
dite « lion » et celui sur l'épiclèse Omestès est obscur (voir
n. 234 et 235) ; on ne sait s'ils suivent une unique citation

306Ea= fr. 1 et 2, p. 156-162 Porro.

col. I

]‥ εἰσ [τ]ὴν ει.[.]. πόλιν μ.[
]ελθη‥[.]‥ητουεπι‥[
]οσ καὶ τῆσ Θέμιδοσ
θ]εμιστ‥ ἐστι πρυτανεῖον
5   ]Μιτυληναίων Καδμειαι
].

(…)

9   ] .[]ρητερ‥   [
10   ]‥‥ν‥[].[.]‥ []‥ρ.   [
Λεσβιακῶν νόμον εἶναί φη[σιν
θον. [.]‥‥‥‥ειν.ου[
τον. []‥‥‥‥‥ον‥[ ]
χαλκ‥‥‥‥‥ αι καλεῖσ-[]
15   θαι δὲ λ[έ]οντα τὸν νόμον τοῦτον
ὅτ[ι] ζημία τῶ<ι> ἁμαρτόντι θάνα-
τοσ ἦν. Ἀλκαῖοσ δ' ὁ τῶν ἐπῶν
ποιητήσ] φησιν ὅτι Ἥφαιστοσ λέοντα κατασκευάσασ χαλκοῦν εἰσ
20   τοῦτον φάρμακα ἔθηκε βοηθοῦν-
τα τοῖσ ἀνθρώπ[ο]ισ· Μάκαρ δ' αὐτὸν
ἐκ τῆσ Φολόησ ἐκόμισεν ε[ἰ]σ Λέσ-
β]ον καὶ ἔκρυψεν· οὔ[τ]ωσ γὰρ ἔμ[ε]λ-
λε ῥ]ύεσθαι τὴν ν[ῆ]σον. Μυρ[τ]ί-

Test. Π fr. 1 col. I, cuius l. 7-8 et 33-34 omisi ; col. II, cuius l. 1-3, 5-10 omisi. Signa χρ(ήσιμον) uel χ mg. sin. posita non repraesentaui ; repraesentaui uero illud ζ(ήτει) col. II l. 32.

Suppl. Haslam col. I 1 mg. sup.]   [ ]δ   [
‖ Εἴρ[α]ν proposuit nec commendauit Haslam coll. 69,3 (ubi uide) ‖
3 Διὸσ Haslam ‖ 9 « Κρῆτεσ followed by a middle stop may be a possible reading » Haslam ‖ 10] Ἑλλάνε[ι]κο[σ], dein ἐν τῷ δευτέρῳ [τῶν e.g. Haslam ‖ 12 θανα[τ] Haslam dubitanter ‖ 14 infinitiuum in εναι exeuntem exspectat Haslam ‖ 21 δ' supra scriptum est.

d'Alcée et sont alors liés l'un à l'autre d'une manière quelconque, ou si le développement sur l'épiclèse, indépendant, se rattache à une citation figurant à la fin de la col. I.— Excellente présentation de l'ensemble des problèmes d'interprétation chez Haslam, P.Oxy. LIII, p. 118-124, que l'on peut compléter avec C.A. Faraone, *GRBS*, 28, 1987, p. 257-280 (= Faraone, p. 18-35).

col. I ...*dans la cité*...(*est* ?) *venu*...(*de Zeus* ?) *et de Thémis*...(*permis*)...*est*...*prytanée des Mytiléniens*[232]... *Cadméenne(s)*...(...)...(*les Crétois* ?)...(*Hellanicos au livre* [ ] ?) *de ses* Lesbiaca *dit qu'il y a une loi*...*bronze*...*et que cette loi s'appelle « lion » parce que la punition pour le coupable est la mort*[233]. *Alcée le versificateur dit qu'Héphaistos fabriqua un lion en bronze dans lequel il plaça des drogues secourables aux humains. Macar l'amena de Pholoè à Lesbos et l'y cacha : il devait, ainsi, assurer le salut de l'île. Selon Myrsilos, le lion fut caché près du territoire de Méthymna, (et il est déclaré ?) dans un oracle de la Sibylle que (ce) lion était une œuvre d'Héphaistos, qu'il (comportait) des caractères écrits propres à protéger l'île et que (?) Macar le cacha : en effet, une fois (disparu)...les Ioniens...l'île...*

col. II ...*les Crétois*...(...) *bêtes*...*par la volonté de (Smintheus)*...*et* (*à Dionysos* ?) *Omestès*...*et Smintheus*[234]...*pour l'exemption*...*Hellanicos*...*Myrsilos* (*dit que* ?) *du temps de Macar*[235] *Omestès* (*le devin* ?)... *ordonna de sacrifier* (*la plus belle prise réalisée sur l'ennemi* ?)...

25   λοσ δὲ] κεκρύφθαι τὸ[ν λ]έοντά φη-
      σιν] πρὸσ τοῖσ Μηθυμναίων πε.
      ]. δ' ἐν χρησμῷ Σιβύλλησ ὅτ[ι]
      ] ὁ λέων εἴη ἔργον Ἡφαίστου
      ]ε γράμματα εἰσ φυλακὴν τῆσ
30   νήσου κ]ρύψαι δὲ τοῦτον Μάκαρα α-
      ] γὰρ αὑτοῦ γενομένου Ἴωνασ
      ]...τ.ν τὴν νῆσον

col. II

4   Κ[ρ]ῆτασ τ[
      (...)
11   θηρι[
      θέωσ βουλῆι ε[
      καὶ ὠμηστῆι δ.[
      καὶ τὸν Σμινθέα [
15   ἐπ' ἀτελείαι ποιο..[Ἑλ-]
      λανεικ-..[..]τ...
      Μυρ[τί]λο.[.].ε ἐπὶ Μάκαρο[σ
      Ὠ]μηστὴν .ο..ομα[κε-]
      λεῦσαι θύειν ὃ ἂν λη[
20   τον ἐκ τῶν πολε[...]..[
      τοῦσ ουγει.η.... [..].εκ.[
      φθεντασα.[..]ειν.....ι[..] καλὸν
      ἐκ τοῦ βασιλικοῦ γένουσ ὂν τῶι

26] πρὸσ τοῖσ permirum,] τόποισ exspectassem ‖ 26-27 « πε-
φάνθαι [melius foret infinitiuum] is excluded » Haslam ‖ 28 οὗτοσ]
Haslam ‖ 29 ἔχοι δ]ὲ (ubi recte τ]ε malit Porro) Haslam ‖
30-31 ἀ[φανοῦσ] Haslam.
    col. II 11-12 Σμιν]ἰθέωσ Haslam ‖ 13 Δι[ονύσωι Haslam ‖
15-16 Ἑλ]ιλάνεικοσ [οὕ]τωσ Haslam ‖ 17 -λοσ δὲ non uult Haslam
propter spatium ‖ 18 μά[ντιν uel τὸ ὄνομα[Haslam ‖ 19-20 λή[φθηι
κάλλισ]ιτον ἐκ τῶν πολε[μίω]ν inter alia conamina Haslam ‖ 21 οὖν
εἰληφότα[(σ) Haslam ‖ 21-22 « not necessarily λη]ιλφθέντα(σ) »
Haslam ‖ 22 « apparently not παιδίον before καλὸν » Haslam.

(*qu'*) *Omestès sacrifia à Dionysos…un beau…, étant de naissance royale, conformément à sa charge de prêtre du dieu. De là vient l'épithète de Dionysos Omestès*[236], *mais la plupart disent que c'est à cause des Ménades, qui déchirent, crues, les bêtes qui viennent entre leurs mains.* — Je me suis installé à la façon de l'Athénien Onomaclès, bataillant avec les loups, fuyant la guerre. *Ainos*[237] *est une cité de Thrace,* (*d'*) *Ainos fils de Géroias* (?) ; *les Alopéconnésiens* (*l'ont colonisée*) *mais ils…par les Thraces…*

306Eb

…*Lesbien*(*s*)…*celui-là*…(*-ès* ?) *le* (*roi*) *des Lydiens*…

237. Sur le rapport entre les vers cités (130b,9-11) et Ainos, voir n. 138 à 130b,17.

Διονύσωι θῦσαι τὸν Ὠμησ-
25 τὴν ἐπὶ τῆι ἱερω{ι}σύνηι τοῦ θεοῦ. Ἐντεῦθεν οὖν ὠμηστὴν
κεκλῆσθαι Διόνυσον. [Ο]ἱ δὲ πολλοὶ διὰ [τὰ]σ μαινάδασ, αἳ ὠμὰ δι-
ασπῶσι τῶ[ν] θηρίων τὰ εἰσ χ[εῖ-
30 ρασ αὐτῶν ἐλθ[ό]ντα.
ὡσ δ' Ὀνυμακλέησ ὠθάναοσ
ζ ἐοίκησα λυκαιχμίαισ φεύγων τ[ὸν
π[όλ]εμον. Αἶνοσ Θρ[ά]ικησ πόλισ .[
Αἴνου τοῦ Γέρωι.......[
35 δὲ τὴν Αἶνον Ἀλωπεκον[νήσιοι
η[..].οῦντο δ' ὑπὸ Θραικῶ[ν .]ηε[

24-25 Omesten hic (et l. 18 ?) uiri alicuius nomen esse perspexit
Haslam ‖ 25 corr. Haslam, « ἐπὶ τῶι ἱερῶι seems to have been first
written » (idem) ‖ 31-33 = 130b,9-11 ‖ 31 litt. δ' uestigia uidere mihi
uideor ; itidem Haslam, aliter Porro ‖ 33 ἀ[πὸ Haslam ‖ 34 Γερωιᾶ
κατῶικ[ισαν Haslam coll. Euphorion. fr. 416,3 SH Αἴνου τε
Γέρω·τ·ιάδαο,]ων· supra ω·τ· scripto, ut Γερωνιάδαο haberes ; nunc
Γερωϊάδαο exspectaueris ‖ 36 ἠ[δι]κοῦντο Luppe.

306Eb = fr. 2, p. 162 Porro.

. . .

].φων[
Λ]εσβι.[
ἐ]κεῖνοσ
]νθε
5]ορο
].σ ὁ Λυδῶν[

Test. Π fr. 2.

Suppl. Haslam 3 suppleui ‖ 6]η possis teste Haslam, qui et de].ο
cogitauit : si]η, Ἀλυάττ]ησ ; si].ο, Κροῖ]σοσ ; dein [βασιλεύσ
idem.

une force (considérable)...il dit...-nte talents...
Alcée[238]*...*

307-324 Fragments de tradition indirecte attribués à un livre
de l'édition alexandrine.

307   Pièce qui ouvrait la collection alexandrine d'Alcée,
hymne selon Plutarque, proème[239] à Apollon selon Pausanias, péan[240] selon Himerius à qui l'on doit ce qu'il prétend
être une version en prose du poème d'Alcée[241]. Il s'agit d'un
hymne relatif à la fondation de l'oracle delphique et contenant l'étiologie d'une fête estivale d'Apollon[242]. Le séjour
du dieu chez les Hyperboréens, l'appel lancé au dieu par les
Delphiens au moyen d'un péan, l'arrivée du dieu venu fonder l'oracle delphique, constituent l'étiologie de l'absence
du dieu rituellement appelé dans un hymne clétique et de
son retour périodiquement fêté. Himerius insiste particulièrement sur la célébration par la nature de l'épiphanie du
dieu. Eisenberger (p. 20) remarque la liaison du contenu de
l'hymne avec les préoccupations d'Alcée en tant que poète.
En effet, ce poème est aussi un éloge du dieu patron et ins-
pirateur des chanteurs et des musiciens, du dieu dont l'épiphanie est ressentie et célébrée par la nature universelle[243] :
l'effet que le dieu a sur le poète qu'il inspire n'est-il pas le

]ν ἰσχὺν με-

].θον φησιν

]κοντα ταλαν-

10]

].σ...ωναν

Ἀ]λκαῖοσ

].·γελ[

].ροσ και.[

15]ωμουσ α.[

].ηκο[

. . .

7 συλλέγω]ν Porro ‖ 7-8 μει[γάλην Haslam ‖ 15 β]ωμοὺσ e.g.
Haslam.

307 Metr. : str. Alc.

a

Ὤναξ Ἄ₁πολλον, πα₁ῖ μεγάλω Δίοσ

b¹

(1) Ὅτε Ἀπόλλων ἐγένετο, κοσμήσας αὐτὸν ὁ Ζεὺς
μίτρᾳ τε χρυσῇ καὶ λύρᾳ, δούς τε ἐπὶ τούτοις ἅρμα
ἐλαύνειν — κυκνοὶ δὲ ἦσαν τὸ ἅρμα — εἰς Δελφοὺς
πέμπει <καὶ> Κασταλίας νάματα, ἐκεῖθεν προφητεύ-
<σ>οντα δίκην καὶ θέμιν τοῖς Ἕλλησιν·

(2) ὁ δὲ ἐπιβὰς ἐπὶ τῶν ἁρμάτων ἐφῆκε τοὺς κύκνους
ἐς Ὑπερβορέους πέτεσθαι.

(3) Δελφοὶ μὲν οὖν, ὡς ᾔσθοντο, παιᾶνα συνθέντες
καὶ μέλος, καὶ χοροὺς ἠϊθέων περὶ τὸν τρίποδα στή-
σαντες, ἐκάλουν τὸν θεὸν ἐξ Ὑπερβορέων ἐλθεῖν·

même que l'effet de son épiphanie sur la nature ? Aussi
comprend-on qu'on ait eu l'idée de mettre en tête d'une édition des poèmes d'Alcée ce poème fait de strophes alcaïques
(rapprocher l'hymne à Aphrodite mis en tête de l'édition de
Sappho). — Voir O. Crusius, *Die delphischen Hymnen*,
Göttingen, 1894 [dans le n° 53 du *Philologus*], p. 65-66 ;
L. Weniger, *Theophanien. Altgriechische Götteradvente*,
ARW, 22, 1923/1924, p. 24 ; Page, p. 244-252 ; Eisenberger,
p. 14-20 ; Meyerhoff, p. 162-172. J'ai rangé les témoignages relatifs à cet hymne à Apollon selon l'ordre présumé
de succession des matières dans le poème original.

a [Alcée] Ô seigneur Apollon, fils du grand Zeus

b¹ [Himerius] (1) *Lorsque* Apollon *naquit, Zeus
l'orna d'un* bandeau *d'or et d'une* lyre *; il lui donna
en outre un* char *à conduire — ce char, des* cygnes *le
traînaient — et il l'envoya vers* Delphes *et la source
de* Castalie, *d'où il devait, dans ses oracles, dispenser
aux Hellènes la* justice *et le* droit sacré.
(2) *Mais le dieu, qui était monté sur son char, com-
manda aux cygnes de voler vers le pays des* Hyperboréens.
(3) *Alors les* Delphiens, *quand ils l'apprirent,
entonnèrent un* péan *et un* chant, *et établirent autour
du* trépied *des* choeurs *de jeunes gens, invoquant le
dieu pour qu'il revienne du pays des Hyperboréens.*

c [Pseudo-Plutarque] *Il n'est pas vrai (…) que la
cithare seule soit une invention d'Apollon, mais ce
dieu est aussi l'inventeur de l'aulétique et de la citha-
ristique. C'est ce qui résulte clairement des choeurs et
des sacrifices qu'on célébrait, au son des auloi, en
l'honneur de ce dieu, comme le raconte, entre autres,
Alcée dans un de ses hymnes.*

c

οὐ (...) μόνη δὲ κιθάρα Ἀπόλλωνος, ἀλλὰ καὶ αὐλη-
τικῆς καὶ κιθαριστικῆς εὑρετὴς ὁ θεός· δῆλον δ' ἐκ τῶν
χορῶν καὶ τῶν θυσιῶν, ἃς προσῆγον μετ' αὐλῶν τῷ θεῷ,
καθάπερ ἄλλοι τε καὶ Ἀλκαῖος ἔν τινι τῶν ὕμνων
ἱστορεῖ·

b²

(4) ὁ δὲ ἔτος ὅλον παρὰ τοῖς ἐκεῖ θεμιστεύσας ἀνθρώποις, ἐπειδὴ καιρὸν ἐνόμιζε καὶ τοὺς Δελφικοὺς ἠχῆσαι
τρίποδας, αὖθις κελεύει τοῖς κύκνοις ἐξ Ὑπερβορέων
ἀφίπτασθαι.
(5) Ἦν μὲν οὖν θέρος καὶ τοῦ θερους τὸ μέσον αὐτό,
ὅτε ἐξ Ὑπερβορέων Ἀλκαῖος ἄγει τὸν Ἀπόλλωνα.
Ὅθεν δὴ θέρους ἐκλάμποντος καὶ ἐπιδημοῦντος
Ἀπόλλωνος θερινόν τι καὶ ἡ λύρα περὶ τὸν θεὸν ἁβρύνεται. Ἄιδουσι μὲν ἀηδόνες αὐτῷ ὁποῖον εἰκὸς ᾆσαι
παρ' Ἀλκαίῳ τὰς ὄρνιθας· ᾄδουσι δὲ καὶ χελιδόνες καὶ
τέττιγες, οὐ τὴν ἑαυτῶν τύχην τὴν ἐν ἀνθρώποις
ἀγγέλλουσαι, ἀλλὰ πάντα τὰ μέλη κατὰ θεοῦ φθεγγό-
μεναι· ῥεῖ καὶ ἀργυροῖς ἡ Κασταλία κατὰ ποίησιν
νάμασι, καὶ Κηφισσὸς μέγας αἴρεται πορφύρων τοῖς
κύμασι, τὸν Ἐνιπέα τοῦ Ὁμήρου μιμούμενος. Βιάζεται
μὲν γὰρ Ἀλκαῖος ὁμοίως Ὁμήρῳ [ποιῆσαι] καὶ ὕδωρ
θεῶν ἐπιδημίαν αἰσθέσθαι δυνάμενον.

d

ἤκουσα δὲ καὶ ἄλλο τοιόνδε· τὸ ὕδωρ τῇ Κασταλίᾳ
ποταμοῦ δῶρον εἶναι τοῦ Κηφισοῦ. Τοῦτο ἐποίησε καὶ
Ἀλκαῖος ἐν προοιμίῳ τῷ εἰς Ἀπόλλωνα.

b² [Himerius] (4) *Celui-ci* [*Apollon*], *après avoir, un an entier,* dit le droit *chez ces peuples, jugeant le temps venu de* faire retentir *aussi les trépieds delphiques, commande de nouveau à ses cygnes de le ramener en volant du pays des Hyperboréens.*

(5) *C'était l'été, et même le cœur de l'été : c'est à ce moment qu'Alcée ramène Apollon du pays des Hyperboréens. Aussi, l'été étant dans tout son éclat et Apollon séjournant à Delphes, la lyre aussi exprime en l'honneur du dieu une sorte de* délicatesse estivale *: pour lui les* rossignols *chantent le chant qu'il convient aux oiseaux de chanter chez un Alcée ; chantent aussi* hirondelles *et* cigales, *racontant non le sort qu'elles ont connu chez les mortels, mais consacrant au dieu tous leurs chants. Également, en style poétique,* Castalie *coule avec ses* flots d'argent, *et le* grand Céphise, étincelant, *soulève ses flots, à l'instar de l'Énipée d'Homère. Car Alcée, comme Homère, force même l'eau à être capable de sentir la présence des dieux.*

d [Pausanias] *J'ai entendu encore une autre histoire : l'eau de la fontaine Castalie serait un présent que lui aurait fait le fleuve Céphise — Alcée a mis en vers cette même version dans son proème à Apollon.*

e [Strabon ; texte entièrement conjectural] *Il y avait aussi en Phocide une cité du nom de Tritaia. La fontaine de Castalie à Delphes, dont l'eau est prophétique, est appelée chez Alcée* onde de Tritaia.

FRAGMENTA

132

e

ἦν δὲ κ(αὶ) ἐν Φ[ω]κίδι ὁμώνυμος ταύτῃ (i.e. Τρι-
ταίᾳ) πόλις. [Οὕτ]ω Κασταλία κρήνη [παρ᾿] Ἀλ[καίῳ]
ἐν Δε[λφοῖς κ]α[λ]ε[ῖ]ται μ[αντι]κ[ὸ]ν ἔχουσα [ὕδωρ·
γ]άνοσ Τριτάα[σ

Test. *a* I ‚306Ca, 1. 5ₗ : ¹]ματα τ[Ι²]. ἀχενῳ[Ι³]..εστιν[Ι
⁴ ᾿Α]πολλωγ[Ι⁵]πολλον πα[Ι⁶]την του..[Ι⁷ ἀν]θρώπου[Ι⁸]αγ..[Ι
⁹].πλο.[
II 1) Hephaest. *Enchirid.* 14,3 p. 44,20-45,2 Consbr. sine auctoris
nomine τὸ καλούμενον Ἀλκαϊκὸν ἑνδεκασύλλαβον (...) οἷον [-],
[fr.331]. 2) Schol. A in Hephaest. Περὶ ποιημ. (3,6) p. 169,23-170,1
Consbr. καὶ ἔστι τῆς μὲν πρώτης ᾠδῆς ἀρχή· [-]· ἐπιωνική. Cf.
grammatici additamentum ad Περὶ ποιημ. 3,6 p. 66,6-9 Consbr.
Λέγομεν τοίνυν ὅτι μικτὰ μέν ἐστι συστηματικά, ὥσπερ εἴ τις
τὴν πρώτην ᾠδὴν ἐν τῷ πρώτῳ Ἀλκαίου καὶ τὴν δευτέραν συνά-
ψειε συστηματικῆς οὔσης αὐτῶν ἑκατέρας.
III Fortunatianus *Ars* VI p. 297,9-10 Keil *nasci autem uidetur ab
Alcaico hendecasyllabo* : [-].
[IV] Huc tractatum de metris P.Oxy.3707 col. I fr. 2 l. 12] Ἀγ[α]ξ
Ἀπολλογ[trahi posse putat Haslam, quem uide P.Oxy.LIII, p. 59.
b Himerius *Or.* 48, 10-11, p. 200-201 Colonna ἐθέλω δὲ ὑμῖν καὶ
Ἀλκαίου (edd., ἀναγκαῖον cod.) τινὰ λόγον εἰπεῖν, ὃν ἐκεῖνος
ᾖσεν ἐν μέλεσι παιᾶνα γράφων Ἀπόλλωνι. Ἐρῶ δὲ ὑμῖν οὐ κατὰ
τὰ μέλη τὰ Λέσβια, ἐπεὶ μηδὲ ποιητικός τις ἐγώ, ἀλλὰ τὸ μέτρον
αὐτὸ λύσας εἰς λόγον τῆς λύρας. Quae poetae uerba magis redolere
mihi uisa sunt, ea rectis litteris patefacienda curaui.
c [Plutarchus] *De musica* 14 1135f.
d Pausanias 10,8,10.
e Strabo 8,7,5 e cod. Vat. gr. 2306 f.216ᵛ rescripto, teste Aly (*De Strabonis cod. rescr.*, Città del Vaticano, 1956, p. 22). Codicem contuli
uixque quicquam dispexi ; locum plane aliter legit nec Alcaei nomen
agnouit Lasserre, quem secutus est Baladié in Strabonis editione, Paris,
1978, p. 206-207.
— Vide etiam adn. 382 ad fr. 425 necnon adn. 341 ad fr. 386.

a Ὤναξ (ὦ ᾿ναξ) II : ὦ ἄναξ III ἄναξ [IV], quod malint *LP*, at cf.
e.g. 325,1 (ubi ἄνασσ᾿ *LP* perperam) ; Anacr. 357,1 *PMG* ; Archi-
loch. 26,5 West² ; Pindar. *Pyth.* 8,67 ‖ -λον I, II, [IV] : -λῶν III ‖ παῖ
μεγάλω Δίος II : τὶ μετια ωμιλοισ III.
e γ] suppl. *LP* ‖ Τριτάα[*LP* : -αιᾳ[Strabonis cod. ‖ [σ suppl.
Aly.

308   Hymne « généalogique » à Hermès, où Alcée
évoque la naissance du dieu et les vols commis par lui le
jour même de sa naissance (à savoir le vol des vaches
d'Apollon, la subtilisation du carquois de ce dieu qui
menaçait Hermès), l'échange entre les deux dieux de la
lyre et du bâton magique. Voir Eisenberger, p. 21-26 ;
F. Cairns, *QUCC*, 13, 1983, p. 29-35 et Nisbet-Hubbard
(p. 125-134) à Horace, *Odes* 1,10. Le poème d'Horace est
une variation sur l'hymne d'Alcée, dont nous n'avons
qu'une connaissance partielle, limitée aux éléments narra-
tifs. Les rapports entre l'hymne d'Alcée et l'hymne homérique à Hermès, qui présentent des points de contact mais
aussi des divergences (cf. Cairns, p. 32), sont obscurs :
peut-être l'hymne homérique dont nous disposons, si du
moins on peut en parler comme d'un ensemble unitaire (cf.
Càssola, p. 171-174), est-il postérieur à celui d'Alcée ; au
v. 514, le rhapsode fait malicieusement allusion à la tradition du vol de l'arc d'Apollon par Hermès. Les rapports
étroits qui existent entre Hermès et Apollon et que met
particulièrement en valeur l'hymne d'Alcée (songeons à
l'échange qui vaut à Apollon de recevoir la lyre inventée
par Hermès) expliquent le fait que, dans l'édition alexandrine, on ait placé l'hymne à Hermès à la suite de l'hymne
à Apollon.

a [Alcée] Salut à toi, maître du Cyllène : c'est toi
que j'ai à cœur de chanter, toi que, dans les sommets
mêmes[244], Maia mit au monde après s'être unie au fils
de Cronos qui règne sur tout.

b [résumé fragmentaire] *...d'Apollon le vol...de la
naissance...Apollon...l'ayant menacé...il (le) dépouille...
de ses épaules son carquois...vol, prendre*[245]*...*

c [Ménandre le Rhéteur] *Alcée a chanté la naissance d'Héphaistos et encore d'Hermès (...). En effet,*

308   Metr. : str. Sapph.

a

⊗   ₎Χαῖρε₍ Κ₎υλλάνασ₍ ὀ μέδεισ, σὲ γάρ μοι
θῦμο₎σ ὔμνην₍, τὸν κορύφαισ' ἐν αὔταισ
Μαῖα γέννατο Κρονίδαι μίγεισα
‹·›παμβασίληϊ

b

Ἀπόλλ]ωνοσ κλοπη[
γ]ενεθλια[
]σ.ον Ἀπόλλω[ν
]αὐτῶι ἀπειλή[σασ
]περισπα[
τῶν ὤ]μων τὰ τ[όξα
κλ]οπὴν λαβ[
]ασε[

c

(...) Ἀλκαῖος (ὔμνησε γονὰς) Ἡφαίστου καὶ πάλιν
Ἑρμοῦ (...)· ὁ μὲν γὰρ (sc. ποιητὴς) καὶ Χάριτας μαιουμένας καὶ Ὥρας ὑποδεχομένας καὶ τὰ τοιαῦτα πραγματεύεται.

d

βουσὶ γὰρ χαίρειν μάλιστα Ἀπόλλωνα Ἀλκαῖός τε
ἐδήλωσεν ἐν ὕμνῳ τῷ ἐς Ἑρμῆν, γράψας ὡς ὁ Ἑρμῆς
βοῦς ὑφέλοιτο τοῦ Ἀπόλλωνος (...)

e

(...)

5   Te canam, magni Iouis et Deorum
nuntium curuaeque lyrae parentem,
callidum, quicquid placuit, iocoso

le poète[246] *traite des Grâces qui président à l'accou-chement, des Heures qui nourrissent, etc.*

d [Pausanias] *Car, qu'Apollon aime particulière-ment les vaches, c'est ce qu'Alcée a illustré dans l'Hymne à Hermès, où il raconte comment Hermès vola les vaches d'Apollon.*

e [Horace]...*Je veux te chanter, messager du grand Jupiter et des grands dieux, père de la lyre incurvée, habile à dissimuler en un vol pour rire tout ce que tu veux. Tout en cherchant à t'effrayer, toi, petit garçon, de sa voix menaçante, au cas où tu ne lui aurais pas rendu les vaches dérobées par ruse, Apollon rit un jour de te voir le dépouiller de son carquois. (...) [C'est toi qui installes dans l'heureux séjour les âmes pies et qui] avec ton bâton doré [ranges leur foule immatérielle, toi qui es cher aux dieux d'en haut et d'en bas]*[247].

---

246. Le poète, en opposition générique au prosateur. Le propos de Ménandre dans cette phrase est général, mais cet auteur peut avoir Alcée encore présent à l'esprit, et particulièrement le présent hymne. Voir le fr. 449A.

247. Dans les vers que je cite (cf. Cairns cité à Test. *e*), Horace reprend, dans un ordre et un esprit différents, les éléments présents dans l'hymne d'Alcée, si ce n'est qu'il pouvait ne pas être question chez Alcée d'Hermès comme psychopompe (de là l'utilisation que j'ai faite des crochets verticaux). Certains de ces éléments se retrouvent chez Philostrate *Im.* 1,26 (naissance d'Hermès), qui conserve peut-être des échos d'Alcée.

condere furto.

Te, boues olim nisi reddidisses

10 per dolum amotas, puerum minaci

uoce dum tenet, uiduus pharetra

risit Apollo.

(...)

17 [Tu pias laetis animas reponis

sedibus] uirgaque [leuem coerces]

aurea [turbam, superis deorum

gratus et imis].

Test. *a* I v. 1 : 306D col. II l. 11 χαῖρε [Κ]υλλάνασ
II ad v. 1-2 uidit Snell ap. Voigt fortasse referendum esse fr. 233,1-2
]υλλ[
.]μ[
III v. 1-2 : fr. 306Ca, ¹⁰ ὠ]ι�̣δὴ ἐγ[έ]γv[ετο |¹¹...ῆς ἡ ἀ]ρχή· χαῖρε[|¹²]σ
ὕμνην [
IV v. 1 : Hephaest. *Enchirid.* 14,1 p. 44,4-6 Consbr. ἔστι δὲ καὶ παρ᾽
᾽Αλκαίῳ [τὸ Σαπφικὸν καλούμενον ἑνδεκασύλλαβον] (...) οἷον
[-].
V v. 1 : Schol. A in Hephaest. Περὶ ποιημ. p. 170,1-3 Consbr. τῆς δὲ
δευτέρας (ᾠδῆς ἀρχή ; agitur de libro primo) · [-]· ἐπιχοριαμβική.
VI v. 1 : Apollon. Dysc. *De syntaxi* II p. 124,9-125,8 Uhlig Καὶ παρὰ
᾽Αλκαίῳ οἱ περὶ ᾽Απίωνα τὸν Μόχθον τὸ 'Κυλλάνας ὁ μέδεις' ἐν
ῥήματος συντάξει ἤκουον, οὐ παραδεχόμενοι μετοχὴν τοιαύτην
ἐκ βαρυτόνου ῥήματος (...).᾽Αλλὰ καὶ πρὸς τὸ τοιοῦτον ἐδείκ-
νυτο ὡς καὶ περισπώμενον εἴη ῥῆμα τὸ μεδῶ (...) ἀφ᾽ οὗ τὸ μέδ-
ημι, ὡς οἴκημι, καὶ ἔτι ἡ 'μέδεις' (μέδεις Ahrens, μεδέουσα codd.)
συνοῦσα μετοχὴ κατὰ τὸ ἀκόλουθον· κἀκ τῆς γραφῆς δὲ συνη-
λέγχοντο, οὐκ οὔσης ποτὲ διὰ τοῦ 'ει' κατὰ πᾶν δεύτερον πρόσωπον παρ᾽ Αἰολεῦσιν.
VII v. 1-3 et 4 : Choerob. in Hephaest. *Enchirid.* 14,1 p. 252,13-19
Consbr. Τὸ αὐτὸ ἔστιν εἰπεῖν (agitur de Sapphus fr. 1,5 descriptione
metrica) καὶ ἐπὶ τοῦ· [1] καὶ· [2] καὶ· [3] ; idem p. 253,10-19 Consbr.
(...) μετὰ τὰ τρία μέτρα (...) ἔχει τέταρτον· [4] καὶ [Sappho 1,4].
Clausulam παμβασιλῆι ad tres priores Alcaei uersus pertinere uidit
Hoerschelmann.
   b fr. 306Ca, l. 13-20]ασε[, quod rem ab Alcaeo tractatam summa-
tim complectitur ; conferendum est Schol. ABD in *Il.* 15,256 II p. 74
Dindorf Ἑρμῆς ὁ Διὸς καὶ Μαίας (...) κλέψας τοὺς ᾽Απόλλωνος
βόας εὑρέθη ὑπὸ τοῦ ᾽Απόλλωνος διὰ τῆς μαντικῆς· ἀπειλοῦντος
δὲ τοῦ ᾽Απόλλωνος ἔκλεψεν αὐτοῦ καὶ τὰ ἐπὶ τῶν ὤμων τόξα·

308A *Incipit* d'un hymne aux Nymphes, divinités dont le culte avait à Lesbos une importance considérable (voir Shields, p. 71-72). L'hymne aux Nymphes suivait l'hymne à Hermès dans l'édition alexandrine ; ces divinités pastorales sont, on peut le noter, unies dans le sacrifice commun que leur font les bergers (*Odyssée* 14,435 ; Sémonide fr. 20 West² ; cf. Càssola, p. 153).

Nymphes, que l'on dit créées par Zeus porteur de l'égide[248]

248. En *Iliade* 6,420 = *Odyssée* 6,105 ; 9,154 = Hésiode fr. 304,5 M.-W., les nymphes sont κοῦραι Διὸς αἰγιόχοιο (rapprocher aussi *IG* XII2 129 [= *Epigr. Graec.* n° 828 Kaibel], 1-2). La correction νύμφαι, nécessaire depuis qu'on sait que ce vers est l'*incipit* du troisième hymne du livre I, restitue le vocatif de l'invocation.

μειδιάσας δὲ ὁ θεὸς ἔδωκεν αὐτῷ τὴν μαντικὴν ῥάβδον, ἀφ' ἧς καὶ χρυσόρραπις ὁ Ἑρμῆς προσηγορεύθη, ἔλαβε δὲ παρ' αὐτοῦ τὴν λύραν.

c Menander Rhetor Διαιρ. ἐπιδεικτ. 340 p. 20 Russell-Wilson ; conferenda est Philostrati *Vita Apollonii* 5,15 (...) "Ωρας, ὑφ' ὧν αὐτὸς [Hermes] ἐν κορυφαῖς τοῦ Ὀλύμπου ἐτράφη ≈ Philostrati *Imag.* 1,26,2 τὸν Ἑρμῆν ἀποτεχθέντα "Ωραι κομίζονται.

d Pausanias 7,20,4.

e Horat. *Carm.* 1,10, 5-12 et 17-20 (uide Cairns, *QUCC*, 13, 1983, p. 34-35, necnon adn. 247) ; cf. Porphyr. ad *Carm.* 1,10,1 (p. 16 Holder = I p. 40 Hauthal) « Hymnus est in Mercurium, ab Alcaeo lyrico poeta » ; idem ad *Carm.* 1,10,9-12 (p. 17 Holder = I p. 40 Hauthal) « fabula haec autem ab Alcaeo ficta » (uide Bergk p. 150 sub n° 7, qui recte haec ad pharetrae, non boum furtum rettulit).

— Vide etiam adn. 382 ad fr. 425.

a 1 μέδεισ IV, V, VI cod. A, VII cod. U : μηδεισ VI cod. L μέδων VII cod. K ; formam μέδεισ recte interpretatus est Apollon. Dysc. (VI), qui Apionem confutauit ‖ 2 ὕμνην III : ὑμνεῖν VII ‖ κορύφαισ (-αισ' emendauit Hiller) ἐν αὔταισ Meineke : κορυφᾶσιν αὐγαῖσ VII cod. K κορυφᾶισιν ἀγναῖς VII cod. U ‖ 3 γένναто Bergk : γέννα τῷ VII ‖ Κρονίδαι VII cod. U : κρονίδη VII cod. K ‖ μίγεισα Bergk : μέγιστα VII cod. U μαιεία VII cod. K.

308A=343LP, Voigt. Metr. : gl²ᶜ

⊗ Νύμφαι, ταισ Δίοσ ἐξ αἰγιόχω ˏφαῖσι τετυχˏμέναισ

Test. I ˏ306Ca l. 22ᴸ : [20] (...) ἡ δὲ τρίτη .[|[21] ἀ]ρχὴν δὲ ε[|[22]]φαισι τετυχ[|[23]]..[ ].[

II Hephaest. *Enchirid.* 10,6 p. 34,11-14 Consbr. (editoris laudandorum codicum rationem hic parum intellego) Σαπφικὸν ἑκκαιδεκασύλλαβον, ᾧ τὸ τρίτον ὅλον Σαπφοῦς γέγραπται, πολλὰ δὲ καὶ Ἀλκαίου ἄσματα· [-].

III Fortunatianus *Ars* VI p. 302,11-12 Keil *his* (heccedecasyllabis Sapphicis) *et Alcaeus usus* : [-].

νύμφαι Edmonds : νύμφαισ II, III ‖ ταισ II : om. III ‖ Διὸσ II : αιοσ III ‖ αἰγιόχω II cod. I : αἰγιόχου II codd. AH αιτιοχω III ‖ φαῖσι I, II codd. AP : φασὶ II cod. I, III φασὶν II cod. C ‖ τετυχ- I : τετυγ- II, III ‖ -μέναισ II : -μένασ III.

309

car cela rendra impérissable le privilège de ceux à qui, par la volonté des dieux, vous êtes échues[249]

310

et puisse ta fille conduire notre action[250]

311

au-dessus de ta famille et au-dessus de ton indignité[251]

312

kypros[252]

309 Metr. : an str. Sapph. (uide quae adnotaui) ?

τὸ γὰρ θέων ἰότατι < >
_{<·>}ὔμμε λαχόντων
ἄφθιτον θήσει γέρασ

Test. Apollon. Dysc. *De pronom.* I p. 100,10-15 Schn. 'ὑμᾶς'. (...)
'ὔμμε' Αἰολεῖς· [-] Ἀλκαῖος πρώτῳ.

1 ἰότατι Blomfield : ἰότητι cod. ‖ lacunam significauit West ; an
θήσει (v. 3) huc transferendum ? ‖ 3 ἄφθιτον Bekker : αφυτον cod.

310 Metr. : str. Alc.

τὸ δ᾽ ἔργον ἀγήσαιτο τέα κόρα

Test. Apollon. Dysc. *De pronom.* I p. 106,6-10 Schn. καὶ παρ᾽ Αἰολεῦσιν (τέος). Ἀλκαῖος ἐν πρώτῳ· [-]· καὶ· [fr. 311] κτλ.

ἀγήσαιτο anon. in *Jenaische allgem. Literaturzeit.* 7, 1810, I, p.
193, ante Bast : -σατο cod. ‖ τέα κόρα, ‖ <Ζεῦ...> Diehl.

311 Metr. : str. Alc.

οἴκω{ι} τε πὲρ σῶ{ι} καὶ πὲρ ἀτιμίασ

Test. Vide fr. 310 Test. (...) καὶ· [-] ὁ αὐτὸς κοινῷ ἔθει.

Corr. Bast ‖ traditum καίπερ interpretatus est Hermann.

312 *LP* = 417A Voigt.

Pollux 4,169 κύπρον (...) εὕροις ἂν παρ᾽ Ἀλκαίῳ
ἐν δευτέρῳ μελῶν καὶ ἡμίκυπρον παρ᾽ Ἱππώνακτι ἐν
τῷ πρώτῳ τῶν ἰάμβων (fr. 148a West²) = 10,113 παρ᾽
Ἀλκαίῳ τῷ μελοποιῷ ἐν δευτέρῳ μελῶν κύπρος
κτλ.

313

quand tu les sauves alors qu'ils sont en train de périr

314

(puissent) les dieux immortels nous (accorder) de vaincre[253]

315

en suspens pour nous (?)[254]

253. Ou « la victoire », si νίκαν vient de νίκα et non de νίκαμι. Il est possible de rapporter ce fragment à une opération lancée par le clan d'Alcée contre les gens au pouvoir à Mytilène.

313   Metr. : an str. Alc. ?

ὄτ᾽ ἄσφ᾽ ἀπολλυμένοισ σάωσ

Test. Apollon. Dysc. *De pronom.* I p. 101,3-5 Schn. 'ἄσφε' Αἰολεῖς·
[-] ᾽Αλκαῖος δευτέρῳ.

ὄτ᾽ ἄσφ᾽ Apollon. Dysc. : ὄτα σφ᾽ interpretari post Bergk et Wackernagel (p. 623) proposuit West (*Hesiod. Theogony*, p. 441), at obstat Sappho fr. 149 (ap. Apollon. Dysc. *De pronom.* I p. 99,18 Schn.) ὄτα πάννυχοσ ἄσφι κατάγρει, ubi ὄτα σφι πάννυχοσ κατάγρει proposuit Wackernagel, commendauit West, ambo ui nimia usi ‖ -μένοισ Giese : -μένουσ cod. ‖ σάωσ (praesens) cod., Voigt post alios : σάωισ Lobel (cf. ᾽Αλκαίου Μέλη, p. xxix n. ; Hamm, p. 161) ; σάωσ imperfectum interpretatus est Meister (p. 177), quo iudice praesens σάοισ foret (cf. Blümel, p. 175), nec defuerunt qui σάωσ᾽ aoristum intellegerent.

314   Metr. : an str. Alc. ?

ἄμμιν ἀθάνατοι θέοι

νίκαν

Test. Apollon. Dysc. *De pronom.* I p. 97,24-27 Schn. (agitur de pronuminis « nobis » apud Graecos forma) (...) μένει τε (τὸ 'ν') ἐπὶ τοῦ·
[-] ᾽Αλκαῖος τρίτῳ καὶ ἐπ᾽ ἄλλων πλειόνων.

1 « intellige δοῖεν » Diehl (iam addiderat Blomfield) ‖ ἄμμιν Ahrens ex Apoll. Dysc. contextu : υμμιν cod. ‖ -τοι θέοι Hermann : -τοιο εοι cod.

315   Metr. : uide quae ad hoc fr. adnotaui.

ἄμμεσιν πεδάορον

Test. Apollon. Dysc. *De pronom.* I p. 97,11-14 Schn. τό τε ἐν τετάρτῳ ᾽Αλκαίου· [-] οὕτω φέρεσθαι ἀπὸ τοῦ ἡμέσιν.

πεδάορον Valckenaer : παιδα ορον cod.

316

puissent-ils recevoir (...et des ?) jarres (pleines ?) de vin

317

a tu seras, pour toi-même, dispensateur[255]

b mais, prenant part à la fête, à toi-même (?)...[256]

255. Lobel rapproche Hésiode fr. 245 M.-W., ἳν δ᾽ αὐτῷ θανάτου ταμίης, ὅτε μέλλοι ὀλέσθαι, où il est question d'une faveur faite à Endymion par Zeus (voir Meyerhoff, p. 16-17). Treu (p. 190) rapproche Théognis, 503-505, οἰνοβαρέω κεφαλήν, Ὀνομάκριτε, καί με βιᾶται | οἶνος, ἀτὰρ γνώμης (γλώσσης Bergk) οὐκέτ᾽ ἐγὼ ταμίης | ἡμετέρης (cf. 1185-1186, νοῦς ἀγαθόν, καὶ γλῶσσα· τὰ δ᾽ ἐν παύροισι πέφυκεν | ἀνδράσιν οἳ τούτων ἀμφοτέρων ταμίαι ; 1241-1242, χαιρήσεις τῇ πρόσθε παροιχομένῃ φιλότητι, | τῆς δὲ παρερχομένης [γὰρ ἐπερχομένης Bergk] οὐκέτ᾽ ἔσῃ ταμίης) ; il a peut-être raison de supposer qu'il est question du vin et de comprendre « du aber wirst selbst der Mundschenk sein ». Voir la note 256 et rapprocher *Iliade*, 19,44, ταμίαι...σίτοιο δοτῆρες.

316 Metr. : gl^d uel fort. gl^c

οἴνω ταγγε[|α δεκοίατο

Test. P. Bouriant 8 (saec. II p. C.), Περὶ Αἰολίδος (post P. Collart, *Les papyrus Bouriant*, Paris, 1926, p. 46-51, et E. Lobel, *APF*, 10, 1932, p. 1-4, ed. cum tabula A. Wouters, *The Grammat. Pap. from Graeco-Rom. Egypt*, Bruxelles, 1978, p. 276-282) col. IV l. 6-8 = l. 60-61 Wouters ('Αλκαῖος) κἂν τε[τάρ|τωι («fort. κἂν τῶ[ι αὐ|τῶι» Lobel) κἂν ἕκτωι· [-].

οἴνω τ᾽ ἄγγε[α μέστ]α e.g. possis (τἄγγεα etiam interpretari possis) ‖ δεκοίατο Lobel : δϲχ Π.

317 Metr. : *a* an gl^xc ? ; *b* incertum.

a

σὺ δὲ σαύτωι τομίαισ ἔση

b

ἀλλὰ σαύτω<ι> πεδέχων ἄβασ †πρὸσ πόσιν

Test. Apollon. Dysc. *De pronom.* I p. 80,17-23 Schn. Καὶ ἔτι ὁμοίως (quae praecedunt, ea uide ad fr. 378 et 363) παρὰ τῷ αὐτῷ 'Αλκαίῳ ἐν ἑβδόμῳ· [*a*].[*b*]. Πῶς γὰρ ταῦτα σύνθετα, τῶν πρώτων ἐν διαλύσει ὄντων; Δῆλον οὖν ὡς ἀνώμαλος ἡ ἀνάγνωσις τῶν πρώτων (uide ad fr. 378) πρὸς τὰ ἐξῆς.

a τομίαισ Bast : το. μαισ cod., «ut uideatur ταμαισ fuisse» (Schn.) ; Aeolicum ταμίαισ testatur P. Bouriant 8, col. I l. 16 ‖ εση cod. : ἔσηι Bast ἔσσηι Ahrens (cf. Hamm, p. 22 §39).

b σαύτωι Reitz : σαύτω cod. ‖ πεδέχων anon. in *Jenaische allgem. Literaturzeit.* 7, 1810, I, p. 193, ante Ahrens : μετέχων cod. ‖ πρὸσ πόσιν cod. : πρόποσιν uel πρόπωθι (cf. 401*b* σύμπωθι) Bergk ; an πρόποσιν πῶ (cf. 401*a*), quae uox ante πῶς excidere potuit ? Quousque corruptela se extendat, dictu difficile est. Vt est, metro parum satisfacere uidetur fragmentum.

318

et, après avoir chaussé des scythiques[257]

319

les souffles calmes de vents doux[258]

320

et rien ne pourrait naître de quoi que ce fût[259]

257. Rapprocher fr. 77 col. I ? Voir n. 335 au fr. 379.
258. Passage relatif à un embarquement ou à une traversée par beau temps, ou à l'arrivée du printemps (Barner, p. 11 n. 3) ? Fick suggérait l'appartenance à un même poème de ce fragment et du fr. 355 ; pour Bergk, les deux fragments sont extraits d'un poème allégorique. Rapprocher l'expression euripidéenne ὑπήνεμος αὖρα (*Cyclope*, 44-45 ; cf. Kassel, p. 200).

318   Metr. : an gl²ᵈ ? At alia possis.

καὶ Σκυθίκαισ ὑπαδησάμενοσ

Test. Harpocratio p. 277 Dindorf, p. 238 Keaney (quem sequor) Σκυθικαί· (...) εἶδός τι ὑποδήματός εἰσιν αἱ Σκυθικαί· καὶ Ἀλκαῖος ἐν η'· [-] = Suda Σ 705 = Photius 525,6-7 Porson.

καὶ Harpocratio : om. Suda, Photius ‖ Σκυθίκαισ Welcker : -άσ testes omnes ‖ ὑπα- Ahrens : ὑπο- testes omnes.

319   Metr. : ₄gl ia

βλήχρων ἀνέμων ἀχείμαντοι πνόαι

Test. I Schol. A *Il.* 8,178a II p. 333 Erbse (= Herodian. Ἰλιακ. προσῳδ. II p. 60,31-34 Lentz, cf. Καθολ. προσῳδ. I p. 204,30-33 Lentz) (...) αὐτὸ τὸ 'βληχρός' σημαίνει ὡς ἐπὶ τὸ πλεῖστον μᾶλλον τὸ ἀσθενές. Ἀλκαῖος θ'· [-] καὶ ὁ Νίκανδρος· [*Ther.* 446]. II Eustath. *Il.* 705,63 II p. 554 Van der Valk βληχρὸν γὰρ τὸ ἀσθενές, ὡς Ἀλκαῖος [-] καὶ Νίκανδρος [*Ther.* 446]. III Epim. Hom. β 32 II p. 212,86-93 Dyck sine auctoris nomine Πίνδαρος μὲν βληχρὸν τὸ ἰσχυρὸν· [fr. 245 Maehler] φησί· (...) λέγομεν δὲ ὅτι βληχρὸν σημαίνει τὸ ἀσθενές· οἷον· [1] Cf. Et. Magn. Gen. β 143 II p. 449 = Et. Mag. auct. β 172 II p. 447 = Et. Sym. β 25-28 II p. 448,19-21 Lass.-Liv. = Suda B 340 = Zonaras 393 βληχρόν· ἀσθενὲς παρ' Ὁμήρῳ καὶ Ἀλκαίῳ καὶ ἄλλοις· Πίνδαρος δὲ ἐπὶ τοῦ ἰσχυροῦ αὐτὸ λέγει (uide Turyn [Oxford, 1952] ad Pindari fr. 135,10 et 251).

πνόαι II, III : πνοιαί I

320   Metr. : str. Alc.

καί κ' οὐδὲν ἐκ δένοσ γένοιτο

Test. I Et. Gen. p. 40 Calame = Et. Mag. 639,31 αὐτοῦ δὲ τοῦ οὐδεὶς τὸ οὐδέτερον 'δέν' χωρὶς τῆς 'ου' παραθέσεως ἔχομεν παρ' Ἀλκαίῳ ἐν τῷ ἐνάτῳ, οἷον [-]. Ζηνόβιος. II Schol. Marc. in Dion. Thrac. p. 381,5-7 Hilg. ὅτι δὲ θέμα τὸ 'δείσ', δῆλον ἐξ οὐδετέρου κειμένου παρ' Ἀλκαίῳ ἐν ἐνάτῳ μέλει· [-]· καὶ τὸ δείς ἀντὶ τοῦ τίς.

καί κ' I Et. Gen. A : κ' I Et. Gen. B II cod. N   om. II cod. V   an αἴ κ' ? ‖ ἐκ δενὸσ I Et. Gen. A II cod. V : ἐκ γένοσ I Et. Gen. B οὐδενὸσ II cod. N.

321

(et les cités) sont prises[260]

322

les projections de vin s'envolent des coupes téiennes[261]

323

ils…et prendraient

324

ils ne seraient pas

321   Metr. : an gl ia uel sim. ?

[..]. λιε[.] τ' ἀλίσκονται | [

Test. P. Bouriant 8 col. VI l. 5-7 Lobel = col. VII l. 114-116 Wouters (de uocibus in 'ισ' exeuntibus agitur ; laudatum est Sapphicum πολίων [fr. 161]) 'Αλ|καῖος ἐν ἐνάτωι· [-].

]. λιε̦ recte legit Lobel, qui π]όλιέ[σ] τ' sensu aptum esse, uix uero in imagine lucis ope expressa legendum dicit, at ego legi posse puto.

322   Metr. : si v. 2 Τήιαν legis (cf. 129,7 ; Hamm, p. 30), tum possis pher^xc κατὰ δίστιχον ; si Τηίαν, an pher || gl (pher | gl Voigt) ?

                    λάταγεσ ποτέονται
κυλίχναν ἀπὺ Τήιαν

Test. Athenaeus 11,481a (de κυλίχνη pro κύλιξ usurpato) (...) καὶ 'Αλκαῖος [fr. 346,1-5]. Καὶ ἐν τῷ δεκάτῳ· [-].

1 de forma ποτέονται, cf. Bowie, p. 124-125 ; Blümel, p. 173 n. 175 || 2 ἀπὺ Ahrens : ἀπὸ cod.

323   Metr. : hipp, cuius initium et pars media incerta.

....|.σαίατο καὶ λάβοιεν

Test. P. Bouriant 8 col. IV l. 5-6 = l. 59-60 Wouters 'Αλκαῖος ἐν δεκάτωι[ι (continuo sequitur quod supra exscripsi).

Possis ἀρπα|σσαίατο.

324

                    οὔ κε γένο<ι>ντο

Test. P. Bouriant 8 col. IV l. 11-13 = l. 65-67 Wouters ('Αλκαῖος) ἐν δεκάτωι· οὔ κε γένοντο>|.αγυιοισπερ (sic legit Lobel, qui καὶ οὐχ' ὥσπερ subesse putat ; negat uero Wouters, qui .αγυιοι ὅπερ legit : utique ante περ littera incerta est) ὤφειλεν κατ' Αἰολεῖς | ε[ἰπ]εῖν γενοίατο.

Add. Lobel ; .αγυιοι, quod lineae sequentis in initio prostat, Alcaeo dat Wouters : si recte, e uestigiis istis nihil nisi ζάγυιοι (= διάγυιοι)

325   Fragment d'un poème s'ouvrant par une invocation hymnique à Athéna Itonienne qui témoigne peut-être d'un séjour du poète à Coronée de Béotie[262] (cf. la notice commune des fr. 306Ae, Ac, Ae bis et la note 382 au fr. 425). On ne peut savoir si la suite du poème contenait un élément stasiotique (« Athéna la belliqueuse » est liée étroitement à la vie du poète, comme le souligne Eisenberger, p. 40) ou évoquait sous un autre aspect l'exil du poète. On notera que le festival des *Pamboiotia* (A. Schachter, *Cults of Boiotia*, 1, Londres, 1981, p. 123-124), qui se tient dans le sanctuaire d'Athéna Itonienne, est plus tardif qu'Alcée, même si une panégyrie est attestée au milieu du VIe s. (Schachter, p. 122). Voir Page, p. 268-269 ; A. Schachter, *op.cit.*, p. 119.

Ô maîtresse Athéna, belliqueuse, toi qui, sûrement[263], devant ton temple, (à ton autel,) près des rives du fleuve Côralios[264], règnes sur la plaine[265] de Coronée

262. Dans son édition de Strabon (Paris, 1996, p. 165 n. 3 et p. 228), R. Baladié exprime l'opinion que le passage d'Alcée renvoie au temple d'Athéna Itonienne à Coronée de Phthiotide, mais a) Strabon cite le passage dans la section relative à la Béotie, et le contexte plus particulier de la citation, certes un peu ambigu, ne me paraît pas, tout bien considéré, favoriser l'opinion de Baladié ; b) Strabon (9,2,33 = Alcée fr. 425) joint à l'erreur qu'il accuse Alcée d'avoir commise à propos d'Onchestos *en Béotie* celle qu'il lui impute relativement au nom du fleuve Côralios dans notre fragment ; c) un séjour d'Alcée en Béotie est par ailleurs probable (notice commune des fr. 306Ae, Ac, Ae bis). Enfin, je signale, car cela ne ressort pas des notes de Baladié, que l'hypothèse de H. White (*MPhL*, 6, 1984, p. 97-112) selon laquelle Callimaque, *Hymnes* 5,63-64, ἢ 'πὶ Κορωνείας, ἵνα οἱ τεθυωμένον ἄλσος | καὶ βωμοὶ ποταμῷ κεῖντ' ἐπὶ Κουραλίῳ, renvoie à Coronée de Phthiotide, le premier hémistiche du vers 61, ἢ 'πὶ Κορωνείας, étant correctement transmis (on y voit d'ordinaire avec Wilamowitz une reproduction fautive du premier hémistiche du v. 63) et renvoyant à Coronée de Béotie, n'implique nullement que le passage d'Alcée, dont on rapproche classiquement les v. 63-64 de Callimaque, soit relatif à Coronée de Phthiotide.

eruere possum : an idem significat quod καταχώλος [cf. γυιός = χωλός] ? Exstat autem ap. Aristid. Quint. 1,16 et 17 παίων διάγυιος (= δίγυιος [i.e. δίκωλος] teste Aristide, cf. Schwyzer, p. 589 n. 3).

325 Metr. : str. Alc.

⊗ ͵"Ωνασσ᾽ Ἀ͵θανάα ͵πολεμάδοκε͵
ἄ ποι Κ͵ορωνήασ <πεδίω> μέδ͵<ησ>
ναύω πάροιθεν ἀμφι< >
<-->Κ͵ωραλίω ποτά͵μω πὰ͵ρ᾽ ὄχθαισ

Test. Strabo 9,2,29 p. 102-103 Baladié (quae in cod. Vat. gr. 2306 rescripto fol. 228ᵛ [p. 34 Aly ; codicem contuli] prostant, ea in fragmento supra exscripto ͵unciolis͵ saepsi) κρατήσαντες (οἱ Βοιωτοὶ) δὲ τῆς Κυρωνείας, ἐν τῷ πρὸ αὐτῆς πεδίῳ τὸ τῆς Ἰτωνίας Ἀθηνᾶς ἱερὸν ἱδρύσαντο, ὁμώνυμον τῷ Θετταλικῷ καὶ τὸν παρρρέοντα ποταμὸν Κουάριον προσηγόρευσαν ὁμοφώνως τῷ ἐκεῖ. Ἀλκαῖος δὲ Κωράλιον καλεῖ, λέγων [1-4]. Vide et fr. 425.

1 ωνασσ᾽ α| (5 litt.)]πολεμαδοκε cod. rescr. : ῎Ασσ᾽ Ἀθάνα ἀπολε <lac. septem litt.> cod. A ‖ Ἀθάναα πτολεμάδοκε Page (p. 268 n. 2), at uide Hamm, p. 147 §233 ‖ 2 ἄ ποι Welcker : ἀπὸ cod. A hic periit cod. rescr. ‖ Κ]ορωνήασ cod. rescr. : Κοιρωνίασ cod. A ‖ πεδίω μέδησ ego (uide adn. 265) : μεδ cod. rescr. ἐπιδεω- cod. A ‖ 3 habet cod. A : partim omissus partim perditus uersus in cod. rescr., ubi legitur μεδ| (5 litt.)]ωραλιωποτα| ‖ ναύω Welcker : (ἐπιδεω)ν αυω cod. A ‖ ἀμφι <lac. octo litt.> cod. A : ἀμφὶ βώμωι Bergk coll. Callim. Hymn. 5,64 [uide adn. 262] ; cf. adject. ἀμφιβώμιος ap. Euripid., Troad. 562.

326 *LP* = 208,1-9.

327   Fragment qui passe pour être tiré d'un hymne à Éros (rapprocher avec prudence le *Veneremque et illi | semper haerentem puerum canebat* d'Horace [*Odes* 1,32,9-10 = fr. 430]). Éros, qui, selon une des généalogies de Sappho (fr. 198a) est fils de Gê et d'Ouranos, apparaît chez Alcée, pour la première fois, comme fils d'Iris et de Zéphyr (cf. Gruppe, p. 1071 n. 1 ; Page, p. 269-272 ; Eisenberger, p. 39 ; West, *Orphic Poems*, Oxford, 1983, p. 201 n. 79 ; K. Neuser, *Anemoi. Studien zur Darstellung der Winde und Windgottheiten in der Antike*, Rome, 1982, p. 29-30 et 133-135 ; *LIMC* III 1 p. 850). Le fragment pourrait appartenir à un poème érotique (cf. Eisenberger, *loc. cit.* : « Alkaios wird sich um der Liebe eines schönen Knaben willen an den Gott gewandt haben »), où Alcée évoquait, pour en connaître les effets sur lui-même, le pouvoir dévastateur du dieu, parfois comparé à un vent violent (cf. Sappho fr. 47 ; Ibycos fr. 286 *PMGF* ; Aristophane, *Oiseaux*, 697)[266]. Rapprocher, pour la vision de l'amour, les fr. 10 (?), 283, 296a (?), 380.

le plus terrible des dieux, fruit de l'union d'Iris aux belles sandales[267] et de Zéphyr à la chevelure d'or[268]

328

et quelqu'un, habitant aux confins[269]

---

267. Épithète donnée à Iris en 401N,15 ? Χρυσοπέδιλος est épithète d'Aurore chez Sappho fr. 103,10 ; 123. Quant à la notable épithète de Zéphyr, on la trouve accolée à Dionysos, Éros, Phoibos (supplément dans Sappho, fr. 44Aa,2), et surtout Apollon : voir H.L. Lorimer dans *Greek Poetry and Life. Essays presented to G. Murray*, Oxford, 1936, p. 21-22 ; M. Blech, *Studien zum Kranz bei den Griechen*, Berlin-New York, 1982, p. 326 ; Broger, p. 217.

327 Metr. : str. Alc.

δεινότατον θέων,

\<τὸν\> γέννατ' εὐπέδιλ\<λ\>οσ ˀΙρισ

\<˳\>χρυσοκόμαι Ζεφύρωι μίγεισα

Test. Plutarchus *Amatorius* 20 765de ὀλίγα δ' εἴρηται μετὰ σπουδῆς αὐτοῖς (sc. ποιηταῖς περὶ Ἔρωτος), εἴτε κατὰ νοῦν καὶ λογισμὸν εἴτε σὺν θεῷ τῆς ἀληθείας ἁψαμένοις· ὧν ἕν ἐστι καὶ τὸ περὶ τῆς γενέσεως· [1-3]· εἰ μή τι καὶ ὑμᾶς ἀναπεπείκασιν οἱ γραμματικοὶ λέγοντες πρὸς τὸ ποικίλον τοῦ πάθους καὶ τὸ ἀνθηρὸν γεγονέναι τὴν εἰκασίαν. Alcaei esse fragmentum ostendunt Schol. Theocr. 13,1-2c p. 258 Wendel Ἀλκαῖος Ἴριδος (Gaisford Ἔριδος codd.) καὶ Ζεφύρου, Σαπφὼ [198 *LP* = 198b Voigt] Γῆς (Blomfield Ἀφροδίτης codd. Ἀφροδίτης ἢ Γῆς Wilamowitz) καὶ Οὐράνου καὶ ἄλλοι ἄλλων (sc. filium Cupidinem dixerunt) ; Et. Gud. s.v. ἵμερος p. 278,17 Sturz (p. 161,12 Reitzenstein) ≅ Et. Mag. 470,266 sub ead. uoc. †Δωρικῶς· τὰ γὰρ ἄνθη λέγεται ἵμερα, ἐπεὶ ἐν τῷ ἔαρι τὰ ἄνθη φύεται, ὅτε καὶ τὰ ἐρωτικὰ θερμότερά ἐστιν· τούτου χάριν καὶ ὁ Ἀλκαῖος (Ἀλκμαῖος Et. Gud. cod. d, Et. Mag.) Ζεφύρου καὶ Ἴριδος τὸν Ἔρωτά φησιν. Eadem genealogia apud Schol. T *Il.* 23,203 V p. 401 Erbse ; Eustath. *Il.* 391,25 I p. 616 Van der Valk (= 555,5 II p. 89) ; Lydum, *De mensibus* 4,154 p. 172 Wünsch (uide adn. 268) ; Nonnum, *Dion.* 31,110-111 et alibi ; denique fortasse Schol. in Parthenium, fr. 610, l. 11-14 *SH*.

1 θέων Xylander : θειῶν codd. ‖ 2 τὸν γέννατ' Bergk : γείνατο codd. ‖ εὐπέδιλλοσ Seidler : -ιλοσ codd. ; hanc geminationem apud Aeoles testantur et grammatici (cf. Meister, p. 144) et fortasse fr. 401N,15. Geminationem addubitat Hamm, p. 20 ; χρυσοπέδιλος habes ap. Sapph. fr. 103,10 (papyr.) et 123 ‖ 3 μίγεισα Porson : μιχθεῖσα codd.

328 Metr. : str. Alc.

\<˳\>καί τισ ἐπ' ἐσχατίαισιν οἴκεισ

Test. I *a* Hephaest. *Enchirid.* 7,8 p. 24,5-7 Consbr. (...) καλούμενον δὲ Ἀλκαϊκὸν δεκασύλλαβον· [-] = *b* Schol. A in Hephaest. *Enchirid.* p. 130,18 Consbr. = *c* Schol. B in eundem p. 275,6 Consbr.
II Epim. Hom. o 96 II p. 573,11-12 Dyck ὡς γὰρ ἀπὸ τοῦ οἰκῶ ἡ μετοχή [-]. De fragmento poetae nostro tribuendo, cf. Righini, p. 67-69.

καί τισ I, II : καΐ τισ Bergk dubitanter ‖ οἴκεισ I*a* cod. A, II : οἰκεῖσ I*a* codd. MH, I*c* οἰκείσ II teste Cramer (Anecd. Ox. I p. 327) οἴκοισ I*a* codd. DI om. I*b*.

329

et, muni d'un casque constellé d'or, avec légèreté
(il...)

330

(se ?) faisant la guerre les uns aux autres[270]

331

Mélanchros, digne du respect, vers la cité[271]

---

270. Rapprocher 70,11 ; 130b,7.
271. Ἐσ πόλιν dépendait de la suite. Von Erffa (*ΑΙΔΩΣ*, Leipzig, 1937, p. 63) et Treu (p. 157-158) entendent αἴδωσ ἄξιοσ ironiquement. L'usage ne permet pas de comprendre « digne de honte » ; ἐσ πόλιν au sens de « par rapport à la cité » est d'une grécité plus tardive. Sur Mélanchros, voir *TVA* III et V.

329 Metr. : str. Alc.

καὶ χρυσοπάσταν τὰν κυνίαν ἔχων
ἔλαφρα π[

Test. Schol. *Il.* 2,816 I p. 173 Erbse (= P.Oxy.1086 col. III 109 ss.), supplente Hunt) κορυθαίολος δέ ἐστιν ἤτοι ὁ ποικίλη[ν ἔχων τὴν περικεφαλαίαν, αἰό]λον γὰρ τὸ ποικίλον, ἢ καὶ ὁ ἐν τῇ περικεφαλαίᾳ ὀξέω[ς καὶ εὐστραφῶς μαχόμενος (suppl. Erbse)· εὐ]θετεῖ γὰρ καὶ ἐπὶ τοῦ ὀξέος καὶ εὐστραφοὺς τὸ αἰόλον οἷον ὅταν λέγῃ· [*Il.* 3,185].Ὅθεν Ἀλκαῖος ἀμφο[lac. 20 litt., -τέρως ἔλαβε τὸ ὄνομα suppl. Wilamowitz] |¹¹³ λέγων οὕτως· [1-2] |¹¹⁴ ζων, dein post spatium uacuum incipit nouum lemma.

2 inter π[et lineae 113 finem 18 litt., iudice Erbse ; incertum est an ζων (l. 114 initium) ad Alcaei fr. pertineat. Scholiastae uerbis requiritur apud Alcaeum (-)αιολ- duplici sensu usurpatum.

330 Metr. str. Alc.

μείξαντεσ ἀλλάλοισ᾽ Ἄρευα

Test. I Choerobosc. in Theodosii *Can.* I p. 214,21-23 Hilg. (= Herodian. Κλίσ. ὀνομ. II p. 674,31-36 Lentz) ἐφύλαξε τὸ 'υ' (Ἄρευς) παρὰ τοῖς Αἰολεῦσιν οἷον· [fr. 372] καὶ πάλιν· [fr. 400] καὶ πάλιν· [-]. II Herodian. Κλίσ. ὀνομ. II p. 640,5-6 Lentz λέγομεν Ἄρευος Ἄρευι· [-]. Alcaeo dedit Seidler.

μείξαντεσ Hoffmann : μίξαντεσ I μίξαν δὲ II μῖξαν δ᾽ ἐν Schneidewin, probante Bergk (μεῖξαν δὲ emendauit Fick) ‖ ἀλλάλοισ (-οισ᾽ emendauit Hiller) Schneidewin : ἀλλήλοισ II ἀλλήλοισιν I ‖ Ἄρευα I codd. NC, II : -ι I cod. V χάρευεν I cod. P.

331 Metr. : str. Alc.

⊗ Μέλαγχροσ αἴδωσ ἄξιοσ ἐσ πόλιν

Test. I Hephaest. *Enchirid.* 14,3 p. 44,20-45,2 Consbr. τὸ καλούμενον᾽Ἀλκαϊκὸν ἐνδεκασύλλαβον (...) οἷον· [fr. 307b], [-]. II Μέλαγχροσ αἴδωσ ἄξιοσ : Epim. Hom. ι 14 II p. 377,6-7 Dyck (= Herodian. Κλίσ. ὀνομ. II p. 763,25-27 Lentz) (ἱδρῶς) ἀντὶ τοῦ ἱδροῦς ὡς †μελάγχρως ἀντὶ μελάγχρουσ καὶ† 'αἴδως ἄξιος' ἀντὶ <τοῦ> αἰδοῦς. Alcaeo dedit Blomfield.

ἐσ I codd. ACI : εἶσ I cod. P εἶσ [= unus] (πόλι) Fick ἦσ (πόλι) Bergk.

332

Maintenant, il faut que chacun s'enivre et boive par force[272], puisque voilà Myrsile mort[273].

333

car le vin est un instrument qui permet de voir au travers (de l'homme[274])

334

et Poséidon n'a pas encore frappé la mer salée[275]

---

272. Le πρὸς βίαν πίνειν (on trouve l'expression chez Aristophane, *Ach.* 73 et Sophocle fr. 735 Radt) s'oppose au πρὸς ἡδονὴν πίνειν, qui constituent, ainsi qu'il ressort de Platon, *Banquet* 176, deux τρόποι τῆς πόσεως entre lesquels on faisait un choix au commencement du banquet. L'enivrement est identifié au πρὸς βίαν πίνειν par un personnage du *Banquet* (176e) : συγχωρεῖν πάντας μὴ διὰ μέθης ποιήσασθαι τὴν ἐν τῷ παρόντι συνουσίαν, ἀλλ᾽ οὕτω πίνοντας πρὸς ἡδόνην.

332   Metr. : str. Alc.

⊗   Νῦν χρὴ μεθύσθην καί τινα πρὸσ βίαν
     πώνην, ἐπεὶ δὴ κάτθανε Μύρσιλοσ

Test. Athenaeus 10,430c (uide *TVA* XIV)   ἐν δὲ ταῖς εὐφρόναις
(πίνων ὁ ποιητὴς οὗτος εὑρίσκεται)· [1-2].

1 de χρὴ, cf. 249,6 app. crit. ‖ μεθύσθην Buttmann : μεθύσκειν
Athen. ‖ πρὸς Athen., cf. Marzullo, p. 97-98 : πὲρ Lobel, correptionis
uitandae causa, at cf. 385 cum adn. ‖ 2 πώνην Ahrens : πονεῖν Athen.

333   Metr. : str. Alc.

οἶνοσ γὰρ ἀνθρώπ†οισ† δίοπτρον

Test. Iohannes (potius quam Isaac : cf. Wilson, p. 295) Tzetzes in
Lycophr. 212 II p. 100,19-21 Scheer (...) οἱ οἰνωθέντες τὰ τοῦ
λογισμοῦ ἀπόρρητα ἐκφαίνουσιν, ὅθεν καὶ Ἀλκαῖός φησιν· [-].

ἀνθρώποισ (datiuus breuis : cf. adn. 244 ad 308a,2) : -πωι uel
-ποισι Fick (-ποισι Wilamowitz, p. 88, qui δίοπτρον disyllabicum
uult) -πω Lobel.

334   Metr. : str. Alc.

οὐδέπω Ποσείδαν
‹›ἄλμυρον ἐστυφέλιξε πόντον

Test. Herodian. Μον. λέξ. II p. 916,12-15 Lentz   εἴρηται δὲ ὁ
δαίμων παρ' Ἀλκαίῳ διὰ τοῦ 'α' μένοντος τοῦ 'σ' Ποσειδᾶν· [1-2].

Ποσείδαν Ahrens : -ᾶν cod. ; de forma cf. gramm. testt. ap. Meister, p. 124 n. 1 ; uide et Blümel, p. 61.

335

Il[276] ne faut pas abandonner notre cœur à nos malheurs, car nous n'arriverons à rien en étant affligés, Bycchis : le meilleur remède est de faire venir du vin[277] et de s'enivrer.

336

Typhôs lui a complètement enlevé le sens[278]

337

La première, Antandros, cité des Lélèges[279]

276. Sans doute début de poème, comme les autres fragments (332, 338, 342, 346, 347, 367) cités par Athénée (*TVA* XIV). Smyth (p. 217) fait venir ce fragment du même poème que le fr. 338, tandis que W. Klinger, *BAPC*, 1928, p. 147, prétend le rattacher au fr. 73. Ces tentatives sont vaines.

277. Sens factitif du moyen ἐνεικαμένοις bien vu par Michelangeli, p. 39 (cf. Schwyzer, II p. 232).

335 Metr. : str. Alc.

⊗ Οὐ χρὴ κάκοισι θῦμον ἐπιτρέπην,
προκόψομεν γὰρ οὐδὲν ἀσάμενοι,
ὦ Βύκχι, φάρμακον δ' ἄριστον
‹›οἶνον ἐνεικαμένοισ μεθύσθην

Test. Athenaeus 10,430bc (uide *TVA* XIV) ἐν δε τοῖς συμπτώμασιν (πίνων ὁ ποιητὴς οὗτος εὑρίσκεται)· [1-4].

1 de χρὴ cf. 249,6 app. crit. ‖ θῦμον Stephanus : μῦθον cod. ‖ ἐπιτρέπην Blomfield : -ειν cod. ‖ 3 φάρμακον cod. : φαρμάκων Lobel, A., p. LXXX n. 1 ; *LP* ‖ μεθύσθην Koen : μεθύσκειν cod., idem mendum 332,1.

336 Metr. : str. Alc. ?

πάμπαν δὲ Τύφωσ ἔκ Ϝ' ἔλετο φρένασ

Test. Harpocratio p. 288 Dindorf, p. 248 Keaney τετύφωμαι (...) ἀντὶ τοῦ ἐμβεβρόντημαι, ἔξω τῶν φρενῶν γέγονα (...) ἢ ἀπὸ τῶν ἐπὶ τὸν Τυφῶνα ἀναφερομένων σκηπτῶν ἢ ἀπὸ τῶν Τυφωνικῶν καλουμένων πνευμάτων (...)· καὶ γὰρ Ἀλκαῖός φησι· [-] = Schol. Demosthen., *Timocr.* 158 p. 121 Baiter-Sauppe = Photius 582,6-11 Porson = Suda T 422.

ἔκ Ϝ' ante Schneidewin Blomfield : ἐκ δ(-) testt. omn. ‖ ἔλετο Toup : ελεγετο testt. omn. uario accentu ac diuisione.

337 Metr. : str. Alc. ?

πρῶτα μὲν Ἄντανδροσ Λελέγων πόλισ

Test. Strabo 13,1,51 III p. 46 Kramer τὴν δὲ Ἄντανδρον Ἀλκαῖος μὲν καλεῖ Λελέγων πόλιν· [-].

πρῶτα Blomfield : πρῶτα codd. nisi quod om. D^{ac1} ‖ μὲν codd. cett. et D^{pc1} : καὶ cod. D^{ac} μὲν καὶ codd. hi.

338   Passage cité par Athénée pour illustrer le fait qu'Alcée boit en toute saison (en l'occurrence en hiver) et toute
occasion. Le locuteur est donc Alcée lui-même, qui
s'adresse, semble-t-il (cf. n. 282), à un compagnon, qui
n'était pas nécessairement nommé (cf. fr. 347). Début imité
par Horace, *Odes* 1,9,1-8, dans une pièce comprenant cinq
strophes alcaïques et adressée à un Thaliarchus dont le nom
a une connotation symposiaque (rappel d'Alcée ?) ; on ne
sait si la troisième strophe (v. 9-12) parénétique (*permitte
diuis cetera...*) est aussi inspirée du poème grec. Voir Nisbet-Hubbard à Horace, *loc. cit.* ; G. Burzacchini, *QUCC*,
32, 1979, p. 65-68, et, avec prudence, Rösler, p. 248-255 (=
Poesia e simposio, p. 73-81).

Zeus fait pleuvoir, du ciel vient un gros orage, les
cours d'eau sont gelés[280]...de-ci[281]... Vaincs[281bis] la
tempête et fais du feu, mélange généreusement le vin
doux comme miel ; d'autre part, autour de tes tempes
jette un moelleux coussin[282]

339

ainsi que le récit en vient de nos pères

281. Cf. le balancement ἔνθεν, ἔνθεν (de-ci, de-là) du fr. 208a,2-
3.
282. Mieux que « autour de mes tempes jette un moelleux coussin ».
Selon Rösler (p. 249 n. 333), Alcée s'adresse à un échanson et non à
un compagnon, qui ne pourrait en même temps faire du feu, mélanger
le vin, et s'installer confortablement, mais a) αὐτάρ n'implique pas la
simultanéité ; il peut indiquer la succession (Denniston, p. 55) ;
b) l'imitation d'Horace suggère qu'Alcée s'adresse à un compagnon
qu'il invite à surmonter la tempête et à boire. Sur le mot γνόφαλλον,
voir Kassel-Austin à Cratinos fr. 106.

338   Metr. : str. Alc.

⊗   Ὕει μὲν ὀ Ζεῦσ, ἐκ δ᾽ ὀράνω μέγασ
      χείμων, ₁πεπάγαισιν δ᾽ ὑδάτων ῥιόαι,
      …. (..)]ρσ ἔνθεν
4   <_   >
      κάββαλλε τὸν χείμων᾽, ἐπὶ μὲν τίθεισ
      πῦρ, ἐν δὲ κέρναισ οἶνον ἀφειδέωσ
      μέλιχρον, αὐτὰρ ἀμφὶ κόρσαι
8   <.>μόλθακον ἀμφι<βάλων> γνόφαλλον.

Test. I Athenaeus 10,430ab (uide *TVA* XIV) χειμῶνος μὲν ἐν τούτοις (πίνων εὑρίσκεται ὁ ποιητὴς οὗτος)· [1-2.5-8].
II ₁v. 2-3₁ : P. Bouriant 8 col. I l. 20-21 πεπά|γαισιν δ᾽ ὑδάτων ῥ[7-
9 litt.]ρσ ἔνθεν (sequitur l. 22 incipiens τοιγαρουν).

1 ὀράνω I codd. dett. : ὠ- I codd. AC ; cf. Herodian. Mov. λέξ. II
p. 912,16-18 Lentz ᾽Αλκαῖος (…) καὶ ἄνευ τοῦ 'υ' ὀρανός (cf.
Καθολ. προσῳδ. I p. 178,20-21 ; 528,20-22 Lentz) ‖ πεπάγαισιν II
(Ahrens) : -γασιν I ‖ 3 ἔνθεν quod II adfert, id grammatici esse non
posse moneo propter Wouters (op. cit. fr. 316 Test.) ‖ 5 κάββαλλε I
codd. dett. : κάββαλε I codd. AC ‖ 6 κέρναισ Meister : κίρνασ I
cod. A κιρνὰσ I cod. C ‖ 8 μόλθακον Lobel : μαλθακὸν I ‖
ἀμφιβάλων γνόφαλλον Grotefend : ἀμφιγνόφαλλον I ; βάλων
excidit ante φαλλον.

339   Metr. : str. Alc. ?

ὠσ λόγοσ ἐκ πατέρων ὄρωρε

Test. Anonymus II Isagog.1 in Aratum, p. 126,4-7 Maass καὶ τάδ᾽ [-]
κατὰ ᾽Αλκαῖον, καὶ οὕτως ἔχοντα τυγχάνει. Cf. ibid. uersionem
Latinam *hoc uerbum a patribus terminatur*.

340

car à chaque fois qu'il vient d'ailleurs, tu prétends,
toi, être originaire de là-bas[283]

341

si tu dis ce que tu veux dire, tu risques de t'entendre
dire des choses que tu ne voudrais pas entendre[284]

342

Ne plante aucun autre arbre prioritairement à la
vigne[285]

283. Ou : « tu dis, toi, qu'il est de là-bas ». Fragment obscur, faute
de contexte ; en tout cas σὺ δέ φαι (indicatif) est l'apodose et non le
deuxième membre de la protase (sur δέ apodotique dans la conditionnelle, voir Denniston, p. 180-181, et sur la possible nuance adversative
de ce δέ, voir West à Hésiode, *Travaux* 325). Le sens serait *a priori*
plus vraisemblable si on avait « à chaque fois que tu viens d'ailleurs,
toi tu prétends être originaire de cet endroit » : peut-être convient-il de
lire ἔλθησ, non ἔλθη.

340 Metr. : gl²ᶜ

αἰ γάρ κ' ἄλλοθεν ἔλθη, σὺ δέ φαι κήνοθεν ἔμμεναι

Test. Herodian. Mov. λέξ. II p. 933,14-16 Lentz (uide P. Egenolff, *RhM*, 56, 1901, p. 303) ὁ γοῦν Ἀλκαῖος κείνοθεν (κεινόθεν Lehrs) ἐστὶν ὅπου ἀπεφήνατο· τὸ αὐτὸ <καὶ κήνοθεν> (suppl. Egenolff)· [-]. Formam κείνοθεν Alcaeo tribuunt Et. Gen. s.v. κεῖθεν p. 32 Calame ; Anecd. Par. IV p. 56,4 et 69,8 Cr. ; formam eandem laudant nec tribuunt Et. Mag. 508,23 ; Et. Gud. p. 309,24 Sturz.

ἔλθη σὺ δὲ edd. : ἔλθη δὲ. σὺ δὲ cod. V ἔλθη δὲ cod. H ‖ φαικηνόθεν cod. V : φοι- cod. II ; φαι enclit. 2. sg. agnouit Schwyzer, cf. Blümel, p. 182.

341 Metr. : gl²ᶜ ut uid.

αἴ κ' εἴπησ τὰ θέλησ, <καί κεν> ἀκούσαισ τά κ<εν> οὐ θέλοισ

Test. Proclus in Hesiodi *Op*. 721, I p. 221 Pertusi εἰ δὲ κακὸν εἴποις : Ἀλκαῖος· [-] καὶ Ὅμηρος· Ὁπποῖόν κ' εἴπησθα ἔπος, τοῖόν κ' ἐπακούσαις [*Il*. 20,250].

αἴ κ' εἴπησ (εἴπησ Ahrens) Blomfield : εἴ κ' εἴποισ codd., e lemmate Hesiodeo ut uid. ‖ θέλησ (-ησ ego) Bergk (1853) : θέλεισ codd. ‖ <καί κεν> add. Lobel, cf. 344,2 ‖ τά κ<εν> Meineke : τά κ' codd. ‖ θέλοισ Blomfield : θέλεισ codd. ‖ <αὖτοσ> ἀκούσαισ <κε> (de κε hic posito, cf. 358,8 app. crit.) τά κ' οὐ θέλοισ Bergk.

342 Metr. : gl²ᶜ

⊗ Μηδὲν ἄλλο φυτεύσησ πρότερον δένδρεον ἀμπέλω

Test. Athenaeus 10,430c (uide *TVA* XIV) καὶ καθόλου δὲ συμβουλεύων φησίν (Alcaeus)· [-]. ⟹ Eustath. *Il*. 1163,10 IV p. 255 Van der Valk (...) μνηστέον Ἀλκαίου εἰπόντος· [-]. Cf. Horatium *Carm*. 1,18,1 *nullam, Vare, sacra uite prius seueris arborem.*

μηδὲν Athen. cod. C, Eustath. : μηθεν Athen. cod. A ‖ φυτεύσησ Ahrens : -ηισ Athen. et Eustath. ‖ δένδρεον Stephanus (cf. Hamm, §50 p. 25) : δένδρον Athen., Eust. δένδριον Ahrens, cf. Theocritum in carmine Aeolico 29,12 δενδρίῳ.

344

je le sais bien : qui remue du galet, pierre qui
n'offre pas de prise sûre au travail, risque de prendre
mal à la tête[286]

345   L'exploitation de ce fragment par Aristophane (cf.
Test.) suggère qu'il s'agit d'un passage d'Alcée devenu une
scolie attique connue du spectateur athénien, qui ainsi per-
cevait l'humour de la modification de πανέλοπεσ en οὐδὲν
ἔχοντες. Il se peut d'ailleurs que le vers 1416 des *Oiseaux*,
ἐς θοἰμάτιον τὸ σκόλιον ᾄδειν μοι δοκεῖ (cf. *TVA*
XLVI), se rapporte au passage d'Alcée parodié.

Quels sont ces oiseaux venus de l'Océan, confins de
la terre, pénélopes[287] au col bigarré et aux ailes allon-
gées[288] ?

287. Volatile d'identification incertaine (espèce de canard ou
d'oie sauvage : cf. André, p. 123 ; canard siffleur [« wigeon », *anas
Penelope*] selon N. Dunbar [Oxford, 1995] à Aristophane, *Oiseaux*
298). Aristote (*Histoire des animaux* 8,3 593b,23) le mentionne brièvement après l'oie, la « petite oie », le « chènalopex » (oie sauvage
d'Égypte), la « chèvre » (espèce d'oie).

343 *LP*, Voigt = 308A.

344   Metr. : gl²ᶜ

οἶδ' ἦ μὰν· χέραδοσ, μὴ βεβάωσ ἐργάσιμον λίθον,
κίνεισ, καί κεν ἴσωσ τὰν κεφάλαν ἀργαλέαν ἔχοι

Test. Schol. Ge *Il*. 21,319d V p. 199 Erbse <χέραδος·> Ἀπολλόδωρος (244 F 281 *FGrH*)· τὸ πλῆθος τῶν θαλαττίων καὶ ποταμίων λίθων, οὓς ἡμεῖς τροχάλους, οἱ δὲ χερμάδια καλοῦσιν ὄντας χειροπληθεῖς· ἔστι δὲ ἡ λέξις παρὰ Ἀλκαίῳ· [1-2].

1 οἶδ' ἦ μὰν Lobel : οἴδημαν cod. ‖ 2 κεν ἴσωσ van Leeuwen : κενὶσ ὦσ cod.

345   Metr. : gl²ᶜ

ὄρνιθεσ τίνεσ οἶδ' Ὠκεάνω, γᾶσ ἀπὺ πε<ι>ράτων,
ἦλθον πανέλοπεσ ποικιλόδειροι τανυσίπτεροι ;

Test. I Schol. Aristophan., *Aues* 1410-1411, ὄρνιθες τίνες οἶδ', οὐδὲν ἔχοντες, πτεροποίκιλοι, ‖ τανυσίπτερε ποικίλα χελιδοῖ ; p. 207 Holwerda τινὲς παρὰ τὸ Ἀλκαίου· [1-2] καὶ παρὰ τὸ Σιμονίδου· [597 *PMG*]. II v. 1 : Schol. Aristophan., *Thesm.* 162 p. 265 Dübner – II p. 456-457 Rutherford, (in *Auibus*) παρῴδηται τό· [1] οὕτως· [*Aues* 1410]. Vide *TVA* L.

1 ὄρνιθεσ τινεσ οιδε uario accentu I codd. cett. : om. I cod. R ορνιθεσ τινεσ δε II ‖ γᾶσ ἀπὺ (ἀπὺ RΓ², ἀπὸ cett.) πε<ι>ράτων (add. Bentley) I : τὰ σὰ πτέρα.τ[ουθ' ὦσ, id est οὕτως, quod scholiastae est] II ‖ 2 ἦλθον I codd. VEΓLh : ἦνθον I cod. R ἤλυθον I cod. M ‖ πανέλοπεσ I codd. EΓMLh : -αίλοπ- I codd. RV -έλλοπ- I cod. F².

346   Célèbre fragment dont le début est imité par Asclépiade, *A.P.* 12,50,5-6, et dont on trouve des échos dans Horace (cf. Nisbet-Hubbard à *Odes* 2,7,6 et 21). Voir Smyth, p. 221-222 ; Degani-Burzacchini, p. 231-233 ; Rösler, p. 245-247 (= *Poesia e simposio*, p. 71-73).

Buvons ! Pourquoi attendre les lampes ? Il n'y a plus qu'un doigt de jour[289]. Apporte, ami[290], les grandes coupes ouvragées : le fils de Sémélé et de Zeus a donné aux hommes le vin pour qu'il leur fasse oublier leurs soucis[291]. Mélange un cyathe d'eau et deux de vin, remplis les coupes[292], (et à ras bord[293]) ; qu'une coupe chasse l'autre.

289. « Il fr. 346 esorta a bere nello scorcio del giorno che finisce : una garbata proposta di infrazione del codice simposiale, che prescriveva il bere solo allo scendere dell'oscurità » (Rossi, p. 155). Sur le fait qu'on ne se mettait pas à boire avant la fin du jour, voir Nisbet-Hubbard à Horace, *Odes* 1,1,20 et 2,7,6. Du v. 1 rapprocher *A.P.* 12,50,5-6 (Asclépiade) avec la note de Gow-Page (p. 127).

292. Comprendre κέρναισ ἔνα καὶ δύο <κυάθοισ> (voir *TVA* XIV avec n. 19) ἔγχεε πλήαισ <κυλίχναισ>. Il n'y a aucune difficulté à rétablir κυλίχναισ avec ἔγχεε, car a) ce mot figure au v. 2 ; b) lui ou son équivalent peuvent être sous-entendus avec ἐγχέω (cf. *LSJ* s.v., II).

293. Bergk (p. 166) et Page (p. 308) ont vu l'absurdité du texte transmis κὰκ κεφάλασ, que ne peut sauver l'interprétation « over the head » de Chadwick, p. 178. On attend un tour analogue à Théocrite 8,87, ὑπὲρ κεφαλᾶς αἰεὶ τὸν ἀμολγέα πληροῖ ; c'est pourquoi j'ai suggéré la correction κὰσ κεφάλαν.

346 Metr. : gl²ᶜ

⊗ Πώνωμεν· τί τὰ λύχν' ὀμμένομεν; Δάκτυλοσ ἀμέρα·
‹‚›κὰδ δ' ἄερρε κυλίχναισ μεγάλαισ, ἄϊτα, ποικίλαισ·
οἶνον γὰρ Σεμέλασ καὶ Δίοσ υἶοσ λαθικάδεα
4 ‹‚›ἀνθρώποισιν ἔδωκ'. Ἔγχεε κέρναισ ἔνα καὶ δύο
πλήαισ †κὰκ κεφάλασ†, ‹ἀ›δ' ἀτέρα τὰν ἀτέραν κύλιξ
‹‚›ὠθήτω

Test. I Athenaeus 10,430d (uide *TVA* XIV) φησὶ γάρ (Alcaeus lyricus)· [1-6].
II v. 1-5πλήαισ : Id. 11,480f-481a καὶ Ἀλκαῖος (uocis κύλιξ diminutiuo utitur)· [-].
III v. 4 ἔγχεε-δύο : Id. 10,430a (uide *TVA* XIV) φησὶ γάρ που οὗτος (Alcaeus lyricus)· [-].

1 πώνωμεν Meineke : πί- I, II ‖ τὰ λύχν' ὀμμένομεν (ὀμ-Ahrens) Porson : τὸν λύχνον ἀμμένομεν II τὸν λύχνον σβέννυμεν I ‖ ἀμέρα i.e. ἀ ἀμέρα interpretatur Monaco ap. Degani-Burzacchini, p. 232 ‖ 2 δ' ἄερρε Ahrens : δ' ἄειρε II δ' ἀνάειρε I unde δὴ ἄερρε uel δᾱερρε Lobel ‖ ἄϊτα ποικίλαισ (-λαισ Jani) anonymus in *Jenaische Allgem. Literaturzeitung* 3, 1806, p. 249, ante Hiller : αιταποικιλλισ II αιταποικιλα I ; uide adn. 290 ‖ 3 οἶνον II : οἶνοσ I ‖ υἶοσ I : om. II ‖ λαθικάδεα : -κήδεα II ; uide adn. 291 ‖ 4 ἔδωκ' I : ἔδωκεν II ‖ ἔγχεε I : ἐγχέαι II ἐγχεῦε III ‖ κέρναισ Meister : κιρναισ I cod. A κέρνα εἶσ III κιρνασ I cod. C κερνα II ‖ δύο I, III : om. II ‖ 5 πλήαισ Fick : πλέιιο I πλείουυ II ‖ κὰκ κεφάλασ I : κᾶσ κεφάλαν ego (uide adn. 293) ‖ ἀ add. Porson : om. I ‖ ἀτέραν Bergk : ἐτέραν I.

347   Retravail d'Hésiode[294], *Travaux* 582-596, qu'Alcée
abrège et ordonne à l'invitation à boire, qui se voit transfé-
rer de la fin du passage chez Hésiode (v. 592-596) au tout
début chez Alcée. Hooker, p. 80-81, pense, à tort (cf. Kassel, p. 122), qu'Alcée et Hésiode dépendent d'une source
commune, la version alcaïque représentant un stade d'élabo-
ration antérieur à la version hésiodique. Voir Gentili, *Polinnia*, p. 214-216 ; Page, p. 303-306 ; Rösler, p. 254-264 ;
Degani-Burzacchini, p. 233-236, et également Onians, p.
111, 177-178, 191-193 ; M. Detienne, *Les jardins d'Adonis*,
Paris, 1989[2], p. 222-225, et West à Hésiode, *Travaux, loc.
cit.*

Humecte[295] ton poumon avec du vin, car l'astre[296] se
lève : la saison est dure, tous les êtres sont assoiffés
par la chaleur, dans le feuillage la cigale fait entendre
le doux chant (qui sort de dessous ses ailes[297]), le scolyme est en fleur, à présent les femmes sont répu-
gnantes et les hommes affaiblis[298] : c'est que Sirius
leur brûle tête et genoux.

---

294. West (*Hesiod. Theogony*, p. 87-88 n. 3) suggère que la citation par les grammairiens (cf. Meister, p. 82-83) du mot Αἰσίοδος
comme forme éolienne repose sur l'occurrence du nom du poète chez
Alcée (« Sappho is less probable »).
295. On rapproche l'expression *tangomenas* (= τεγγόμενας ?)
facere = « boire » chez Pétrone 34,7 et 73,6 ; le rapport avec le passage d'Alcée n'est pas direct, quand bien même, d'après Macrobe
(7,15,13 = Test. III*c*), le vers 1 *uulgo canitur*. Ce vers est sans doute
l'*incipit* du poème (voir n. 276 ; cf. fr. 352). — Sur la conception phy-
siologique qui sous-tend le passage d'Alcée, voir Onians, p. 36.

347 Metr. : gl²ᶜ

⊗ Τέγγε πλεύμονα Ϝοίνωι, τὸ γὰρ ἄστρον περιτέλλεται,
<_>ἀ δ' ὥρα χαλέπα, πάντα δὲ δίψαισ' ὑπὰ καύματοσ,

Test. I Proclus in Hesiodi *Op.* 582-587 I p. 189 Pertusi τοιαῦτα δὲ καὶ τὸν Ἀλκαῖον ᾄδειν· [1-6]. Cf. Plinium *N.H.* 22,86 *Venerem stimulare* (traditur scolymos) *in uino, Hesiodo et Alcaeo testibus, qui florente ea cicadas acerrimi cantus esse et mulieres libidinis auidissimas uirosque in coitum pigerrimos scripsere, uelut prouidentia naturae hoc adiumento tunc ualentissimo.* II v. 1-2 : *a* Athenaeus 1,22ef φησὶ δὲ καὶ Ἀλκαῖος (...) [-]. *b* Id. 10,430b (uide *TVA* XIV) θέρους δὲ (bibens deprehenditur Alcaeus)· [-]. III v. 1 *a* Plutarchus *Quaest. conu.* 7,1,1 697f-698a εἰσῆλθέ τινι τῶν συμποτῶν ὥρα θέρους τουτὶ τὸ πρόχειρον ἅπασιν ἀναφθέγξασθαι· [-], καὶ Νικίας ὁ Νικοπολίτης ἰατρὸς οὐδὲν ἔφη θαυμαστὸν εἰ ποιητικὸς ἀνὴρ Ἀλκαῖος ἠγνόησεν ὃ καὶ Πλάτων ὁ φιλόσοφος· καίτοι τὸν μὲν Ἀλκαῖον ἁμωσγέπως εὐπορήσειν βοηθείας, ἀπολαύειν γὰρ ἰκμάδος **τὸν πλεύμονα** (...) καὶ διὰ τοῦτο τέγγεσθαι πιθανόν ἐστιν. = *b* Gellius *Noct. Att.* 17,11,1 *Et Plutarchus et alii quidam docti uiri reprehensum esse ab Erasistrato, nobili medico, Platonem scripsere, quod potum dixit defluere ad pulmonem* [Tim. 70c, 91a] (...) *errorisque istius fuisse Alcaeum ducem qui in poematis suis scriberet :* [-] = *c* Macrobius *Sat.* 7,15,13 (de Platone recte ab Erasistrato reprehenso) *Quod autem Alcaeus poeta dixit et uulgo canitur* [1], *ideo dictum est, quia pulmo re uera gaudet humore, sed trahit quantum sibi aestimat necessarium.* IV v. 1 τέγγε-οἴνωι : *a* Eustath. *Il.* 693,6 II p. 508 = 890,48 III p. 348 Van der Valk, his sine auctoris nomine. *b* Idem *Od.* 1612,15 Alcaeo tribuens. Cf. Sudam Τ 212 τέγγε· βρέχε. Οἴνῳ πνεύμονα τέγγε, φίλης δ' ἀπέχου Κυθερείης. V v. 1 πλεύμονα : *a* Philodemus *A.P.* 11,34,7 καὶ Μυτιληναίῳ τὸν πνεύμονα τέγξατε Βάκχῳ. *b* Plutarchus *De Stoic. repugn.* 29 1047d (...) Ἀλκαῖον Εὔπολιν Ἐρατοσθένην λέγοντας ὅτι τὸ πότον διὰ τοῦ πνεύμονος διέξεισι = *Quaest. conu.* 7,1,3 699a, ubi laudantur Eupolis fr. 158 Kassel-Austin πίνειν (...) ἐκέλευ', ἵνα | πρὸ τοῦ κυνὸς τὸν πλεύμον' ἔκπλυτον φορῇ necnon Eratosthenes fr. 25 Powell καὶ βαθὺν ἀκρήτῳ πνεύμονα τεγγόμενος.

1 τ. π. οἴνωι II*b*, III*ab* : οἴνωι π. τ. I, II*a*, III*c*, IV*b* ‖ πλεύμ- II*b*, III*a* : πνεύμ- I, II*a*, III*bc*, IV*ab* ‖ -μονα I, II*a*, III*a*ᵖᵃʳᵃᵖʰʳᵃˢⁱˢ*bc*, IV*b*, V : -μονασ II*b*, III*a*ᶜⁱᵗᵃᵗⁱᵒ, IV*a* ‖ Ϝοίνωι recte post Grotefend V. Andó (*Sileno*, 2, 1976, p. 243-257), cf. Parry, p. 348 et 403 ; Bowie, p. 86 : οἴνωι I, II, III, IV ‖ 2 πάντα...καύματοσ habet II : om. I ‖ δέ δίψαισ II*b* cod. A : δέ διψᾷ II*b* cod. C δ' ἐδίψουν II*a* ‖ ὑπὰ Ahrens : ὑπὸ I, II.

348

le mal-né[299] Pittacos, ils l'ont établi tyran[300] de cette
cité apathique[301] et marquée par la mauvaise étoile, en
lui accordant massivement leurs suffrages

299. Sur le sens de l'adjectif κακοπατρίδαισ (67,4 ; 75,12 ;
106,3-4 ?), voir Wackernagel, p. 858-859, p. 1165 avec n. 2 ; Mazzarino, p. 38-52 ; Page, p. 169-173 ; Gomme, p. 256-257 ; Gentili,
Polinnia, p. 207. La rhétorique alcaïque du reproche de « mauvaise
naissance » est examinée longuement par L. Kurke, *QUCC*, 67, 1994,
p. 67-92. Voir n. 105 et 192.

300. Présentation partisane de l'élection de Pittacos comme ésymnète en 597-596 (Mosshammer, p. 253), sur laquelle on verra Page, p.
151 et 239 ; Berve, p. 93-95 et 574-575 ; J.F. McGlew, *Tyranny and
Political Culture in Ancient Greece*, Ithaca/London, 1993, p. 79-81.

301. Littéralement « sans bile », « sans colère ». C'est la première
attestation de ce sens figuré pour cet adjectif ; rapprocher le développement de Plotin 4,4,28 l. 29 ss., dont je cite ces deux extraits : (...)
ὅταν οἱ μὲν ζέοντες αἵματι καὶ χολῇ ἕτοιμοι εἰς τὸ ὀργίζεσθαι
ὦσιν, ἀνειμένοι δὲ πρὸς ὀργὰς οἱ **ἄχολοι λεγόμενοι** καὶ κατεψυγ-
μένοι (...), et ἐγγενομένων μὲν γὰρ τούτων (sc. bile et sang) ἄνευ
αἰσθήσεως ζέσις ἂν ἐγένετο μόνον καὶ οἷον ἀγανάκτησις, αἰσθήσεως δὲ ἐγγενομένης καὶ **πρὸς τὸ ἀδικοῦν ἂν ἤδη, ὥστε καὶ ἀμύ-
νεσθαι, ὁρμή.** Les conjectures de Bergk ζαχόλω (= διαχόλου) ou
διχόλω (*discordis*) sont inutiles, car ἀχόλω ne signifie pas ici « sans
discorde ». Opposer χόλος employé à côté de λύη et de ἔμφυλος
μάχη en 70,9 (le contexte de fr. 295,5 est incertain), dont je rapproche
Solon 4,37-38 West², παύει (Εὐνομίη) δ' ἔργα διχοστασίης, ‖ παύει
δ' ἀργαλέης ἔριδος χόλον.

ἄχει δ' ἐκ πετάλων ἄδεα τέττιξ <　　　>

4 _{<.>}ἄνθει δὲ σκόλυμοσ, νῦν δὲ γύναικεσ μιαρώταται
λέπτοι δ' ἄνδρεσ, ἐπεὶ <δὴ> κεφάλαν καὶ γόνα Σείριοσ
_{<.>}ἄσδει

3 ἄδεα Barker : τάδεἀν- I ‖ <πτερύγων ὕπα> Seidler ex Hesiodo
Op. 584, quod quidem facile sub ὑπὰ καύματοσ excidere potuit ‖
4 ἀνθεῖ δὲ I codd. Q,R : ἀνθεῖ δὲ καὶ I codd. AZB ‖ 5 λέπτοι I codd.
AZB : χαλεποὶ I codd. Q,R ‖ δ(ε) I cod. R : δέ τοι I codd. AZBQ ‖
δὴ add. Bergk (cf. 72,8 ; 140,14 ; 332,2) : om. I ‖ κεφάλαν edd. :
-ην I ‖ γόνα Bergk : γόνατα I codd. AZB γούνατα I codd. QR ‖
5-6 Σείριοσ ἄζει (ἄσδει Meister) I codd. AZBQ : σειριάζει I cod. R.

348　Metr. : gl.²ᶜ

τὸν κακοπατρίδα<ν>
Φίττακον πόλιοσ τὰσ ἀχόλω καὶ βαρυδαίμονοσ
ἐστάσαντο τύραννον, μέγ' ἐπαίνεντεσ ἀόλλεεσ

Test. I Aristot. *Politica* 3,14 1285ab p. 84-85 Dreizehnter δηλοῖ δ'
Ἀλκαῖος ὅτι τύραννον εἵλοντο τὸν Πιττακὸν ἔν τινι τῶν
σκολιῶν μελῶν. Ἐπιτιμᾷ γὰρ ὅτι [1-3].
II v. 3 μέγ' ἐπαίνεντεσ : Plutarchus *Amatorius* 18 763e τὸν Ἔρωτα
συνεγγράφουσιν εἰς θεοὺς ποιητῶν οἱ κράτιστοι καὶ νομοθετῶν
καὶ φιλοσόφων ἀθρόᾳ φωνᾷ 'μέγ' ἐπαινέοντες' ὥσπερ ἔφη τὸν
Πιττακὸν ὁ Ἀλκαῖος αἱρεῖσθαι τοὺς Μυτιληναίους τύραννον.
Cf. Hesych. ἐπαίνους· τὰς κρίσεις. καὶ τὰς συμβουλίας. καὶ τὰς
†ἀρχεσίας† (ἀρχαιρεσίας Musurus). Σοφοκλῆς Θυέστῃ Σικυωνίῳ
(fr. 252 Radt). καὶ †ἀλκέοι ταῖς ἐπαινήταισιν [ε supra αι(σιν)
scripto]†. Propter sollertiam memorare placet id quod commentus est
Bergk Σ. Θ. Σ.· τοῖς ἐπαινέταισι. καὶ Ἀλκαῖος, ut ad fr. nostrum
alluderetur : uide Bergk, p. 187, et Radt ad Sophocl. loc. laud.

1 κακοπατρίδαν Blass : -α I ‖ 2 Φίττακον I testes Graeci cett. :
Π- I codd. ABCDEH ‖ πόλιοσ Giese : πόλεωσ I ‖ 3 μέγ' I testes
cett., II : μὲν I codd. MPᵃᶜS ‖ ἐπαίνεντεσ Ahrens : -έοντεσ I, II.

349   Wilamowitz (*Kl.* V 2, p. 7-10) rapportait les fragments *b* et *c* à un hymne à Héphaistos en rapprochant un passage du pseudo-Libanius (cf. Test.) relatif à l'histoire burlesque de la libération par Héphaistos, au préalable enivré par Dionysos, d'Héra enchaînée sur un siège piégé que le dieu forgeron avait fabriqué (cf. *LIMC* IV 1, p. 628-629). Eisenberger (p. 31-32) et Snell (p. 102-104) ont vu que ce récit se rapportait plutôt à un hymne à Dionysos (voir Càssola, p. 374-375 ; Merkelbach, *ZPE*, 12, 1973, p. 212-215 = *Philologica. Ausgewählte kleine Schriften*, Stuttgart / Leipzig, 1997, p. 35-37, lequel rapproche un fragment [P.Oxy.670 = *epica adesp.* 7, p. 80-81 Powell] relatif à la libération d'Héra et issu de ce qu'il croit être un hymne homérique à Dionysos) ; Snell a joint aux autres le fragment *a*. L'assemblage, très suggestif, des cinq fragments reste un pari. Le fr. 386 pourrait être extrait d'un autre hymne à Dionysos. Voir Eisenberger, p. 27-33 ; G.A. Privitera, *Dioniso in Omero e nella poesia greca arcaica*, Rome, 1970, p. 108-109. Sur le culte d'Héphaistos et de Dionysos à Lesbos, voir Shields, p. 48 et p. 56-67 ; Buchholz, p. 212-213 et 207-211 respectivement.

a ...Eiraphiôtès[302], car, seigneur,...ne pas...

---

302. Vocatif d'un surnom de Dionysos (= « le taurin ») sur lequel on verra Chantraine s.v. ; Càssola, p. 463-464, et la note de G. Chrétien (Paris, 1985) à Nonnos, *Dion.* 9,24. Les Anciens rattachaient l'étymologie de ce surnom à plusieurs mots, ἔριφος « chevreau » (rapprocher Alcée 129,9 κεμήλιον avec n. 128 ?), ἐρράφθαι « être cousu », ἐρέφω « couronner », ἔριον « bandelette de laine ».

FRAGMENTA 152

349 Metr. : gl²ᶜ

a(= 381 *LP*)

Ἐρραφέωτ᾽, οὐ γάρ, ἄναξ

Test. *a* Schol. h *Il.* 1,39b¹ I p. 21 (pagin. infer.) Erbse οὐ γάρ ἐστι (τὸ Εἰραφιώτης) τοῦ ποιητοῦ, ἀλλ᾽ Ἀλκαίου· [-]. *b* Apollon. Dysc. *De pronom.* I p. 76,32-77,4 Schn. τὸ Αἰολικὸν δίγαμμα ταῖς κατὰ τὸ τρίτον πρόσωπον προσνέμεται (…). Ἀλκαῖος· [1-2]. *c* Priscian. *Inst. gram.* II p. 277,20-278,1 Kcil Ἀρεὺς *pro* Ἄρης, *ut Sappho* [-]. Alcaeo reddidit Wilamowitz, *Kl. Schr.* V 2 p. 8. *d* Et. Gen. p. 21 Calame = Et. Mag. 225,7 sine auctoris nomine γέλαν· οἷον [-]. Alcaeo dedit Diehl. *e* Et. Gen. p. 24 Calame = Et. Mag. 290,48 (…) πολλάκις αἱ διάλεκτοι κλίνουσι ταῦτα ὡς παρ᾽ Ἀλκαίῳ· [-] ἀντὶ τοῦ δύο καὶ δέκα.

— *bc* Wilamowitz, *bce* Lobel, *bcde* Diehl coniunxit ; *a* adiunxit Snell dubitanter, *abdce* ordinauit Voigt, *bcdea* Merkelbach (*ZPE*, 11, 1973, p. 213), *abcde* ego. De re cf. Pausanian 1,20,3 (tabula picta in Bacchi templo Atheniensi adseruata) et subtilius pleniusque [Libanium] *Narrationes* 7 VIII p. 38-39 Forster (uide et textum hunc ap. Wilamowitz, *Kl. Schr.* V 2 p. 8 n. 1) ῥίπτει τὸν Ἥφαιστον Ἥρα ἐξ οὐρανοῦ τῇ τοῦ παιδὸς αἰσχυνομένη χωλείᾳ, ὁ δὲ τῇ τέχνη ἐχρῆτο (…) ποιεῖ δὲ καὶ θρόνον τῇ μητρὶ δῶρον ἀφανεῖς ἔχοντα δεσμοὺς καὶ πέμπει. Καὶ ἡ μάλα τε ἥσθη τῷ δώρῳ καὶ καθιζάνει καὶ [cf. *b*] ἐδέθη καὶ ὁ λύσων οὐκ ἦν· βουλὴ δὲ γίνεται θεῶν περὶ τῆς εἰς οὐρανὸν ἀναβάσεως Ἡφαίστου· μόνον γὰρ ἂν ἐκεῖνον καὶ λῦσαι. Σιγώντων οὖν τῶν ἄλλων καὶ ἀπορούντων Ἄρης ὑπισχνεῖται < > [cf. *c*] καὶ ἐλθὼν πράττει μὲν οὐδέν, αἰσχρῶς δὲ ἀπαλλάττεται πυρσοῖς αὐτὸν δειματώσαντος Ἡφαίστου· ταλαιπωρουμένης δὲ τῆς Ἥρας ἤρχετο μετὰ οἴνου Διόνυσος καὶ διὰ μέθης εἶχεν Ἥφαιστον ἑπόμενον [cf. *d*]. Ὁ δὲ ἐλθὼν καὶ τὴν μητέρα λύσας ποιεῖ τῆς Ἥρας εὐεργέτην τὸν Διόνυσον· ἡ δὲ αὐτὸν ἀμειβομένη πείθει τοὺς οὐρανίους θεοὺς ἕνα τῶν οὐρανίων θεῶν καὶ Διόνυσον εἶναι [cf. *e*].

a <ἴλαθ᾽> (debuit ἴλλαθ᾽ : uide ad 296a,2 app. crit.) uersus initio Crusius, coll. *H.H.* 1,17 ἴληθ᾽ Εἰραφιῶτα γυναίμανες et — perperam — Horat., *Carm.* 1,18,11-12 ; an <Ζόννυσσ᾽> coll. *H.H.* 1,20 Διώνυσ᾽ Εἰραφιῶτα ? ‖ ἐρραφεώτου uel -ωτοῦ codd., interpretatus est Hoffmann.

b si bien qu'aucun des dieux de l'Olympe ne pouvait (la) libérer sans lui[303]

c et Arès de dire qu'il amènerait de force Héphaistos[304]

d et les dieux immortels d'éclater de rire[305]

e l'un des douze[306] (immortels)

303. Ϝέθεν se rapporte plus naturellement à Héphaistos qu'à Dionysos (cf. Pseudo-Libanius cité dans Test., βουλὴ δὲ γίνεται θεῶν περὶ τῆς εἰς οὐρανὸν ἀναβάσεως Ἡφαίστου· μόνον γὰρ ἂν ἐκεῖνον καὶ λῦσαι), et, quoi qu'en ait Eisenberger (p. 31), Treu (p. 149) a raison de remarquer que ce pronom à la troisième personne fait difficulté si Héphaistos est le destinataire de l'hymne.

304. Κεν a été expliqué par Wilamowitz (*Kl.* V 2, p. 9) d'après le Vase François : Arès, dont l'intervention se révélera sans succès, met comme condition à son concours d'obtenir Aphrodite pour épouse.

305. Le rire des dieux paraît se rapporter au spectacle d'Héphaistos rendu ivre par Dionysos (Page, p. 260-261) ; par suite, ce fragment doit être placé après le fr. *c* et non avant, comme fait Voigt.

306. Cf. *H.H.* 26,6, μεταρίθμιος ἀθανάτοισιν (à propos de Dionysos).

b(= 349a *LP*)

ὥστε θέων μηδέν' Ὀλυμπίων
λῦσ' ἄτερ ϝέθεν

c(= 349d Voigt, 349b *LP*)

ὁ δ' Ἄρευσ φαῖσί κεν Ἄφαιστον ἄγην βίαι

d(= 349c Voigt, inc. auct. 8 *LP*)

γέλαν δ' ἀθάνατοι θέοι

e(= 349c *LP*)

εἶσ τῶν δυοκαιδέκων

b λῦσ'(αι) ἄτερ Heyne : λυσεατερ cod. ‖ ϝέθεν Salmasius : γεθεν cod.
c φα(ῖ)σι Bergk : φαισει uel simm. codd. ‖ Ἄφαιστον Hermann : αφεστον uel simm. codd. ‖ ἄγην Blomfield : αγειν uel simm., e quibus αγηιν, codd. ‖ βίαι edd. : βια codd.
e εἶσ τῶν Et. Gen. A : εἶσ των Et. Gen. B. εἶσ τὸν Et. Mag. codd. DV ὡσ τὸν Et. Mag. cod. P ‖ δυοκαιδέκων Et. Gen. (δύο καὶ δέκων), Et. Mag. cod. D : δυοκαίδεκον Et. Mag. cod. P δυοκαίδεκα Et. Mag. cod. V.

350 Fragment dans lequel Alcée s'adresse à son frère Antiménidas et évoque la participation de ce dernier comme mercenaire aux côtés des Babyloniens, peut-être dans une des campagnes palestiniennes de Nabuchodonosor (605-585), par exemple celle qui vit la chute d'Ascalon en 604 (cf. fr. 48). Voir Smyth, p. 219 ; Mazzarino, *Oriente*, p. 151-152 ; Page, p. 223-224 ; A. Momigliano, *Alien Wisdom*, Cambridge, 1975, p. 77-78 ; Pippin-Burnett, p. 142, pour qui Alcée est sarcastique vis-à-vis de son frère ; Bettalli, p. 49-50 ; West, *The East Face*, p. 617.

a Tu es venu des extrémités de la terre[307] avec un glaive à la poignée d'ivoire cerclée d'or

b (2) et, combattant dans les rangs des Babyloniens,

307. Voir sur cette expression le commentaire de Mazzarino, *Oriente*, p. 151-152 avec la n. 437. — Il est tout à fait plausible que les fragments *a* et *b* se suivent sans solution de continuité. Aucun rapport vraisemblable avec le fr. 59b (voir Test. *ad loc.*).

350   Metr. : gl^c

a

⊗   ᾽Ηλθεσ ἐκ περάτων γ῾ᾶσ ἐλεφῐαντίναν
<_>λάβαν τὼ ξίφεοσ χρυσοδέταν ἔχων

b

(1) Strabonis testimonium tale fere, quale traditur :

(...) τὸν ἀδελφὸν ᾽Αντιμενίδαν ὅν φησιν ᾽Αλκαῖος Βαβυλωνίοις συμμαχοῦντα τελέσαι μέγαν ἆθλον καὶ ἐκ πόνων αὐτοὺς ῥύσασθαι· κτείναντα ἄνδρα μαχαίταν, βασιλήων παλαιστάν, ὥς φησι, ἀπολιπόντα †μόνον ἀνίαν† παχέων ἀπυπέμπων.

(2) quibus uerbis in uersus redactis habes :

σύμμαχοσ δ᾽ ἐτέλεσσασ Βαβυλωνίων

Test. *a* I Hephaest. *Enchirid.* 10,3 p. 33,6-8 Consbr. (...) καλεῖται ᾽Ασκληπιάδειον, οἷον τὸ ᾽Αλκαίου· [1-2].
II v. 1-2 : Libanius *Or.* 13,5 II p. 64 Foerster ῎Αρ᾽ οὖν μοι καιρὸν ἔχει κατὰ τὸν Λέσβιον ᾽Αλκαῖον ποιήσασθαι τὴν ἀρχήν; '῎Ηλθεσ ἐκ περάτων γᾶσ', οὐκ ἐλεφαντίνῃ χρυσοδέτῳ καλλωπιζόμενος λαβῇ, καθάπερ ἐκεῖνος ἐποίησεν κτλ.
III ῾v. 1῾ : fr. 303,10 ubi uide.
b Strabo 13,2,3 III p. 65 Kramer (cf. *TVA* III) ἄνδρας δ᾽ ἔσχεν (Μυτιλήνη) ἐνδόξους (...) τὸν ποιητὴν ᾽Αλκαῖον καὶ (sequitur quod supra exscripsi).
— *a* et *b* coniunxit O. Müller.

b (1) ᾽Αντιμενίδαν codd. cett. (cf. Lacedaemon. ᾽Αντιμενίδας ap. Thucydid. 5,42) : -ίδην codd. moz (cf. Aristotel. *Polit.* 3,14 1285a ᾽Αντιμενίδης) -είδαν Kalinka ; forma ᾽Αντῐμἕνίδαις uti non poterat Alcaeus || μαχαίταν codd. (uide Meister, p. 82 ; O. Masson, *ZPE*, 21, 1976, p. 158 n. 16) : μαχάταν Tzschucke (uide Hamm, p. 64) || παλαίσταν codd. cett. (uide Blümel, p. 75 ; [παλ]αίστα[*IG* XII2 14,2) : παλαστὰν codd. DFhi || μόνον ἀνίαν codd. : μόναν ἴαν post O. Müller Ahrens || παχέων codd. cett. : τ᾽ ἀχέων codd. moxz || ἀπυπέμπων cod. F : ἀπο- codd. cett.

b (2) 3 uersum refinxit, Ahrens praeeunte, Hoffmann, nisi quod συμμάχεισ (...) Βαβυλωνίοισ scripsit, quod propterea, praeeunte Fick, emendaui, quia et -οισ datiuus breuis improbandus est (uide adn. 244 ad 308a,2) et -οισ᾽ elisio ferri nequit, pace Page *LGS* qui distichi in medio fortasse elisione uti licuisse dicit.

tu as accompli un grand exploit ; tu les as tirés d'affaire en tuant un guerrier à qui il ne manquait qu'une seule main pour mesurer cinq coudées royales[308]

351

et maintenant c'est celui-là qui a le dessus, après avoir déplacé le compact (?)[309] pion placé sur la ligne sacrée[310]

352

Buvons, car l'astre se lève[311]

311. Voir le fr. 347.

4   _{←→}ἄεθλον μέγαν, εὐρύσαο δ' ἐκ πόνων
       κτένναισ ἄνδρα μαχαίταν βασιλη<ί>ων
       _{←→}παλαίσταν ἀπυλείποντα μόναν ἴαν
       παχέων ἀπὺ πέμπων

4-7 uersus refinxit, praeeunte Bergk, Hoffmann.

351   Metr. : gl^c

νῦν δ' οὗτοσ ἐπικρέτει
κινήσαισ τὸν <ἀ>π' ἴρασ ┆πυκινὸν† λίθον

Test. I Eustath. *Od.* 1397,30 = Sueton. Περὶ παιδιῶν p. 105 Taillardat ὅθεν καὶ παροιμία 'κινεῖν τὸν ἀφ' ἱερᾶς' (...)· Ἀλκαῖος δέ φησιν ἐκ πληροῦς· [1-2]. II v. 2 : Eustath. *Il.* 633,59 II p. 277-278 Van der Valk = Suet. *ibid.* p. 106 T. Ὧν (γραμμῶν) μία τις μέση γραμμή, ὠνομάζετο ἱερά, ἐπειδὴ ὁ ἡττώμενος ἐπ' ἐσχάτην αὐτὴν ἵετο· ὅθεν καὶ παροιμία, κινεῖν τὸν ἀφ' ἱερᾶς, ἐπὶ τῶν ἐν ἀπογνώσει δεομένων βοηθείας ἐσχάτης (...). Ἀλκαῖος οὖν ἐκ πληροῦς ἔφη τὸ [-], κωμικευσάμενος ἐκεῖνος καὶ ἀντὶ τοῦ ἱερᾶς, ὡς ἐν παρῳδίᾳ, γράψας τὸ πήρας (?).

1 ἐπικρέτει Bergk : ἐπικρέκει I ‖ 2 κινήσαισ Bergk : -ασ I, II ‖ ἀπ' ἴρασ (i.e. γράμμασ) Bergk : πείρασ I πήρασ II ; ipsi Eustathio ante oculos corruptela uersabatur, qui locum mendosum imprudens enarrauit (cf. II) ‖ πυκινὸν I, II : πύματον (cf. II ἐπ' ἐσχάτην αὐτὴν ἵετο) uel πυκίνωσ Bergk πύκινοσ Edmonds.

352   Metr. : gl^c

⊗   Πώνωμεν, τὸ γὰρ ἄστρον περιτέλλεται

Test. Athenaeus 1,22f φησὶ δὲ καὶ Ἀλκαῖος ὁ Μυτιληναῖος ποιητής· [fr. 347,1-2]· καὶ ἀλλαχοῦ [-].

πώνωμεν Meineke : πίνωμεν codd.

353

et de ne pas causer de grands malheurs à nos voisins

354

Achille, maître de la terre de Scythie[312]

353 Metr. : gl^xc. Nescio an melius sic descripseris ut, ἀμμέων disyllabo facto (cf. Hamm, p. 34), unus fiat uersus (gl^2c ?) ; ita quidem ediderat Blomfield.

μηδ' ὀνίαισ τοῖσ πέλασ ἀμμέων

παρέχην

Test. Apollon. Dysc. *De pronom.* I p. 95,9-19 Schn. Ἦι 'ἁμῶν' παρὰ Δωριεῦσι (...).Ὁμοίως Αἰολεῖς. Ἀλκαῖος· [1-2]· ἐπὶ δὲ τῆς συνάρθρου· [fr. 394]· καὶ τῇ ἐντελεστέρᾳ· [fr. 370].

1 τοῖσ πέλασ Hase : τοι σπλεασ cod. ‖ ἀμμέων anonymus in *Jenaische allgemein. Literaturzeitung* 7, 1810, I p. 194 : ὑμεων cod. ‖ 2 παρέχην Ahrens : -ειν cod.

354 Metr. : fort. ia gl.

Ἀχίλλευσ ὁ γᾶσ Σκυθίκασ μέδεισ

Test. Eustath. in Dion. Perieg. 306, Geogr. Gr. min. II p. 271 Müller (de eo, qui Achillis cursus dicitur, loco) Τοῦτον τὸν δρόμον ὁ Ἑλληνικὸς Ἀχιλλεὺς περιῆλθε, μεταδιώκων τὴν τοῦ Ἀγαμέμνονος Ἰφιγένειαν (...)· ἔνθα καὶ μείνας πολὺν χρόνον ὁ Ἀχιλλεὺς (...) ἀφῆκε τῷ τόπῳ τὴν ἐξ αὑτοῦ κλῆσιν. (...) ἄλλοι δέ φασιν ἕτερον εἶναι τοῦτον Ἀχιλλέα, παρὰ Σκύθαις βασιλέα τῶν τόπων, ὃς ἠράσθη τε τῆς Ἰφιγενείας πεμφθείσης ἐκεῖ καὶ ἔμεινεν ἐπιδιώκων, ἐξ οὗ ὁ τόπος Ἀχίλλειος· οἱ δὲ τοῦτο λέγοντες παραφέρουσι μάρτυρα τὸν Ἀλκαῖον λέγοντα· [-].

Ἀχιλλεὺσ codd. CEMNUdy : Ἀχιλλεῦ codd. cett. ‖ ὁ Giese : ὃς codd. ‖ γᾶσ Σκυθίκασ Giese : τᾶσ Σκυθικᾶσ codd. cett. τὰσ Σκυθικὰσ codd. Uy τοῖσ Σκυθικοῖσ codd. End τὰσ Σκυθίκασ uulgo, at nec, quod posteriores dixerunt, ἡ Σκυθική (sc. χώρα), id dicere nec τὰσ Σκυθίκασ a substantiuo in uersu subsequenti posito distrahere potuisse mihi uidetur Alcaeus ‖ μέδεισ Blomfield : μεδέεισ codd.

355

entre la terre et le ciel enneigé[313]

356

et il commandait à un très grand nombre de gens[314]

313. Le poète semble avoir combiné deux réminiscences homériques, *Iliade* 5,769 et 8,46, μεσσηγὺς γαίης τε καὶ οὐρανοῦ
ἀστερόεντος (il s'agit du trajet des chevaux du char d'Héra et de Zeus
respectivement ; rapprocher aussi Sappho 1,11-12), et l'expression
Ὀλύμπου νιφόεντος (sur cette dernière, voir Schulze, p. 272-273).
L'expression νιφόεντος ὠράνω surprend, car l'épithète homérique
νιφόεις n'est employée qu'à propos de sommets montagneux ; W.
Schulze (*GGA*, 11, 1897, p. 889) pense qu'Alcée, qui selon lui appartient à une époque où Ὄλυμπος peut être indifféremment employé
pour οὐρανός, s'est souvenu de Ὀλύμπου νιφόεντος et a substitué
ὠράνω à Ὀλύμπου.
314. Rapporté à Minos par West, *Notes*, p. 5-6, qui rapproche
Hésiode fr. 144 M.-W. Il suggère un cadre identique à celui qu'il prête
au fr. 38a (« Drink, for life is finite : even Sisyphus (...) failed to
escape death ») : « even the great Minos died ». Voir l'illustration
générale du *topos* « même les plus grands hommes meurent » chez
Nisbet-Hubbard à Horace, *Odes* 1,28,7 ; sur l'exemple classique de
Minos, voir les mêmes à 1,28,9. Cependant, il pourrait aussi bien être
question d'Agamemnon par exemple (cf. *Iliade* 1,281).

355 Metr. : gl ia

γαίασ καὶ νιφόεντοσ ὡράνω μέσοι

Test. Apollon. Dysc. *De aduerb.* I p. 197,13-14 Schn. παρ' Αἰολεῦσι τὸ μέσοι· [-]. Cf. ibid., p. 177,5-11 τὸ γὰρ παρὰ τοῖς περὶ τὸν Ἀλκαῖον 'μέσσοι' (...) σημαῖνον τὸ ἐν μέσῳ. Alcaeo dedit Koen.

De uoce γαίασ cf. Bremer in *Mnemosyne* Suppl. 99, 1987, p. 138 ; de ὡράνω, qua forma usum esse Alcaeum testatur Herodian. Mov. λέξ. II p. 912,26 Lentz (cf. Καθολ. προσῳδ. I p.178,20 ; 528,21), cf. Blümel, p. 102 n. 99.

356 Metr. : caue ne hipp audias ; fieri potest ut sumptum sit e.g. e gl^c ‖ gl^c ‖ gl gl^c ‖‖ (cf. 130b) uel 2gl ia (cf. 140) ab Alexandrinis descriptis ; minus bene de str. Sapph. uersu tertio cogitaris, nam καὶ uersus ab Alexandrinis descripti initium fuit, quod si non esset, non laudassent grammatici (cf. 401I, app. crit.).

καὶ πλείστοισ' ἐάνασσε λάοισ'

Test. I Et. Gud. p. 405,16 de Stefani ἤνασσεν ἐάνασσεν· [-] Ἀλκαῖος ≅ II Epim. Hom. ε 185 II p. 328,67 Dyck (mendo factum est ut periret auctoris nomen) ἤνασσε <ἐάνασσε· Ἀλκαῖος·> (suppleui) [-].

πλείστοισ' Hiller : -οισ I, II ‖ ἐανασσε I : ἔνασσε II ‖ λαοισ (λάοισ' Fick) I, II cod. O^pc sscr : λεοῖσ II cod. O^ac ; substantiui datiuum breuem in fine uersus (λάοισ) audire nolo : uide adn. 244 ad 308a,2.

357 *LP* = 140.

358

(Chacun ?) sait (que le vin est le) meilleur (remède) aux difficultés[315]. Mais une fois que le vin enchaîne l'esprit...[316], on ne le chasse pas. De fait, tenant sa tête baissée, il accuse de façon répétée son cœur,

315. Cf. 38a ; 335 ; 346,3 ; 377 (?) ; Horace, *Odes* 1,18,4 ; 2,11,17-18.

316. La restitution de ce qui, au v. 3, semblerait être, ainsi que le suggère la paraphrase de Démétrios d'après C. Romeo (cf. Test.), les restes d'une épithète de φρένας, est malaisée ; incertaine est la lecture de cet endroit de la citation d'Alcée et de ce qui y correspond dans la paraphrase. Je crois en tout cas qu'il faut rejeter la suggestion de Romeo, κεν ἠγανέασ (avec synizèse) dans le texte d'Alcée et ἠγανεῖς dans la paraphrase, fondée sur la glose d'Hesychius ἠγανές· καθαρόν. νέον (le mot — cf. Chantraine s.v. — est tiré de διηγανές [= λαμπρόν d'après Hesychius s.v.] et se rattache à γάνος = « éclat »). À supposer qu'ici il convienne et qu'on accepte la graphie -η-, un mot si rare aurait nécessairement été expliqué par Démétrios dans sa paraphrase. Le mot (ou les mots) à restituer doit être courant, et peut-être n'est-ce pas une épithète de φρένασ. J'avais un moment envisagé la possibilité de lire αἰ δέ κε νηπίαισ πεδάσῃ φρένασ (« si le vin enchaîne un esprit inconscient [= l'esprit d'un inconscient] »).

358 Metr. : 2gl ia (uide fr. 140).

1   οἶ-

<˘>νον φάρμακον] οἶδ᾽ ἄρισ[τον] ἔμμεναι

πόνων· [αἰ] δέ κενηγ[....]σ πε-

<˘>[δάσῃ] φρένασ οἶνοσ, οὐ διώξιοσ·

5   κάτω γὰρ κεφάλαν κατίσχει

<˘>τὸν ϝὸν θάμα θῦμον αἰτιάμενοσ,

Test. Demetrius Lacon Περὶ ποιημ. (P. Herc. 1014 col. LXIII 1-10) p. 124-125 Romeo, deperdito auctoris nomine. Alcaeo primus tribuit Bergk ; de Alcaeo auctore cf. Romeo, *BCPE*, 12, 1982, p. 35-42. Quae continuo post et ante ipsa Alcaei uerba fuerunt, ea male seruantur. At de Sapphone ac maxime Alcaeo agi euincitur his Demetrii uerbis, quae sub *TVA* XLII exscripsi quaeque sequitur citatio Alcaica, in qua repraesentanda C. Romeo lectiones (*BCPE*, 8, 1978, p. 122 necnon in editione Neapol. a. 1988 prolata, in qua nonnulla a prioribus eiusdem curis discrepant) dubitanter secutus sum, qui et Vogliano lectiones (*Acme*, 1, 1948, p. 262) contuli ; maxime in v. 1-2 legendis dubitatio inhaeret. Conferenda est ipsius Demetrii paraphrasis col. LXV p. 126-127 Romeo, cuius textum hic repraesento : (…) τ᾽ οὐκ ὀργίζεται· ὅτε [αἰ] (debuit εἰ) | δὲ τὰς [ ]νεισ (ὀργίζεται ὁ τ[ι.τι.τασα.νει legit Vogliano), φησίν, φρέ[νασ οἶν]οσ πεδήσῃ<ι>, μὴ [φε]υ[γό]μενον ἐᾳθῆνα[ι] (ὁ γὰρ οὐ διώκων [exspectabatur διωκτέος] ἀντὶ τοῦ ὁ μὴ φευγόμεν[οσ ε]ἴληπται), τότε, φη[σίν], ἐφ᾽ οἶσ λέγουσιν μετα[μ]ελοῦνται, καὶ τὸ 'κ[ά]τω δὲ κεφάλαν κατίσχη' κατ᾽ ἀντονομασίαν [εἴλ]ηπται ἀντὶ τοῦ ὅταν [δ]ὲ βαπ[τ]ίσῃ<ι> τὴν [κε]φ[αλ]ήν, εἶτ᾽ [ἐπ]ιφέρει ὦσ τ[ό]θ᾽ ἕκαστοσ τὸν αὐτ[οῦ θ]υμὸ[ν νουθετ]ε[ῖ καὶ μ]ετ[α]μελεῖται ἐφ᾽ οἶ[σ εἶ]πεν· τὸ γὰ[ρ] πεδαδευό[μ]εν[οσ] τὸ α[ὐ]τό ἐστι] τῶ<ι> συ[ννο]εῖν [   ]ε [π]εδα[γρέτωι.

Descriptionem metricam (cf. fr. 140) restitui moneo || 1-2 suppleui Vogliano partim secutus (cf. Euripid., *Bacch.* 283) || 2 ἔμμεναι Bergk : ενμεναι Π || 3 πόνων ego post Vogliano : πῶνων Romeo post Bergk || [αἰ] Edmonds ; dein κ(εν) agnoscendum est || ἠγ[ανέα]σ legit et supplet Romeo neque hoc bene (uide adn. 316) ; η[.....]σ legit Vogliano || 4 suppl. Vogliano post Lobel (-δασει) ; de διώξιοσ cf. Pisani, *Acme*, 1, 1948, p. 263.

regrettant ses paroles. Mais c'est là chose sur laquelle
(on ne saurait) plus revenir[317].

359

Fille de la roche et de la mer blanchissante...tu
vides les poumons des petits, toi la lyre de la mer[318].

317. La paraphrase de Démétrios (cf. Test.) suggère que le propos
d'Alcée a une portée générale et ne vise pas un individu particulier :
on aurait là un petit essai d'éthographie dont le fond moral se retrouve
dans le recueil de Théognis, v. 479-483 par exemple (voir Nisbet-Hubbard à Horace, *Odes* 1,18,7 en ajoutant Archiloque 124b West[2]). Les
mots dont Démétrios faisait immédiatement suivre sa citation d'Alcée
(col. LXIII l. 11-20) sont irrécupérables ; la fin de la colonne LXIII et
le début de la colonne LXIV présentent un intérêt pour l'exégèse de la
citation d'Alcée : μάλι]ϲτα κα[τ]αμε[λεῖ] καὶ τῶν [ὁ]μογεν[ῶ]ν,
puis, après des bribes inintelligibles, ἐκ]έλευϲα[ν] ο[ὕτως] (supplément de Romeo, qui suggère οἱ ϲοφοί comme sujet)· ἐρώ[ει] ϲαφῶς
τὸν ἐν τῷ θώρακι ϲοῦ ϲυνιϲτάμενον θυμὸν καὶ ταράϲϲ[ειν] τὴν
ψυχὴν φυλάϲ[ϲου] μηδὲ πάντα ἐπίτρεπε τ[ῇ]ι γλώϲϲ[ῃ (cf. fr. 341
avec n. 284). Il paraît bien y avoir là une citation, d'attribution problématique (cf. Romeo dans son édition de Démétrios, Naples, 1988,
p. 310-311). Sur l'ensemble du passage d'Alcée, on verra Romeo,
BCPE, 12, 1982, p. 35-42 et son édition de Démétrios, p. 298-317.

πεδαδευόμενοσ τά κ' εἴπη·
<->τὸ δ' οὐκέτι [.....] κ' ἐν πεδαγρέτω<ι>

7 -μενοσ Bergk : -μένασ Π, de πεδαδευόμενοσ cf. Hesych. μ
979 μεταδεῦσαν· μετάνοιαν ; μ 980 μεταδήα· μεταμελέτη necnon
πεδαλευόμενος· μεταμελόμενος. μεταδιωκόμενος, ubi recte πεδα-
δευόμενος M. Schmidt praeeunte restituit Romeo, quae prima in Π
-αδευ- legit, nam antea -αλευ- legebatur || 8 [5 litt.] Vogliano, [6 litt.]
Romeo ; [κεῖτό] κ' ego (de κ' hoc sententiae loco posito cf. Sappho
5,3 ; West ad Hesiod., Op. 208), [δὴ μά]λ Maas || ἐν πεδαγρέτω<ι>
suppl. et interpretatus est Vogliano, Maas partim praeeunte ; cf.
Hesych. πεδάγρετον· μεταμέλητον. μεταληπτόν. ποικίλον.
μεταδίωκτον et uide Somolinos, p. 289.

359 Metr. 2gl ia (uide fr.140).

⊗ Πέτρασ καὶ πολίασ θαλάσσασ
<->τέκνον
....
ἐκ δὲ παίδων
⊗ χαύνωσ φρένασ, ἀ θαλασσία χέλυσ.

Test. Athenaeus 3,85ef μνημονεύων δ' αὐτῆς (τῆς τελλίνης)
Ἀριστοφάνης ὁ γραμματικὸς ἐν τῷ Περὶ τῆς ἀχνυμένης
σκυτάλης συγγράμματι (fr. 367 Slater) ὁμοίας φησὶν εἶναι τὰς
λεπάδας ταῖς καλουμέναις τελλίναις. Καλλίας δ' ὁ Μυτιληναῖος
ἐν τῷ Περὶ τῆς παρ' Ἀλκαίῳ λεπάδος παρὰ τῷ Ἀλκαίῳ φησὶν
εἶναι ᾠδὴν ἧς ἡ ἀρχή· [1-2]. Ἧς ἐπὶ τέλει γεγράφθαι· [3-4]· ὁ δ'
Ἀριστοφάνης γράφει ἀντὶ τοῦ λεπὰς χέλυς καί φησιν οὐκ εὖ
Δικαίαρχον (fr. 99 Wehrli) ἐκδεξάμενον (Valckenaer, ἐκλ- cod.)
λέγειν τὰς λεπάδας· τὰ παιδάρια δὲ ἡνίκ' ἂν εἰς τὸ στόμα λάβω-
σιν, αὐλεῖν ἐν ταύταις καὶ παίζειν καθάπερ καὶ παρ' ἡμῖν τὰ
σπερμόλογα τῶν παιδαρίων ταῖς καλουμέναις τελλίναις, ὡς καὶ
Σώπατρός φησιν (fr. 7 Kaibel) ὁ φλυακογράφος ἐν τῷ ἐπιγραφο-
μένῳ δράματι Εὐβουλοθεομβρότῳ· ἀλλ' ἴσχε, τελλίνης γὰρ
ἐξαίφνης μέ τις | ἀκοὰς μελῳδὸς ἦχος εἰς ἐμὰς ἔβη.

3 δὲ παίδων Ahrens : λεπάδων cod. || 4 χαύνωσ Voigt : χαύνοισ
cod. χαύνωισ Lobel (uide app. crit. ad 313 σάωσ) || χέλυσ Dicaear-
chus, Aristophanes Byz. : λέπασ Callias Mytilenaeus.

360

car, comme Aristodamos[319], rapporte-t-on, l'a dit à Sparte en une formule pleine de pertinence, « la richesse fait l'homme », et il n'est nul pauvre qui soit noble ou honoré[320]

361

et si Zeus fait aboutir notre projet[321]

321. Cf. fr. 200,10-11.

360 Metr. : 2gl ia (uide fr. 140).

ὡσ γὰρ δή ποτ' Ἀριστόδαμον

2   ‹—›φαῖσ' οὐκ ἀπάλαμνον ἐν Σπάρται λόγον
εἴπην, χρήματ' ἄνηρ, πένιχροσ

4   ‹—›δ' οὐδεὶσ πέλετ' ἔσλοσ οὐδὲ τίμιοσ

Test. I Diog. Laert. 1,31 Μέμνηται τοῦ Ἀριστοδήμου καὶ Ἀλκαῖος οὕτως· [1-4].
II v. 1-4 : Schol. Pindar., *Isthm.* 2,17 III p. 215-216 Drach. 'χρήματα, χρήματ' ἀνήρ'· τοῦτο ἀναγράφεται μὲν εἰς τὰς παροιμίας ὑπ' ἐνίων, ἀπόφθεγμα δέ ἐστιν Ἀριστοδήμου καθάπερ φησὶ Χρύσιππος ἐν τῷ Περὶ παροιμιῶν (fr. 2 III p. 202 Arnim). Τοῦτον δὲ τὸν Ἀριστόδημον Πίνδαρος μὲν οὐ τίθησιν ἐξ ὀνόματος ὡς δήλου ὄντος ὅς ἐστιν ὁ τοῦτο εἰπών, μόνον δὲ ἐσημειώσατο τὴν πατρίδα, ὅτι Ἀργεῖος· Ἀλκαῖος δὲ καὶ τὸ ὄνομα καὶ τὴν πατρίδα τίθησιν οὐκ Ἄργος, ἀλλὰ Σπάρτην· [1-4].
III v. 1 - v. 3 ἄνηρ : Suda X 477 'χρήματα, χρήματ' ἀνήρ· πενιχρὸς δ' οὐδέποτ' ἐσθλός' ἐπὶ τῶν διὰ πλοῦτον εὐημερούντων. Ἀριστόδημός φησι. Μέμνηται τοῦ Ἀριστοδήμου καὶ Ἀλκαῖος· [ὡς-χρήματα] καὶ τὰ ἑξῆς.
IV v. 3 χρήματ' - v. 4 tamquam prouerbium, sine auctoris nomine, laudatum : Greg. Cypr. 3,98 I p. 377 *CPG* ; Greg. Cypr. Mosq. 5,15 II p. 129 ; Macar. 8,85 II p. 226 ; Apostol. 18,32 II p. 725. Pindaro necnon Alcaeo prouerbii χρήματα, χρήματ' ἀνήρ memoriam tribuit Pausanias Atticista χ 16 p. 220 Erbse ≅ Suda X 478 (χρήματα semel cod. G, bis cett.) ≅ Zenob. 6,43 I p. 173 *CPG*.

1 de ὡσ cf. Rösler, p. 225 n. 275 ‖ 1-2 Ἀρ. φα. οὐκ ἀπ. ἐν Σπ. λόγ. I :'Ἀρ. φα. ἐν Σπ. οὐκ ἀπ. λόγ. III φα. Ἀρ. ἐν Σπ. λόγ. οὐκ ἀπ. II ‖ 2 φαῖσ' Schneidewin : φασὶ(ν) I, II, III ‖ 3 εἴπην Blomfield : εἰπεῖν I, II, III ‖ χρήματ'(α) ἀνήρ I, II, III cod. G, IV excepto Macario, apud quem haec uerba exciderunt : χρήματα χρήματα ἀνήρ III codd. cett. ‖ 4 οὐδεὶσ πέλετ' I, II : οὐδέποτ' III, IV ‖ ἐσλὸσ I, II : ἐσθλὸσ III, IV ‖ οὐδὲ τίμιοσ II : om. I, III, IV.

361 Metr. : str. Sapph.

αἰ δέ κ' ἄμμι Ζεῦσ τελέση νόημα

Test. Apollon. Dysc. *De pronom.* I p. 97,20-24 Schn. τὰ γὰρ παρ' Αἰολεῦσιν ἕνεκα τῆς συντάξεως πολλάκις ἀποβάλλει τὸ 'ν' δι' εὐφωνίαν· [Sappho 21,12-13 ; poetriae, non, ut Blomfield, poetae, dare iam proposuerat Bergk]· [-] Ἀλκαῖος, καὶ ἐπ' ἄλλων.

τελέση Ahrens : τελεσση cod. ‖ νόημα cod. : νόημμα Diehl, *LP*.

362

a Eh bien, qu'on[322] nous mette autour du cou des guirlandes d'anis tressées ; *b* que l'on verse un suave parfum sur notre poitrine

363

et il se monte complètement la tête[323]

322. Sur le tour indéfini avec lequel les instructions adressées aux serviteurs sont parfois formulées, voir Nisbet-Hubbard à Horace, *Odes* 2,11,18. Selon MacLachlan (*ap.* Gerber, p. 144), « in fr. 362 the poet calls for the sensual accoutrements of love for himself and another ».

362 Metr. : str. Sapph.

(a) ἀλλ' ἀνήτω μὲν περὶ ταῖσ δέραισ<ι>
περθέτω πλέκταισ ὑπαθύμιδάσ τισ,

(b) κὰδ δὲ χευάτω μύρον ἆδυ κὰτ τὼ
<->στήθεοσ ἄμμι

Test. (a) Athenaeus 15,674cd ἐκάλουν δὲ καὶ οἷς περιεδέοντο τὸν
τράχηλον στεφάνους ὑποθυμί[α]δας, ὡς 'Αλκαῖος ἐν τούτοις· [1-
2]. De apii coronarum causa usurpandi more Alcaico cf. Pollucem
6,107 ; schol. in Theocrit. 7,63b p. 95 Wendel ; Pseudo-Acronem in
Horat., *Carm.* 4,11,3 I p. 361 Keller = 436 *LP Alcaeus frequenter se
dicit apio coronari.*
(b) Athenaeus 15,687d οὐκ οἶδας ὅτι αἱ ἐν τῷ ἐγκεφάλῳ ἡμῶν αἰσ-
θήσεις ὀδμαῖς ἡδείαις παρηγοροῦνται (...). Καὶ ὁ ἀνδρειότατος
δέ, προσέτι δὲ καὶ πολεμικὸς ποιητής, 'Αλκαῖος ἔφη· [3-4].
— (a) et (b) sic coniunxit Bergk, ut (b) continuo sequeretur, bene quidem si respicias Plutarch. *Quaest. conu.* 3,1,3 647e τοὺς ἀνθίνους ἐκ
τῶν τραχήλων καθάπτοντες ὑποθυμίδας ἐκάλουν καὶ τοῖς ἀπὸ
τούτων μύροις ἔχριον τὰ στήθη· μαρτυρεῖ δ' 'Αλκαῖος [fr. 50 Test.
II].

(a) 1 ἀνήτω Vrsinus : ἀνν- cod. ‖ δέραισι Jacobs : δεραισ cod. ‖
2 πλέκταισ Blomfield : -ασ cod. ‖ ὑπαθυμίδασ (ὑπα- Fick) Blomfield : ὑποθυμιάδασ cod. ; de uoce ὑποθυμίσ, uide Athenaeum
15,678d ; Hesych. ὑποθυμίσ· στέφανος ὑπιστράχηλος ; Sappho
94,15 ‖ (b) 3 κὰδ δὲ χευάτω Bergk : καδδεχεύατο cod. E καδδ'
ἐχεύσατο cod. A ‖ 4 στήθεοσ ἄμμι = στήθεοσ ἀμμετέρω (cf. 361) ;
de pronomine sic posito cf. 58,21]τονάρταισ χέρρ' ἀπύ μ' ἐμμάτων.
Iniuria ἆδυ et ἄμμι transposuisse mihi uidetur Lobel.

363 Metr. : str. Sapph. ut uid.

νόον δὲ ϝαύτω
<->πάμπαν ἀέρρει

Test. Apollon. Dysc. *De pronom.* I p. 80,14-17 Schn. ἀλλ' ἐμάχετο
τό· [1-2], ἅπερ ἀσύνηθες ἐν ἁπλότητι μὴ οὐχὶ τὸ 'ε' προσλαμβά-
νειν. Quae praecedunt, ea uide ad fr. 378 ; quae autem sequuntur, ad
fr. 317.

1 νόον Bast : νόω cod. ‖ δὲ ϝαύτω Ahrens : δ' ἑαύτω cod.

364

Pauvreté est un mal pénible, insupportable, qui, en compagnie de sa sœur Impuissance, met fortement des hommes[324] à bas

365

il se trouve suspendu au-dessus de notre (?) tête, ô Aisimidas, le gros rocher (de Tantale)[325]

324. P.A. Bernardini (*Mélanges F.P. Pontani*, Padoue, 1984, p. 101-102) pense avec H. Fraenkel (*Dichtung und Philosophie des frühen Griechentums*, Munich, 1969³, p. 224-225) que λᾶον renvoie à la faction d'Alcée et donc que le contexte de ce fragment se rapproche de celui présumé du fr. 360. Rapprocher la réponse des Andriens à Thémistocle (Hérodote 8,111), θεοὺς δύο ἀχρήστους οὐκ ἐκλείπειν σφέων τὴν νῆσον, ἀλλ' αἰεὶ φιλοχωρέειν, Πενίην τε καὶ Ἀμηχανίην (le couple figure déjà dans Hésiode, *Travaux* 496-497) ; Théognis 173, ἄνδρ' ἀγαθὸν πενίη πάντων δάμνησι μάλιστα.

325. Alcée paraît s'adresser à un compagnon et employer la métaphore du « rocher de Tantale » (Archiloque 91,14 West² ; Pindare, *Isthm.* 8,10 ; cf. Eisenberger, p. 78 ; Rösler, p. 268 n. 363) ; la scholie de Pindare, où se trouve cité le fragment, suppose la mention de Tantale chez Alcée. Blass (*RhM*, 29, 1874, p. 153) pensait que ce fragment et le fr. 141 étaient issus d'un même poème. Voir les observations mythologiques de Meyerhoff, p. 156-157, qui omet de mentionner l'existence d'un *hèrôon* de Tantale à Polion, lieu-dit à Lesbos (Étienne de Byzance s.v. Πόλιον, qui mentionne également à Lesbos une montagne du nom de Tantalos [s.v.] : voir F. Hiller, p. 54,5 ss.). C'est dire combien le personnage de Tantale fait partie de la tradition locale (cf. Shields, p. 84).

364 Metr. : gl²ᵈ cum ἀργάλεον uoce τρισυλλαβικῶς elata (cf. 34a,11) potius quam 5da ‖ 5da cum δάμναι spondaïco (cf. Liberman, *RPh*, 64, 1990, p. 193-194 ; uerum iam uiderat Blass, *RhM*, 32, 1877, p. 459).

ἀργάλεον Πενία κάκον ἄσχετον, ἃ μέγα
δάμναι λᾶον Ἀμαχανίαι σὺν ἀδελφέαι

Test. Stobaeus 4,32,35 V p. 792 Wachsmuth-Hense Ἀλκαίου ποιητοῦ· [1-2].

1 μέγα lectio Stobaei codici A a Gaisford perperam tributa et primum a Boissonade in lyricorum delectu (Paris, 1825) recepta : μέγαν codd. ; de μέγα aduerbii uice usurpato, cf. 348,3 ‖ 2 δάμναι (post Blomfield δαμνᾷ) Lobel, *LP* ; def. Blümel, p. 182 : δάμνησι codd. δάμνα (post Giese δάμνη) Wackernagel (p. 1160 n. 2) quicum adsentiuntur Bechtel (p. 97), Hamm (p. 162) eademque Voigt.

365 Metr. : gl²ᵈ

<Τάνταλω>
κεῖται πὲρ κεφάλασ μέγασ, ὠισιμίδα, λίθοσ

Test. Schol. Pindar., *Olymp.* 1,91a I p. 37-38 Drach. καὶ Ἀλκαῖος δὲ καὶ Ἀλκμὰν λίθον φασὶν ἐπαιωρεῖσθαι τῷ Ταντάλῳ· [2]· ὁ δὲ Ἀλκμάν· [fr. 79 *PMGF*, corruptelis scatens].

1 Ταντάλω Bergk partim praeeunte, qui uersum integrum excidisse putat, suppleui ; Ταντάλω excidit post illud scholiastae τῷ Ταντάλῳ ‖ 2 κεῖται Gerhard : κεῖσθαι codd. propter φασὶν ‖ πὲρ Ahrens : περὶ cod. E πὰρ codd. ΑΗ παρὰ cod. Q ‖ ὠισιμίδα (i.e. ὦ Αἰσιμίδα) per crasin (cf. quae praefatus sum, p. LXXXVI) scripsi : ὠαισιμίδα codd. HQ ὤασ σιμίδα cod. A ...μίδα cod. E.

366

In uino ueritas, mon cher petit[326].

367

J'ai entendu, le printemps fleuri venant[327]...mélangez un cratère de ce vin suave comme miel, le plus vite possible

327. Ce vers a des chances d'être l'*incipit*. Il est probable, contrairement à ce qu'on a longtemps cru, que le régime de ἐπάιον s'est trouvé au vers suivant, ἦρος ἐρχομένοιο étant un génitif absolu ou le complément d'un substantif comme ἀγγέλω, qui serait, lui, le régime du verbe ἐπάιον (voir West, *Notes*, p. 7, ainsi que l'observation de Barner, p. 28 n. 4). Il faut donc renoncer au poétique « J'ai entendu venir le printemps fleuri ».

366   Metr. : gl^d ut uid. (cf. Sappho 130).

⊗ **Οἶνοσ, ὦ φίλε παῖ, καὶ ἀλάθεα**

Test. Schol. Platon., *Conu.* 217e p. 65 Greene παροιμία 'οἶνος καὶ ἀλήθεια' ἐπὶ τῶν ἐν μέθῃ τὴν ἀλήθειαν λεγόντων· ἔστι δὲ ᾄσματος Ἀλκαίου ἀρχή· [-] καὶ Θεόκριτος (29,1) 'οἶνος, ὦ φίλε παῖ, λέγεται, καὶ ἀλάθεα'. Cf. Athenaeum 2,37e necnon Diogenian. 7,28 I p. 290 *CPG* cum adn., Greg. Cypr. Leid. 2,83 II p. 82, Greg. Cypr. Mosq. 4,60 II p. 124, Macar. 6,26 II p. 192, Apostol. 12,49 II p. 554 ; locos denique quos Gow ad Theocrit. 29,1 p. 504 laudat.

De καὶ correpto cf. adn. 312 ‖ ἀλάθεα Thiersch : ἀλήθεια cod. ‖ παῖ, καὶ : παῖ λέγεται καὶ Lobel, A., e Theocriti loco supra laudato, male (cf. Marzullo, p. 72 n. 1).

367   Metr. : pher.^{3d}

⊗ **ˀΗροσ ἀνθεμόεντοσ ἐπάιον ἐρχομένοιο**

....

ἐν δὲ κέρνατε τὼ μελιάδεοσ ὅττι τάχιστα κράτηρα

Test. Athenaeus 10,430b (uide *TVA* XIV) κατὰ γὰρ πᾶσαν ὥραν (...) πίνων ὁ ποιητὴς οὗτος εὑρίσκεται (...)· τοῦ δ᾽ ἔαρος· [1] καὶ προ-έλθων· [2 3].

1 ἐπάιον (cf. R. Renehan, *Studies in Greek Texts*, Göttingen, 1976, p. 18-19) codd. : ἐπ᾽ ἄιον Lobel, A. ‖ 2 κέρνατε Meister : κιρνᾶτε codd.

368

Je demande que l'on invite le charmant Ménon, si je dois encore me plaire à boire avec vous[328]

369

puisant tantôt un vin suave comme miel, tantôt un vin plus piquant que chardons[329]

370

de nos souffrances

368   Metr. : pher.³ᵈ

⊗ Κέλομαί τινα τὸν χαρίεντα Μένωνα κάλεσσαι,
αἰ χρὴ συμποσίασ ἔτ᾽ ὄνασιν ἔμοιγε γένεσθαι

Test. I Hephaest. *Enchirid.* 7,6 p. 23,3-6 Consbr. Τὸ μεν οὖν Αἰολικὸν ἔπος τὸ καταληκτικὸν τοιοῦτόν ἐστι· [1-2]. II v.1 : *a* Schol. B in Hephaest. *Enchirid.* p. 274,27-28 Consbr. ἐξαμέτρου δὲ καταληκτικοῦ εἰς δισύλλαβον (παράδειγμα ἔχομεν) τό· [-]. *b* Epitom. Hephaest. 3 p. 359,24-26 Consbr. καταληκτικὸν γὰρ ἔπος Αἰολικὸν τοῦτο· [-]. Alcaeo dedit Welcker ; uehementer, sed frustra, obloquitur Righini, p. 74, qui post Gaisford Sapphoni tribuit.

1 κέλομαι I codd. rell., II : κέλλομαι I cod. D ‖ καλέσσαι I cod. D, II*b* : -εσαι I codd. rell., II*a* ‖ 2 αἰ Neue : εἰ I ‖ de χρὴ cf. 249,6 app. crit. ‖ ἔτ᾽ ὄνασιν Page *PCPhS*, 7, 1961, p. 68 (cf. *SLG* p. 156) : ἐπ᾽ ὄνασιν (quod syntaxin pessumdat) I nisi quod ἐπόνασιν codices dett. habent, est autem hapax ueri non similis ‖ ἔμοιγε γένεσθαι Blass : ἐμοὶ γεγενῆσθαι I.

369   Metr. : 8dᵛ⁻ (cf. Page, p. 325 ; Barner, p. 74).

ἄλλοτα μὲν μελιάδεοσ, ἄλλοτα
δ᾽ ὀξυτέρω τριβόλων ἀρυτήμενοι

Test. Athenaeus 2,38e ἀπὸ τοῦ κατὰ μέθην δὲ καταστήματος καὶ ταύρῳ παρεικάζουσι τὸν Διόνυσον καὶ παρδάλει διὰ τὸ πρὸς βίαν τρέπεσθαι τοὺς ἐξοινωθέντας. Ἀλκαῖος· [1-2]. Εἰσὶ δ᾽ οἳ καὶ θυμικοὶ γίνονται· τοιοῦτος δ᾽ ὁ ταῦρος. ⇒ Eustath. *Od.* 1910,17 κατὰ γὰρ τὴν Ἀλκαίου μοῦσαν ἄλλοτε μὲν μελιαδὴς ὁ οἶνος, ὃ δὴ ἔφη καὶ Ὅμηρος, ἄλλοτε δ᾽ ὀξύτερος τριβόλων.

1 ἄλλοτα (bis) Blomfield : ἄλλοτε codd. ‖ 2 ὀξυτέρω Blomfield : -ου codd. ‖ ἀρυτήμενοι Bergk : ἀρητυμενοι codd.

370   ἀμμετέρων ἀχέων

Test. Apollon. Dysc. *De pronom.* I p. 95,18-19 Schn. (uide fr. 353 Test.) (Ἀλκαῖος) καὶ τῇ ἐντελεστέρᾳ· [-].

ἀχέων Bekker : αχαιῶν cod.

371

savoir venu de nos pères

372

plus portés à la guerre qu'Arès[330]

373

car un tremblement de terre a lieu

330. Alcée à propos de sa propre faction ? Mais l'attribution de ce fragment à Alcée plutôt qu'à Sappho ne repose que sur l'association du thème de la guerre à la personne d'Alcée.

371   ᾶπ πατέρων μάθοσ

Test. Herodian. Mov. λέξ. II p. 941,28-29 (= Καθολ. προσῳδ. I
p. 392,24) Lentz μάθος. Ἀλκαῖος· [-].

ἀππατέρων (interpretatus est Ahrens) cod. : ᾶπ παθέων Nauck,
p. 207 n. 37 (cf. Aeschyl., Ag. 177) frustra ; fr. 6,17 (ubi uide app.
crit.) integrare inserendo hoc fragmento uoluit Diehl. De ᾶπ, quam
apocopen Ferrari-Pontani (ZPE, 113, 1996, p. 1-2) addubitauerunt, cf.
Sapph. 27,10 ᾶπ[π]εμπε et Thessalicum ἀππεισάτυυ (IG IX2
1229,28).

372   Ἄρευοσ στροτιωτέροισ

Test. Choerobosc. in Theodosii Can. I p. 214,21-22 Hilg. (= Herodian.
Κλίσ. ὀνομ. II p. 674,31-32 Lentz) ἐφύλαξε τὸ 'υ' (Ἄρευς) παρὰ
τοῖς Αἰολεῦσιν, οἷον· [-]. Alcaeo dedit Seidler ; de nominatiuo
Ἄρευς ab Alcaeo usurpato cf. Herodian. Καθολ. προσῳδ. I p. 241,37 ;
Κλίσ. ὀνομ. II p. 638,28 et 639,36 Lentz.

στρoτ- Edmonds (cf. gramm. testt. ap. Meister, p. 48 ; fr. 300,1) :
στρατ- codd. ‖ -έροισ codd. NC : -έρουσ codd. VP.

373

                     γᾶσ γὰρ πέλεται σέοσ

Test. Et. Gen. p. 43 Calame σείω· ἔστι γὰρ σέος (cod. A σέω cod.
B) ὡς παρ' Ἀλκαίῳ (cod. B -μαίῳ cod. A), οἷον (οἷον delet Meineke ; corruptela fortasse latet latius extenta, qua et Alcaei uerba labo-
rent)· [-]· καὶ ἐκ τούτου γίνεται σέω καὶ σείω.

σέοσ Hoffmann : σεῳ cod. A σέωσ cod. B.

374

Accueille-moi — je fais le *cômos* — accueille-moi,
je t'en prie, je t'en prie[331]

375

quant à moi, je n'en trouverai pas qui soient témoins
de cela[332]

376

et tu vides une coupe, assis aux côtés de Dinnoménès[333]

377

tu m'as fait oublier mes souffrances[334]

374 Metr. : 4 ia (cf. L.P.E. Parker, *CQ*, 16, 1966, p. 13).

⊗ Δέξαι με κωμάσδοντα, δέξαι, λίσσομαί σε, λίσσομαι

Test. I Hephaest. *Enchirid.* 5,2 p. 16,14-15 Consbr. τετράμετρον δὲ οἷον τὸ Ἀλκαίου· [1] ≅ Schol. B in Hephaest. *Enchirid.* p. 268,7-10 Consbr. (τετράμετρον) ἀκατάληκτον δὲ ὡς τόδε· [1]. II Schol. rec. in Aristoph. *Plut.* 302 p. 88 Chantry τετράμετρος ἀκατάληκτος οἷον τὸ τοῦ Ἀλκαίου· [1]. III Arsenius 18,52 ; 9,100 ap. Apostol. 5,98d II p. 363 *CPG* [-]· Ἀλκαίου.

κωμάσδοντα Blomfield : -άζοντα I, II, III ; de κωμάσδω uocis forma Aeolica cf. gramm. testt. ap. Meister, p. 130 n.

375 Metr. : ia ∧hipp

ἔγω μὲν οὐ δέω τάδε μαρτύρεντασ

Test. *a* Et. Gen. p. 22 Calame δήω· (...) ἀπὸ τοῦ δέω, ὃ σημαίνει τὸ εὑρίσκω· οὗ μέμνηται Ἀλκαῖος, οἷον [1] = *b* Et. Mag. 264,17 τὸ δέω, τὸ σημαῖνον τὸ εὑρίσκω· οὗ μέμνηται Ἀλκαῖος· [-].

μὲν *a*, *b* cod. V : μέν κ' οὐ *b* codd. DP ‖ τάδε *a* : ταῦτα *b* codd. DP ταύτασ *b* cod. V ‖ μαρτύρεντασ Ahrens : -εὔντασ *a*, *b*.

376 Metr. : an gl ‖ hipp (cf. Sappho 101A gl ‖ hipp ‖‖) potius quam, ut descripsi, gl I hipp ?

< > ἐκ δὲ ποτήριον πώνησ Διννομένη<ι> παρίσδων

Test. Athenaeus 11,460bd ἅπερ (ποτήρια) ὠνομάσθη ἀπὸ τῆς πόσεως (...). Καὶ Σαπφὼ δ' ἐν τῷ β' ἔφη· [Sappho fr. 44,10]. Ἀλκαῖος· [-].

ποτήριον Bergk : -ίων cod. ‖ Διννομένηι Blomfield : -η cod.

377 Metr. : uide quae ad fr. 315 adnotaui.

ἔκ μ' ἔλασασ ἀλγέων

Test. Hephaest. *Enchirid.* 1,8 p. 6,10-15 Consbr. Ἐὰν μέντοι ἐν τῇ προτέρᾳ συλλαβῇ τελικὸν ᾖ τὸ ἄφωνον, τῆς δὲ δευτέρας ἀρκτικὸν τὸ ὑγρόν, οὐκέτι γίνεται κοινὴ συλλαβή, ἀλλὰ ἄντικρυς μακρά, ὡς παρὰ Ἀλκαίῳ· [-].

378

pour moi-même j'arrangerai

379

ayant revêtu une pelleterie[335]

380

les manœuvres de la déesse née à Chypre m'ont fait tomber[336]

335. Rapprocher fr. 77 col. I, et plus particulièrement le v. 16 (cf. app. crit. *ad loc.*). J'oserais proposer une jonction avec le fr. 318 : ἔνδυισ σισύρναν καὶ Σκυθίκαισ ὑπαδησάμενοσ (ia ₍gl²ᵈ incomplet ?) ; comparer Longus 2,3,1, σισύραν ἐνδεδυμένος, καρβατίνας ὑποδεδεμένος.
336. Une jonction avec le fr. 10 (Page, p. 291, qui reconnaît ici le même mètre qu'au fr. 10) n'est rien moins qu'assurée : voir Nicosia, p. 194 n. 44. La différence présumée des mètres empêche notre fragment de représenter le v. 6 du fr. 51, comme le voulait Edmonds. Sur l'identification du locuteur, voir l'Introduction, p. xxviii n. 84.

FRAGMENTA 167

378 Metr. : gl

ἔμ᾽ αὔτωι παλαμάσομαι

Test. Apollon. Dysc. *De pronom.* I p. 80,10-13 Schn. καὶ παρὰ τοῖς Αἰολικοῖς δὲ ὡς ἐν παραθέσει ἀνεγνώσθη· [Sappho 26,11-12]. [-] (sequentia uide ad fr. 363 et 317).

Alcaicum hoc esse fragmentum declarari eo uidetur, quod ἔμ᾽ αὔτᾳ — hoc autem Sapphicum esse aliunde scitur — et ἔμ᾽ αὔτῳ poetis Aeolicis dedit et iuxta posuit, immo opposuit Apollonius (nam primae personae fem. [= Sapph.] ἔμ᾽ αὔται et masc. [= Alc.] ἔμ᾽ αὔτωι inuicem opponuntur).

ἔμ᾽ αὔτωι Bekker (ut Sapphicum ἔμ᾽ αὔται, ita Alcaicum ἔμ᾽ αὔτωι legit Apollonius, qui hunc diuisim legendi modum abnormem iudicat oppositis illis Ϝαύτω [fr. 363,1] et σαύτωι [fr. 317] : uide *TVA* XLIX adn. 39) : εμαυτῶ cod.

379 Metr. : str. Alc. uersus 1 aut 2 initium, inter alia, possis.

ἔνδυ<ι>σ σισύρναν

Test. Et. Gen. p. 15 Calame (...) σισύρνας καὶ σισύρας, τὰ δασέα δέρματα τὰ τετριχωμένα, καὶ Ἀλκαῖος ὁ μελοποιός· [-].

ἔνδυισ Lobel, A. ; *LP*, Voigt : ἐνδὺσ codd.

380 Metr. : pher²ᶜ uel gl³ᶜ uel x io (cf. adn. 336).

ἔπετον Κυπρογενήασ παλάμαισιν

Test. I Epim. Hom. ε 96 II p. 294,51-52 Dyck τοῦ πέτω ὁ ἀόριστος ὤφειλεν εἶναι ἔπετον· Ἀλκαῖος κέχρηται· [-].
II ἔπετον Κυπρογενήασ : Et. Mag. 666,50 = Et. Gen. A (teste Voigt), B p. 240 Miller, nullo auctoris nomine adlato ἀπὸ δὲ τοῦ πέτω ὁ δεύτερος ἀόριστος ἔπετον, οἷον· [-].

Κυπρογενήασ II : κυπρο, litt. γν᾽ supra o scriptis I ‖ παλάμαισιν Schneidewin : παλαμῖησιν I.

381 *LP* = 349a.

382

qui sûrement rassemblait les rangs dispersés des hommes en leur insufflant le sens de la discipline[337]

383

Les armes de Dinnoménès le fils de Tyrrakos (?) se trouvent-elles encore, rutilantes, dans le Myrsi-néïon (?)[338] ?

337. Sens remarquable de νόμισμα, dont c'est la première attestation : voir les observations d'E. Laroche, *Histoire de la racine NEM-en grec ancien*, Paris, 1949, p. 231. Le sujet du verbe est sans doute Athéna en tant que ἀγέστρατος (Hésiode, *Théog.* 925-926 ; Nilsson, p. 347) : cf. 206, 310 (voir n. 250 *ad loc.*), 325. Beaucoup moins heureuse est l'interprétation de Crusius, qui prend στρότον (= στρατόν) au sens de « peuple », rétablit <ζαδε>δάσμενον (« divisé ») et rapporte les vers à Athéna ou Déméter patronnes du synoecisme.

382 Metr. : str. Alc.

ἄ ποι σύναγ᾽ ἄνδρων <κεκε>δάσμενον
στρότον, νόμισμ᾽ ἐπιπνέοισα

Test. Hesych. ε 5076 ἐπιπνεύων· ἐπιβλέπων. Αἰολικῶς. καὶ
'Αλκαῖος· [1-2]. Male relatum est Alcaei fragmentum ad ἐπιπνεύων·
ἐπιβλέπων (cf. Hesych. c 5075 ἐπιπνεῦσαι· ἐφορᾶν, ἐπισκοπεῖν ;
adespot. fr. 975c PMG, αἱ Κυθερήας ἐπίπνειτ᾽ ὄργια λευκωλένω
[-ου codd.], quod forsitan Sapphicum sit [idem metrum Sapph. fr.
312]). Fortasse recte ad subsequens glossema (ε 5077 †ἐπιπνοίας·
ἐπιπνεούσης) rettulit Marzullo (Helikon, 5, 1965, p. 483-484), ut
haberes : †ἐπιπνοίας (ἐπιπνέοισα Marzullo)· ἐπιπνεούση (correxi,
ἐπιπνεούσης seruauit Marzullo) Αἰολικῶς. καὶ 'Αλκαῖος· [1-2].

1 ἄ Crusius (cf. 325,2 cum adn. 263) : ἦ cod. ἦ uulgo ‖ ποι Ahrens :
που cod. ‖ κεκεδάσμενον Lobel, A. : δάυμενον cod. ‖ 2 στρότον
Schneidewin (uide ad 372) : στρατὸν cod. cf. Iliad., 10,221 ἀνδρῶν
δυσμενέων (...) στρατόν ‖ νόμισμ᾽ ἐπιπνέοισα Perger : νομισμέ-
νοι πνέοισα cod.

383 Metr. : uide Hephaest. infra laudatum.

⊗ *Ἠρ᾽ ἔτι Διννομένη τὼ Τυρρακήω
τἄρμενα λάμπρα κέοντ᾽ ἐν Μυρσινήωι ;

Test. Hephaest. Enchirid. 15,10 p. 50,18-24 Consbr. Ἔνδοξόν ἐστι
ἐπισύνθετον καὶ τὸ διπενθημιμερὲς τὸ ἐγκωμιολογικὸν καλούμενον, ὅπερ ἐστὶν ἐκ δακτυλικοῦ πενθημιμεροῦς καὶ ἰαμβικοῦ
τοῦ ἴσου, ᾧ κέχρηται μὲν καὶ 'Αλκαῖος ἐν ᾄσματι οὗ ἡ ἀρχή· [1-
2].

1 ἦρ᾽ ἔτι cod. A : ἄρετι cod. I ‖ -μένη codd. -μένηι Dorville,
Voigt ‖ τὼ Lobel : τῶ codd. AI τωὶ codd. dett., uulgo ‖ Τυρρακήω
codd. : -ωι Turnebius, Voigt τ᾽ Ὑρρακήωι Neue τ᾽ Ὑρραδήωι
Seidler, probante Ahrens, at sunt uoces nihili fingentium uana conamina ‖ 2 κέοντ᾽ Seidler : κέατ᾽ codd. cf. Schulze, p. 437 ; Blümel,
p. 182 n. 202 ‖ Μυρσινήωι codd. dett. : Μυρσιννήω cod. I
Μυρσίννωι potius quam Μυρσινήωι cod. A Μυρσιλήωι Seidler.

384

Sainte Aphrô à la couronne de violettes et au sourire de miel[339]

385

et, ayant navigué avec (ses ?) vaisseaux[340]

386

Elles t'ont pris contre leur sein, les saintes Grâces, te recevant de Cronos[341]

387

Le descendant du royal fils de Cronos, Ajax, le meilleur après Achille[342]

339. A-t-on là l'*incipit* d'un hymne à Aphrodite, dont Ἀφρώ est un diminutif (Nicandre, *Alex.*, 406 ; schol. Vat. à Denys de Thrace, p. 227 l. 17 Hilgard [cf. les hypocoristiques réunis par Radt à Eschyle, fr. 212] ; correction de Hecker Ἀφροῖ σὺ pour †αφλουσι† dans *A.P.* 9,791,6) ? On accepte souvent la leçon impossible μελλίχομειδε Σάπφοι (on attend -ειδες et Ψάπφοι, ce qui rendrait le vers faux, quand même on lirait Σάπφοι), et on voit en ce fragment une adresse d'Alcée à Sappho (cf. *TVA* XXIV avec n. 26). Le texte μελλιχό-μειδεσ ἄπφοι/ἄπφα ne vaut pas mieux : voir Liberman, *RPh*, 62, 1988, p. 291-298 (résumé dans Somolinos, p. 237-240). Sur le culte d'Aphrodite à Lesbos, cf. Shields, p. 32-35 ; rapprocher les fr. 41 et 296b.

FRAGMENTA 169

384   Metr. : ia ₓhipp

⊗ Ἰόπλοκ’ ἄγνα μελλιχόμειδεσ Ἄφροι

Test. Hephaest. *Enchirid.* 14,4 p. 45,10-12 Consbr. (…) καλούμενον δὲ Ἀλκαϊκὸν δωδεκασύλλαβον, οἷον· [-]. De fragmento Alcaeo tribuendo cf. Righini, p. 69.

Ἰόπλοκ’ cf. Hesych. ἰόπλοκος, ἰόπεπλος· ἀπὸ τοῦ χρώματος ‖ -μειδεσ Ἄφροι R. Pfeiffer ap. Maas, *Kl.*, p. 4 n. 4 : -μειδε Σαπφοῖ cod. Aᵖᶜ¹, uulgo -μειδεσ Σαπφοῖ codd. Aᵃᶜ CP -μειδεσ ἄπφοι Maas -μειδεσ ἄπφα Lobel, utrique male ; cf. Hesych. μειλιχομε{τ}ιδής· πραΰγελως. ἡδύγελως κτλ.

385   Metr. : an ia gl (uide quae adnotaui)?

κἀπιπλεύσαισ νάεσσιν

Test. Epim. Hom. v 46 II p. 529,49-51 Dyck   Αἰολεῖς νάεσσι (νέασσι cod.)· [-]Ἀλκαῖος. Cf. Et. Mag. 605,27 οἱ Αἰολεῖς νάεσσι.

386   Metr. : ia gl

κόλπωι σ’ ἐδέξαντ’ ἄγναι Χάριτεσ Κρόνωι

Test. Hephaest. *Enchirid.* 10,33 p. 33,12-14 Consbr. (…)Ἀλκαϊκὸν καλεῖται δωδεκασύλλαβον, οἷον· [-]. Alcaeo dedit Gaisford.

387   Metr. : gl³ᶜ

⊗ Κρονίδα βασίληοσ γένοσ Αἴαν τὸν ἄριστον πεδ’ Ἀχίλλεα

Test. I Hephaest. *Enchirid.* 10,7 p. 34,19-21 Consbr. ὁ δὲ Ἀλκαῖος καὶ πενταμέτρῳ (ἀντισπαστικῷ) ἀκαταλήκτῳ ἐχρήσατο· [-]. II Choerobosc. in Hephaest. *Enchirid.* p. 241,18-22 Consbr. [-] = lemma in cod. K tantum, dein paraphrasis οἱονεὶ τοῦ Κρονίδου βασιλέως γένος (οἱονεὶ - γένος in cod. U deest), τὸν Αἴαν, ἀντὶ τοῦ Αἴαντα, ἄριστον ὄντα μετὰ (cod. K ἀντὶ cod. U) τὸν Ἀχιλλέα (cod. U Ἀχιλλέως cod. K). Πέδα (Studemund, παῖδα codd.) ἀντὶ τοῦ μετὰ κτλ. III Αἴαν τὸν ἄριστον : Choerobosc. in Theodosii *Can.* I p. 123,25-26 Hilg. (= Herodian. Κλίσ. ὀνομ. II p. 649,31-32 Lentz) ὁ Αἴας τοῦ Αἴα ὡς παρὰ Ἀλκαίῳ· [-].

· Αἴαν I cod. H, IIˡᵉᵐᵐᵃ ᵉᵗ ᵖᵃʳᵃᵖʰʳ·, III cod. CVP : Αῖαν (uocatiu., cf. 409 Test.) I codd. rell., III cod. N ‖ πεδ’ IIᵖᵃʳᵃᵖʰʳ· : παῖδ’ I, IIˡᵉᵐᵐᵃ ‖ Ἀχίλλεα I, IIᵖᵃʳᵃᵖʰʳ· : -εωσ IIˡᵉᵐᵐᵃ.

388

et, secouant un plumet carien

389 Fragment présumé du poète comique Alcée[343].

390

par vous se trouve répandu le sang des femmes[344]

391

ceux qui parmi vous et nous sont nobles[345]

---

344. Fragment d'un hymne à Artémis selon Pfeiffer, *Gnomon*, 2, 1926, p. 310, suivi par Diehl. La mort subite des femmes est attribuée dans l'*Iliade* et l'*Odyssée* aux traits lancés par Artémis (voir la note de Hoekstra [Oxford, 1989] à *Od.* 15,411). Sur la valeur généralisante du parfait, voir Y. Duhoux, *Le verbe grec ancien*, Louvain-la-Neuve, 1992, p. 419.

388   Metr. : an str. Alc. ?

λόφον τε σείων Κάριον

Test. Strabo 14,2,27 III p. 140 Kramer τοῦ δὲ περὶ τὰ στασιωτικὰ ζήλου τά τε ὄχανα ποιοῦνται τεκμήρια καὶ τὰ ἐπίσημα καὶ τοὺς λόφους· ἅπαντα γὰρ λέγεται Καρικά. (...) ὁ δ' Ἀλκαῖος· [-]. ⇒ Eustath. *Il.* 367,25 I p. 579 Van der Valk Ἀλκαῖος· [-]. Cf. Cyrill. Lex. ap. W. Bühler, *QIFG*, 2, 1967, p. 105 Κάριον· λόφον.

Κάριον B. Marzullo (ap. W. Bühler op. et loc. cit., n. 38), cf. Cyrill. Lex. supra laud. : Κάρικον Strabo et Eustath. ‖ τε Strabo : om. Eustath.

389 me iudice Alcaeo lyrico abiudicandum.

390   Metr. : str. Alc.

ὔμμι φόνοσ κέχυται γυναίκων

Test. Schol. Ge *Il.* 21,484a, (...ἐπεί σε λέοντα γυναιξίν Ι) Ζεὺς θῆκεν καὶ ἔδωκε κατακτάμεν ἤν κ' ἐθέλησθα, V p. 237 Erbse καὶ Ἀλκαῖος ἐπὶ τῶν βελῶν τῆς Ἀρτέμιδος λέγει· [ ]. Alcaei uerba ad Chrysippum (fr. 748 Arnim) modo laudatum nullo modo pertinere moneo propter Voigt (ad loc. et p. 429).

ὔμμι Wilamowitz : μὴ codd.

391   Metr. : aeol

ὄττινεσ ἔσλοι

ὑμμέων τε καὶ ἀμμέων

Test. Apollon. Dysc. *De pronom.* I p. 96,1-4 Schn. Αἰολεῖς ὑμμέων (Bekker υμεων cod.). Ἀλκαῖος· [1-2].

1 ὄττινεσ Ahrens : οιτινεσ cod. ‖ ἔσλοι Blomfield : ἐσθλοὶ cod. ‖ 2 ὑμμέων Bekker : υμεων cod. ; fieri potest ut καὶ correptum sit (cf. fr. 366).

392

sans aucunement chercher de faux-semblants[346]

393

la truie revient à la charge[347]

394

de nos pères[348]

348. Rapprocher 130b,5 ; 339 ; 371.

392   Metr. : aeol^{xc}

οὐδέ τι μυνάμενοσ ἄλλοι τὸ νόημα

I *a* Schol. *Od.* 21,71 II p. 699 Dindorf καὶ ᾿Αλκαῖος· [-] ἀντὶ τοῦ προφασιζόμενος, ἀλλαχοῦ ἀποτρέπων τὸ ἑαυτοῦ νόημα = *b* Eustath. in eund. loc. 1901,52 λέγει δέ, φασι, καὶ ᾿Αλκαῖος τὸ προφασίζεσθαι μύνεσθαι (sic), οἷον· [-].
II οὐδὲ μυνάμενος : Et. Gen. p. 37 Calame = Et. Mag. 594,53 τὰς προφάσεις δὲ μύνας φασὶν οἱ Αἰολεῖς· ἔνθεν ἴσως καὶ τὸ ἀπροφασίστως τινὶ βοηθεῖν ἀμύνειν λέγουσιν· [-], ἀντὶ τοῦ προφασιζόμενος.

οὐδέ τι I : οὐδὲ II οὐδ᾿ ἔτι Lobel ‖ ἄλλοι Bergk : ἄλλο I*b* ἄλλα I*a* ἄλλυι Seidler (cf. Meister, p. 194) ‖ τὸ I*a* : om. I*b* ‖ νόημ<μ>α Diehl, *LP*.

393

πάλιν ἀ ῦς παρορίνει

Test. I Simplicius in Aristot. *De caelo* 1,4 p. 156,25-28 Heiberg ἐπειδὴ δέ· [-] κατὰ τὸν μελοποιὸν ᾿Αλκαῖον, πάλιν ἀνάγκη πρὸς τὸν Γραμματικὸν ἀποκλίνειν τοῦτον μετὰ τῆς ἀνοίας καὶ κακοτροπίαν ἐν τοῖς λόγοις πολλὴν ἐνδεικνύμενον.
II Mantissa prouu. 2,46 II p. 765 *CPG* = Apostol. 15,83 in ed. Pantiniana a. 1619 (= Parisinus 3060) [-] : ἐπὶ τῶν παρακινούντων τινὰ εἰπεῖν καὶ ἄκοντα, ἃ οὐ βούλεται. ᾿Αλκαίου ἡ παροιμία.
Cf. Diogenian. 8,64 I p. 318 *CPG* = Apostol. 17,74 II p. 705 ibid. ῦς ὀρίνει· ἐπὶ τῶν βιαίων λέγεται καὶ ἐριστικῶν.

ἀ edd. uulgo : ἡ I codd. cett., II om. I cod. Nov. Coll. ap. Gaisford, *Paroem. Gr.*, Oxford, 1836, p. 226 ; Hartung (cf. prouerbium supra laudatum ῦς ὀρίνει) ‖ ῦς I, II : σῦς Fick, *LP* ; de hiatu ἀ ῦς cf. Wilamowitz p. 88 ; *GV*, p. 99 n. 4, qui carm. conu. 904,1 *PMG* ἀ ῦς contulit. Locum suspectum habet West, *Metre*, p. 15 n. 23 ‖ παρορίνει I codd. BD, cod. Nou. Coll. ap. Gaisford loc. cit., II : -ίννει I codd. AE.

394

πατέρων ἄμμων

Test. Apollon. Dysc. *De pronom.* I p. 95,16-17 Schn. (uide fr. 353 Test.) (᾿Αλκαῖος) ἐπὶ δὲ τῆς συνάρθρου· [-].

395

les flots du Xanthe, à l'étroit, parvenaient à la mer[349]

396

protection[350]

397

fleur du tendre automne[351]

398

(morceaux) de briques longues de quatre (mains)[352]

---

349. La source de l'inspiration est *Iliade* 21 (Achille encombre de
cadavres les flots du Xanthe) : voir Treu, p. 156 ; Eisenberger, p. 78.

FRAGMENTA 172

395 Metr. : an 2gl ia (cf. fr. 140) ?

στένω.[..] Ξάνθω ῥ[όο]ς̣ ἐσ θάλασσαν ἵκανε

Test. Schol. *Il.* 21,219-220, οὐδέ τί πη δύναμαι προχέειν ῥόον εἰς ἅλα δῖαν Ι στεινόμενος νεκύεσσι, (P.Oxy.221) col. XI 8-10 V p. 98 Erbse στενοχωρούμ[εν]ος. Παρὰ [τ]αῦτα̣ 'Αλκαῖος· [-].

στενωμ[uel στενωδ[Lobel ; στένω μ[ὰν] Grenfell-Hunt (malim μ[ὲν]) ; στενώμ̣[ενος] noluit Wilamowitz, qui et στενώθ[εις] tentauit. Aeolicum στέννος testantur grammatici quidam, cf. Meister, p. 142.

396

†τὸν χαλινὸν† ἄρκοσ ἔσση

Test. Et. Gud. p. 198,14-15 de Stefani (cod. d²) ≅ p. 77,58-78,1 Sturz (cod. w) παρὰ δὲ τοῦτο (i.e. ἄρκτος) γίνεται τὸ ἄρκος οὐδέτερον, οὗ μέμνηται 'Αλκαῖος· [-] ≈ Anecd. Par. IV p. 61,13-14 Cr. (cod. q) ἄρκος οὐδέτερον, οὗ μέμνηται 'Αλκαῖος· [-].

τὸν cod. q : τὸ cod. w τα- cod. d² ΙΙ χαλινὸν codd. qw : -χαλιτινὸν cod. d² ΙΙ ἔσση cod. d² : ἔση codd. qw.

397

τερένασ ἄνθοσ ὀπώρασ

Test. Epim. Hom. τ 71 II p. 703,40-45 Dyck ζητεῖται παρὰ τῷ 'Αλκαίῳ θηλυκόν· [-] (…)· ἀπὸ τούτου θηλυκὸν τερένη τερένης, καὶ Αἰολικῶς· [-]. De τερένας uide ad fr. 403.

398

†τετραβαρήων† πλίνθων †καὶ τάγματα†

Test. Hesych. s.v. τετραβαρήων, [-]· 'Αλκαῖος.

τετραβαρήων cod. : τετραμαρήων Bergk ΙΙ καὶ τάγματα cod. : κατάγματα Perger, Lobel. Syllabarum longarum series iusto maior est : fort. πλίνθων τετραμαρήων κατάγματα (pher ia ?).

400

car il est beau de mourir à la guerre[353]

401

a La joie soit avec toi, bois cette coupe.

b Viens ici boire avec moi[354].

401A Appartient au poète comique[355].

401B Poème en forme de message (cf. Introduction, p. XXVI) adressé par Alcée à son ami Mélanippe et relatif à l'abandon de ses armes lors d'un des combats survenus pendant la guerre de Sigée opposant Athéniens et Mytiléniens (cf. *TVA* VI-VII ; fr. 306f n. 201). Sur le thème du poète ῥίψοπλος, inauguré par Archiloque (fr. 5 West²), voir *Archilochos*, p. 286-287 ; T. Schwertfeger, *Chiron*, 12, 1982, p. 263-280 et Nisbet-Hubbard à Horace, *Odes* 2,7,10.

399 *LP* = 424A.

400 Metr. : str. Alc. ut uid.

τὸ γὰρ
Ἄρευι κατθάνην κάλον

Test. Choerobosc. in Theodosii *Can.* I p. 214,21-22 Hilg. (= Herodian. Κλίσ. ὀνομ. II p. 674,31-34 Lentz) ἐφύλαξε τὸ 'υ' (Ἄρευς) παρὰ τοῖς Αἰολεῦσιν οἷον· (fr. 372) καὶ πάλιν· [1-2]. Alcaeo dedit Seidler.

1 τὸ codd. NC : τῷ codd. VP ‖ 2 κατθάνην Seidler et Ahrens : καταθανεῖν codd.

401

a χαῖρε καὶ πῶ τάνδε

b δεῦρο σύμπωθι

Test. Et. Mag. 698,50 ≅ Et. Gen. p. 42 Calame (locus turbatus) πῶ· (...) ῥῆμα προστακτικὸν παρ' Αἰολεῦσιν, οἷον· [*a*], ὅπερ λέγεται ἐν ἑτέροις (Et. Gen. ἑτέρῳ Et. Mag.) σύμπωθι· (...) οὕτως πῶθι, οἷον· [*b*]. (οὕτως κτλ. ap. Et. Gen. tantum). Alcaeo dedit Bergk.

a πῶ Et. Mag. Et. Gen. A : πῶι Et. Gen. B ‖ τάνδε Et. Gen. : om. Et. Mag. ‖ *b* non habet Et. Mag.

401A Voigt = 446 *LP* Alcaeo lyrico abiudicandum.

401B Voigt = 428 *LP*.   Metr. : gl[d] ia

[Strabo infra laud.] Ἀλκαῖός φησιν ὁ ποιητὴς ἑαυτὸν ἔν τινι ἀγῶνι κακῶς φερόμενον τὰ ὅπλα ῥίψαντα φυγεῖν· λέγει δὲ πρός τινα κήρυκα κελεύσας ἀγγεῖλαι τοῖς ἐν οἴκῳ [cf. Herodot. 5,95,2 = *TVA* VI ταῦτα δὲ (...) ἐπιτιθεῖ ἐς Μυτιλήνην ἐξαγγελλόμενος τὸ ἑωυτοῦ πάθος Μελανίππῳ ἀνδρὶ ἑταίρῳ]·

(Strabon) *Le poète Alcée affirme que, se trouvant au cours d'un engagement en mauvaise posture, il abandonna ses armes et prit la fuite. Il s'adresse à un messager à qui il a demandé d'annoncer ceci à ceux des siens restés chez lui* [cf. Hérodote : « *voilà ce qu'il (…) envoie à Mytilène en annonçant sa mésaventure à son compagnon Mélanippe* »] : « Alcée est sauf, mais non ses armes ; le plumet qu'il a laissé choir[356], les Athéniens l'ont suspendu dans le sanctuaire sacré de la déesse aux yeux pers ».

401C-401 O Sélection de fragments dont l'attribution à Alcée m'a paru possible ou plausible, mais qui reste hypothétique, et parfois douteuse, qu'on hésite à les attribuer à Alcée ou à Sappho, ou bien à Alcée ou à d'autres auteurs. Sur les fragments classés par Voigt dans la catégorie des pièces attribuables à Alcée ou à Sappho, et écartés de la présente sélection, voir Introduction, p. XCIV-XCVII.

401C

tu accusais (…) la modération[357]

357. Peut-être « la modération de (mes) actes » ou « la modestie de (mes) moyens ». L'adjectif μέτριος apparaît pour la première fois chez Hésiode, *Travaux* 306 (voir Wilamowitz [Berlin, 1928] *ad loc.*) ; de τὰ μέτερρα rapprocher 298,1 τὰ μήνδικα. Je n'accepte pas l'hypothèse d'E. Cavallini (*MCr*, 10/12, 1975/1977, p. 61), qui veut reconnaître dans le texte transmis une forme corrompue du verbe αἰτέομαι (B. Marzullo propose αἴτηο) et rapproche Aristophane, *Nuées* 1137, κἀμοῦ μέτριά τε καὶ δίκαι' αἰτουμένου, formule « judiciaire » (voir K.J. Dover [Oxford, 1968] *ad loc.*) sans doute étrangère au monde d'Alcée.

Ἄλκαοσ σάοσ, ἄρμενα δ' οὔ· χύταν δ' ἀλέκτοριν
<·>ἔσ Γλαυκώπιον ἷρον ὀνεκρέμασσαν Ἄττικοι

Test. Strabo 13,1,38 III p. 34 Kramer. — Cf. paraphrasin Herodoteam
5,95,1 = TVA VI 'Αλκαῖος ὁ ποιητὴς (...) αὐτὸς μὲν φεύγων
ἐκφεύγει, τὰ δέ οἱ ὅπλα ἴσχουσι 'Αθηναῖοι καί σφεα ἀνεκρέμα-
σαν πρὸς τὸ 'Αθήναιον τὸ ἐν Σιγείῳ· ταῦτα δὲ 'Αλκαῖος ἐν μέλει
ποιήσας ἐπιτιθεῖ κτλ. Vide et Plutarchum sub TVA VII exscriptum.

1 "Αλκαοσ Ahrens : ἀλκαῖοσ codd. ‖ σάοσ Ahrens : σόοσ codd.
CDh² σοσ cod. F σῶοσ codd. rwx om. cod. i ‖ ἄρμενα (ἄρμενα
West, Notes, p. 7, coll. 383,1) δ' οὔ praeeunte Wesseling (ἔντεα δ'
οὐχ) scripsi : ἄροι (nisi quod ἄρει codd. ho) ἐνθάδ' οὐ codd. ‖ οὐ-
"Αττικοι habent codd. cett. : om. cod. x ‖ χύταν δ' scripsi : χυτον
codd. hi κυτὸν codd. DF -κ αὐτὸν codd. Cmoz κεῖται codd. rw ‖
ἀλέκτοριν Casaubonus : ἀληκτορὶν codd. cett. ἀλυκτορὴν codd. oz
‖ 2 Γλαυκώπιον Dindorf : γλαυκωπον codd. ‖ ἷρον Seidler : ἱερὸν
codd. ‖ ὀνεκρέμασσαν Ahrens : ὃν ἐκρέμασαν codd.

401C-401 O fragmenta quae ita Alcaeo lyrico dare uelis,
ut animo nonnumquam dubitatio inhaereat ; atqui inhae-
ret de fr. 401N dubitatio maxima. De P.Oxy.2878 frustu-
lis uide Praef., p. xcvii-xcviii sub n° 1.

401C = inc. auct. 2 LP, Voigt.

αἰτίαο < > τὰ μέτερρα

Test. Et. Gen. p. 37 Calame = Et. Mag. 587,12 (= Herodian. Παθ. II
p. 303,18-20 Lentz) μέτερρα· τοῦτο τὸ πάθος τῆς Αἰολικῆς ἐστι
διαλέκτου, οἷον· [-]· ὁ γὰρ μέτριος μέτερρος παρ' αὐτοῖς εἴρηται.

αἰτίᾶο uerbi αἰτίαμαι (cf. 358,5) imperfectum augmento carens,
nisi corruptela subest ‖ lacunam significaui ; αἰτίαό <μοι> ego post
Bergk (<μευ>, adespot. 66), ita ut αἰτίαό μοι τὰ μέτερρα (= τὰ
μέτριά μου) strophae Sapphicae clausula fiat ‖ de forma μέτερρα cf.
Blümel, p. 97.

401D

mais que quelque dieu nous[358]

401E

mais, ô Soleil qui portes ton regard sur tout[359]

401F

Arès (...peur déchirante[360])

401G

  tempêtes

358. Je reconnais ici le « nous » désignant l'hétérie alcaïque (cf. Rösler, p. 38-41) ; rapprocher les fr. 314 et 361.
359. Rapprocher *Iliade* 3,277 où Hélios est appelé, avec d'autres divinités, pour garantir un serment (cf. Nilsson, p. 840).

401D = inc. auct. 3 *LP*, Voigt.

ἀλλά τισ ἄμμι δαίμων

Test. Apollon. Dysc. *De pronom.* I p. 97,4-5 Schn. Αἰολεῖς ἄμμι· [-]. Alcaeo dedit Blomfield, Sapphoni post Ahrens E. Cavallini *MCr*, 10-12, 1975/1977, p. 62-65.

401E = inc. auct. 4 *LP*, Voigt.   Metr. : aeol^xc

ἀλλ᾽ ὦ πάντ᾽ ἐπόρεισ Ἀέλιε

Test. Epim. Hom. o 96 II p. 573,10-14 Dyck (...) δῆλον ἐκ τῆς Αἰολίδος διαλέκτου· ὡς γὰρ ἀπὸ τοῦ οἴκω ἡ μετοχή· [fr. 328, ubi uide], οὕτω ἀπὸ τοῦ ὁρῶ· [-]. Alcaeo dedit post Schneidewin E. Cavallini *op.cit.* sub 401D Test., p. 64.

ἐπόρεισ Bergk : ἐφορ.σ cod. O^ac   ἐσφορεῖσ cod. O^pcl ‖ Ἀέλιε Lobel : ἄλιε cod. O^pcl   ἄλα cod. O^ac.

401F = inc. auct. 6 *LP*, Voigt.

Ἄρευ †ὁ φόβοσ διακτὴρ†

Test. Herodian. Κλίσ. ὀνομ. II p. 640,5-6 Lentz λέγομεν Ἄρευος Ἄρευι· [fr. 330, ubi uide]· ἡ κλητική· [-]. Alcaeo post Schneidewin dederunt edd. uulgo (« Alcaei haud dubie uersus est » Bergk).

ὁ φόβοσ cod.^pcl : δι ὁ φόβοσ cod.^ac ; de Ἄρευ ὁ uide fr. 354 adn. 312 ‖ διακτὴρ cod. : δαῖκτηρ Cramer ; φόβεροσ δαῖκτηρ ego, Ἄρευ δαῖφοβοσ δαῖκτηρ (hipp) Bergk.

401G = inc. auct. 7 *LP* (om. Voigt).

ἄυελλαι

Hesych. α 8244 αυεοῦλλαι· ἄελλαι. παρὰ ἄκλ(ω) (Ἀλκαίω Ahrens).

ἄυελλαι Lobel, post Musurum et Ahrens (αὔελλαι) : αυεουλλαι cod. ; cf. Schwyzer, p. 224 ; Chantraine s.v. ἄημι ; Lejeune, p. 182 n. 5, qui omnes αὔελλαι scribunt perperam.

401H

tremblaient comme oiseaux devant un aigle rapide
soudainement apparu[361]

401 I

et (descendant) des hautes montagnes[362]

401J

(Zenobius) « Le Crétois et la mer » : proverbe
employé à propos de ceux qui feignent de se dérober à
quelque chose où ils excellent (les Crétois sont d'ex-
cellents marins). Proverbe mentionné par Alcée[363].

---

362. Je rapproche la formule de l'*Iliade* βῆ δὲ κατ' Ἰδαίων ὀρέων
(8,410 ; 11,196 ; 15,169 etc.) ; la formule ὑψηλῶν ὀρέων n'est pas
rare d'ailleurs dans la poésie homérique. Voir E. Cavallini, *MCr*,
10/12, 1975/1977, p. 65-67.

401H = inc. auct.10 *LP*, Voigt.   Metr. : str. Alc.

ἔπταζον ὦσ ὄρνιθεσ ὦκυν
<.>αἴετον ἐξαπίνασ φάνεντα

Test. Herodian. Mov. λέξ. II p. 929,15-22 Lentz παρητησάμεθα δὲ
Αἰολίδα διάλεκτον διὰ τὸ πτάζω· [1-2], ἐκ δὲ τοῦ κοινοῦ ἦν τοῦ
ἔπτησσον· τὸ δὲ αὐτὸ καὶ ἐπὶ τοῦ πλάζω· [Sapph. fr. 37,2-3], ἀντὶ
τοῦ ἐπιπλήσσοντα. Alcaeo tribuit G. Dindorf.

1 ὦσ Bergk olim : ὦσ τὸ codd. ὦστ' Bergk, fort. recte ‖ 2 ἐξαπί-
νασ Bergk : ἐξαπτήνασ codd.

401I = inc. auct. 14 *LP*, Voigt.   Metr. : str. Sapph. ut uid.

καὶ κὰτ ἰψήλων ὀρέων

Test. I Epim. Hom. α 288 II p. 166,14-16 Dyck (= Herodian. Παθ. II
p. 364,2-3 Lentz) οἱ Αἰολεῖς (...) ἴψος λέγοντες· [-] ≅ II Anecd.
Ox. I p. 418,32-419,1 Cr. (...) Αἰολεῖς τρέπουσι 'υ' εἰς 'ι'· [-]. Cf.
Herodian. Mov. λέξ. II p. 928,14 Lentz Αἰολεῖς δ' ἴψος λέγουσιν
αὐτὸ οἰκειότερον. Sapphoni dedit Ahrens, de Alcaeo auctore cogitauit Schneidewin.

καὶ κατ' I : καιτ' II ; illud ad rem inutile καὶ propterea laudatum
est, quia est uersus initium ; male igitur καὶ (I) grammatico tribueris.

40IJ = inc. auct. 15 *LP*, Voigt.

Zenob. 5,30 I p. 131 *CPG* ὁ Κρὴς τὴν θάλατταν.
Ἐπὶ τῶν ἐν οἷς διαφέρουσι ταῦτα φεύγειν προσ-
ποιουμένων ἡ παροιμία ἐστίν· ἐπειδὴ ναυτικώτα-
τοι οἱ Κρῆτες ἐγένοντο. Μέμνηται ταύτης Ἀλκαῖος. Huius prouerbii testimonia ea, quae Alcaeum
nusquam memorarent, congessit W. Bühler, p. 148-149 ;
uide adn.

401K

car (le vent ?) a commencé tard (à souffler ?)[364]

401L

dévastateur de macres — car ce n'est pas pour les Arcadiens outrageant[365]

---

364. Bergk (p. 705) rapproche d'une façon très suggestive la citation fournie par une scholie à Sophocle, *Ajax* 257 (p. 26 Papageorgiou) = Souda Σ 1059, ὡς γινομένων τινῶν σημείων ἐπὶ τοῖς πνεύμασιν, ὥστε παρατείνειν αὐτὰ ἢ ταχέως πεπαῦσθαι. Οἷόν ἐστι καὶ ἐν τῇ κωμῳδίᾳ (*adesp.* 609 Kock = 869 Kassel-Austin)· ἀλλ᾽ ἔπεσε ταχέως· δειλινὸς γὰρ ἤρξατο (ἀλγεῖν *add. Suda perperam*). Bergk (*loc. cit.*) dit à propos de ce fragment : *Fortasse Alcaei, qui uidetur siue de uento siue translate dixisse* ; rapprocher la comparaison de Sophocle, *Ajax* 257-259 avec les notes de Lobeck (Leipzig, 1835²) et de Jebb (Cambridge, 1896).

401K = inc. auct. 19 *LP*, Voigt.

ὄψι γὰρ ἄρξατο

Test. I Apollon. Dysc. *De aduerb.* I p. 163,2-4 Schn. ἡ παρ' Αἰολεῦσι βαρεῖα τάσις, λέγω δὲ τοῦ· [-].
II Herodian. Μον. λέξ. II p. 932,20-21 (= Καθολ. προσῳδ. I p. 497,7-8) Lentz Αἰολεῖς (...) διὰ τοῦ 'ι' αὐτὸ ἀποφαίνονται· [-]. Alcaeo dare uoluit Ahrens.

ἄρξατο I : -άτω II.

401L = inc. auct. 22 *LP*, Voigt. Metr. : uide quae praefatus sum, p. CIII.

τριβώλετερ — οὐ γὰρ Ἀρκάδεσσι λώβα

Test. I Hephaest. *Enchirid.* 11,3 p. 35,23-36,5 Consbr. τὰ μὲν γὰρ (τρίμετρα) ἐκ δύο ἰωνικῶν καὶ τροχαϊκῆς ἐποίησαν (οἱ Αἰολεῖς) οἷον· [inc. auct. 16, quod Sapphicum esse persuasum habeo : uide quae praefatus sum, p. XCV]· ἔνια δὲ ἐκ μιᾶς ἰωνικῆς καὶ δύο τροχαϊκῶν, οἷον· [-].
II τριβώλετερ : *a* Choerobosc. in Theodosii *Can.* I p. 262,25-27 et p. 389,26-28 Hilg. (= Herodian. Παθ. II p. 358,27-359,3 ; Κλίσ. ὀνομ. II p. 717,34-36 Lentz) οἱ γὰρ Αἰολεῖς ἔθος ἔχουσι πολλάκις συστέλλειν τὸ 'η' εἰς τὸ 'ε' ἐν τῇ κλητικῇ καὶ ἀναβιβάζειν τὸν τόνον, οἷον ὁ τριβολέτηρ ὦ τριβόλετερ Αἰολικῶς· ἔστι δὲ εἶδος ἀκάνθης· ≅ *b* Sophronii excerpt. e Characis comm. in Theodosii *Can.* II p. 394,25-27 Hilg. οἱ γὰρ Αἰολεῖς τὰ εἰς 'ηρ' βραχυπαράληκτα εἰς 'ερ' ποιοῦσι <καὶ> ἀναβιβάζουσι τὸν τόνον, οἷον ὦ τριβόλετερ. Alcaeo dedit Bergk, frustra obloquitur Righini, p. 71 ; de Alc. fr. 91 Bergk huc referendo uide adn.

τριβώλετερ I : τριβόλετερ II*a* τριβάλετερ II*b* cod. H τριβαλέτερ II*b* cod. G.

401M

a^r (la terre) noire (le/la) reçoit…a été délivré(e) de (ses nombreuses) peines…les Atrides[366]

b…cette idée…

---

366. Sujet emprunté au cycle troyen d'après Meyerhoff, p. 15 ; Treu (*Sappho*, p. 171) pense qu'il est question d'Achille — ce qui est tout à fait incertain (pourquoi pas Polyxène ?). Il pourrait être question du νόστος des Atrides (cf. Page, p. 60) au v. 3 (cf. app. crit.). L'attribution du fragment à Sappho (A. Körte *APF*, 11, 1935, p. 245 ; Gallavotti, Treu) est arbitraire ; j'attribue le fragment à Alcée pour mettre en valeur la possibilité qu'il appartienne à ce poète. Voir l'Introduction, p. LXIII n. 218.

401M = inc. auct. 27 *LP* et (partim tantum) Voigt.

Metr. : str. Sapph. ut uid. (a', de *b* incerta est res).

$$a^{recto}$$

κ]α̣δδέκεται μέλαινα̣[
]ων ἀχέων ἐπαύσθη[
]'Α̣τρέϊδαι .λεεοι.[

$$a^{verso}$$

]ικω
]ων
].σο

$$b^{verso}$$

]α̣ισοεμα.σ̣θ.τερυ[
τοῦ]το νόημα
 |μενάφικέτα[ν
 ].ο̣υσ̣.ε[

Test. P. Vindob. 29777 fr. a et b (saec. IV p. Chr.), *Mitteil. aus der Papyrussamml. der Nationalbibl. in Wien (Papyrus Erzherzog Rainer)*, I, Wien, 1932, p. 88 (ed. H. Ollacher). a' et a' (« zwei kleine Fetzen ») eadem manu scripta, alia autem *b* ; utrum Aeolica sint necne a' et *b*, incertum est (uide app. crit. sub *b*).

a' supra v. 1 et infra v. 3 spatia uacua, unde metrum esse Sapphicum coniecit Ollacher ‖ 1 γαῖα...κ]α̣δδέκεται possis ‖ 2 πόλλ]ων Gallavotti ‖ 3'Α̣τρέϊδαι Gallavotti, quod probauit Ollacher ap. Gallav. (p. 86), ipse]α̣πε̣ϊδαι olim legens ‖ πλε{ε}οι.[*LP*, unde πλέοισ̣[ι(ν) tentaueris,'Ατρεϊδαι pluraliter ita ut feci accepto.
b 1 -οεμα ueri non simile, si Aeolicum est fr. ‖ 2 suppleui ; in adonium cadere uiderunt *LP* ‖ 3 αφι- non Aeolicum, απι- audiendum erat.

401N

...Cypris (ourdisseuse) de ruses...de l'illustre messagère de Zeus...rends-toi à l'île de Macar...grand serment au nom de la vénérable...comme...brillant...derrière...(Iris aux belles sandales), puisque[367]...

367. La langue du fragment est celle d'Alcée et Sappho ; l'accentuation est récessive. L'obstacle métrique à l'attribution à l'un des deux poètes lesbiens, à savoir la suite de quatre brèves au v. 10, disparaît grâce à la correction de Treu ; le texte du v. 13 est trop incertain pour qu'on y voie une suite de trois brèves. Il y a plus d'improbabilité à supposer avec Lobel un auteur écrivant en éolo-lesbien et éventuellement responsable de la suite de quatre brèves au v. 10 qu'à attribuer le fragment à Alcée ou Sappho à la faveur d'une correction somme toute légère. Cela dit, l'attribution à Alcée (Treu, *Philologus*, 102, 1958, p. 13-20) repose sur une interprétation arbitraire des v. 10-11 (« Wortführend für die Exulanten, hat der Dichter ihnen den göttlichen Befehl zu einer Aktion mitzuteilen », Treu, p. 140 de son édition) et d'un supplément à la scholie aux v. 8-10 (ἐν γὰρ τῆι φυ[γῆι]. Treu pense qu'aux v. 2-9 est évoquée l'épiphanie de la divinité (Aphrodite) qui disparaît au v. 13. Au v. 10, il est question d'une messagère de Zeus (Iris ? cf. v. 15 ; *Iliade* 24,169 ; Cypris selon Treu). — Est-il question dans ce fragment de l'histoire légendaire de Lesbos (cf. fr. 226 ?) ? Lobel (P.Oxy. XXIII, p. 98) suggère, comme destinataire de l'ordre du v. 10, Oreste ou un de ses descendants (cf. Jacoby, *FGrH* I, p. 446-447 à Hellanicos 4 F 32 ; Alcée fr. 413 avec n. 372), mais le destinataire de cet ordre peut être Iris (cf. v. 15), chargée de transmettre un message. Dans la scholie aux v. 8-10, il est question de Macar et peut-être d'un exil (φυ[γῆι] : celui de Macar, colonisateur de Lesbos (cf. *RE* XIV1 s.v. Makar(eus), 617, 621), dont il est question dans un commentaire d'Alcée (fr. 306Ea) ? L'expression « île de Macar » peut d'ailleurs simplement désigner Lesbos (cf. fr. 34A,10) sans qu'il soit question dans le texte de la vie de Macar. J'avoue que ce qu'on peut entrevoir du mètre et du style, et le δολοπ]λόκω Κύ[π]ρι̣δ[- du v. 7 (cf. Sappho, fr. 1,2) suggèrent une attribution à Sappho.

401N = inc. auct. 42 Voigt = adespot. 919 *PMG*.

Metr. : fort. x – ∪ – ∪ ∪ – ∪ – ∪ – – (uersibus paribus) ‖
x – ∪ – – ∪ ∪ – ∪ – ∪ – (uers. imp.), i.e. ia 2io anacl (cf.
Sapph. fr. 133) ‖ ia chor ia (cf. Sapph. fr. 95,6 ; Page,
p. 81) ; paulo aliter Page (*PMG*), cuius descriptioni metri-
cae repugnat v. 8 supplem. προσ]ανέωσ a Page ipso com-
mendatum.

. . .

        ].ιηπ.[
        ].ερο.[
        ].ινδη.[
        ]αμφεβ[
5   ].ῡρωφ.[
        ]χοσ μαλ[
     -π]λόκω Κύ[π]ριδ[
        ].νεωσ πυκιν[
     κλ]εέννασ Δίοσ ἀγ[γ]έλω..[.].[
10   ]οσ Μάκαροσ <δ'> ἔπελθε νᾶσο[ν
    ] σέμνασ μέγαν ὄρκον ε.[..]ε[
        ].⟦ι⟧σθ.νατ..φορωθ.[.].[.].[
          ].[.]αροπ[.]λαμπρον ὤσ [
             ] ὑπίσσω   [
15   ]διλλεπει   [
          ] [ ]

. . .

Test. P.Oxy.2378 (saec. I/II p. Chr.) ed. Lobel, fr. a = v. 1-16 et fr. b =
schol. ad v. 8-10 (ut uid.).

Suppl. Lobel 2 αἴ]θεροσ[Treu ‖ 3 πό]λιν possis ‖ 6 μᾱλ uel μαλ
cum o supra α scripto Π ‖ 7 δολοπ]λόκω (dat. an gen. incertum)
Lobel ‖ 8 προσ]ανέωσ Lobel, qui et proposuit προτ]- coll. Sapph.
99,7 *LP* = [Alc.] 303A,7 Voigt ‖ 8-10 marg. dext. schol. ¹.[.] ἐν γὰρ
τῆι φ.[(φυ[γῆι Treu) |²]ἐστὶν η τιμαῖσ ω[|³ Λ]έσβον τὸν δὲ
Μά[καρα |⁴]ν συνιστ[‖ 10 δ' inseruit Treu ‖ 11 an ἔξ[ελ]ε ? ‖
12 εχφορω cum δ et punctulo crassiore supra εχ scriptis ‖ 14 marg.
dext. schol. ἀντὶ τοῦ ὀ[πίσω ‖ 15 εὐπέ]διλλ' ἐπεί ego (cf. fr. 327,2)
post Lobel, qui -πε]διλλ- agnouit.

401 O   Attestation de l'usage par Alcée ou Alcman d'un mot signifiant « appât » (rapprocher le fr. 433, avec n. 388 ?).

402-424B   Mots attestés par les lexicographes et grammairiens. Sont cités tels qu'ils se présentaient dans le texte original les mots livrés par les fr. 405, 407, 408, 409 (?), 411, 415, 418, 419, 421 (?), 423, 424, 424A (cf. app. crit.). Le reste sont des mots dont seul l'emploi par Alcée est attesté.

402

      vaniteux

403

      lutte

403A

      (un) errant[368]

401 O = 404 A Voigt (om. *LP*).

Hesych. β 713 βλῆρ· δέλεαρ. τὸ δὲ αὐτὸ καὶ αἶθμα (uox rarissima, de qua cf. Hesych. αἶθμα· δέλεαρ). παρὰ † ᾿Αλκμαίων† (᾿Αλκαίῳ Schow, ᾿Αλκμᾶνι Meineke [fr. 167 *PMGF* = 234 Calame, quem uide]) ἡ λέξις. Cf. Et. Mag. Gen. β 140 II p. 448 Lass.-Liv. (= Herodian. Καθολ. προσῳδ. I p. 399,3-7 ; παθ. II p. 372,4-7 Lentz) βλῆρ· Αἰολικῶς τὸ δέλεαρ. Οἱ Αἰολεῖς τὸ 'δ' εἰς 'β' τρέπουσι· τοὺς γὰρ δελφῖνας βελφῖνάς φασι καὶ τοὺς Δελφούς Βελφούς· (...) οὕτω καὶ οἱ Βοιωτοὶ ποιοῦσιν, quod licet conferas, non tamen certum habeas glossema Alcaicum esse : cf. Bergk, p. 74 ; Chantraine s.v. βλῆρ ; Somolinos, p. 171, et memento Alcmanem συνεχῶς αἰολίζοντα (Apollon. Dysc., *De pronom.* I p. 107,13-14 Uhlig) dici.

402-424B Glossemata.

402   ἀγέρωχος

Eustath. *Il.* 314,43 I p. 489 Van der Valk ᾿Αλκαῖος δέ, φασί, καὶ ᾿Αρχίλοχος (fr. 261 West[2]) ἀγέρωχον τὸν ἄκοσμον καὶ ἀλαζόνα οἶδε necnon Eustathii fons Suetonius Περὶ βλασφημιῶν ap. Miller p. 419 ἀγέρωχος· ὁ ἄκοσμος. Ἔστιν ὅτε καὶ ὁ σεμνός, quibus testimoniis conglutinatis habes Suetonium Περὶ βλασφ. n° 121 p. 56 Taillardat.

403   ἄγωνος

Photius α 319 I p. 38 Theodoridis ἄγωνος· κατὰ σχηματισμὸν ἀντὶ τοῦ ὁ ἀγών· (...) οὕτως ᾿Αλκαῖος ὁ λυρικὸς πολλάκις ἐχρήσατο. Cf. Hesych. ἄγωνον· τὸν ἀγῶνα Αἰολεῖς ; Iohann. Gramm. p. 207 §20 Hoffmann ἔσθ' ὅτε δὲ (...) λέγουσι (Αἰολεῖς) καὶ τὸν ἀγῶνα ἄγωνον. Cf. W. Schulze, *GGA*, 11, 1897, p. 891, qui de simili τερένασ (fr. 397) egit.

403A   ἀλάσδων

Anecd. Gr. I p. 65,5-6 Bachmann = Suda A 1058 ἀλαζών· ὁ ἀλώμενος. Οὕτως ᾿Αλκαῖος. Πλάτων δὲ (*Phaedo* 92d) ἀλαζόσιν ἀντὶ τοῦ ψεύσταις.

404

invisible[369]

405

j'étais

406

a frisson précédant la fièvre *ou* = *b*

b démon qui visite les gens pendant leur sommeil, cauchemar[370]

369. Contexte « infernal » ? Voir Sappho fr. 55, (…) οὐδέ ποτα μναμοσύνα σέθεν ἔσσετ᾽ | οὐδέποτ᾽ ὕστερον (οὐ γὰρ πεδέχησ βρόδων | τὼν ἐκ Πιερίας), ἀλλ᾽ **ἀφάνης** κἀν ᾽Αίδα δόμωι | φοιτάσησ πεδ᾽ ἀμαύρων νεκύων ἐκπεποταμένα (ponctuation nouvelle ; on ponctue en général après ὕστερον et on comprend οὐ γὰρ πεδέχησ…ἀλλ᾽ ἀφάνης κἀν ᾽Αίδα δόμωι | φοιτάσησ κτλ.).

404 ἀμάνδαλον

Et. Mag. Gen. α 608 I p. 388,3-7 Lass.-Liv. ≈ (minus plene) Et. Mag. auct. α 1010 I p. 373,14-16 ibid. ἀμάνδαλον· τὸ ἄφανες παρ᾽ ᾽Αλκαίῳ. ᾽Αμαλδύνω τὸ ἀφανίζω· [*Il.* 8,463]· ἀμαλδύνω οὖν τὸ ἀφανίζω, ἀμάλδανον τὸ ἄφανες καὶ ἀφανιζόμενον καὶ καθ᾽ ὑπέρθεσιν ἀμάνδαλον. Οὕτως Ἡρωδιανὸς Περὶ παθῶν (II p. 386,19-20 Lentz). Cf. Hesych. ἀμανδαλοῖ· ἀφανίζει, βλάπτει.

404A Voigt = 401 0.

405 ἔον

Eustath. *Od.* 1759,28 λέγει δὲ (Heraclides Milesius, Περὶ δυσκλίτων ῥημάτων fr. 45 Cohn) καὶ χρῆσιν εἶναι τοῦ ἔον παρὰ ᾽Αλκαίῳ. Cf. Sappho 63,7 ; Blümel, p. 186 n. 213 (cum bibl.).

406 *a* ἐπίαλοσ (?)
b ἐπιάλτησ (uel ἐπιάλης uel ἐφέλης ?)

a Et. Gen. p. 29 Calame = Et. Mag. 434,6 (= Herodian. *Orthogr.* II p. 517,36-518,3 Lentz) Ἠπίαλος καὶ ἠπιάλης καὶ ἠπιόλης· σημαίνει τὸν ῥιγοπύρετον καὶ δαίμονα τοῖς κοιμωμένοις ἐπερχόμενον. Καὶ Ὅμηρος καὶ οἱ πλείους ἠπιόλης λέγουσι διὰ τοῦ 'η'· τὸ δὲ διὰ τοῦ 'οσ' ἕτερόν τι σημαίνει, τὸν ῥιγοπύρετον. Πλὴν διαφόρως ἐχρήσαντο τῇ λέξει. (...) Ὁ δὲ ᾽Αλκαῖος **ἐπίαλον** (Et. Gen. B, Et. Mag. ; ἐπίαλλον Et. Gen. A) αὐτὸν ἔφη. ᾽Απολλώνιος δέ φησι τὸν ἐπιάλτην αὐτὸν (αὐτὸν secluserim) ἠπιάλην (ἠ- Et. Gen. A, Et. Mag. ; ἐ- Et. Gen. B) καλεῖσθαι καὶ τροπῇ τοῦ 'α' εἰς 'ο' ἠπιόλην (cf. Hesych. ἠπιόλιον· ῥιγοπυρέτιον). Verba inde ab ᾽Απολλώνιος ad Alcaeum non pertinere moneo propter *LP*, Voigt et Van der Valk ad Eustath. *Il.* 561,9 infra laudatum : caue ne iis auctoribus Alcaeo ἠπιόλης/ἠπιόλας (*LP* in indice) tribuas. Nomen proprium Phthioticum Ἐπίαλος (*SGDI* 1457A,7 ; B,17) contulit W. Schulze, *GGA*, 11, 1897, p. 876. *b* Eustath. *Od.* 1687,51 (= Ael. Dion. et Paus. Atticist. fr. 381 Schwabe, cf. Ael. Dion. ε 52 Erbse) τὸ ἐκεῖ ῥηθὲν πάθος (cf. infra et adn. 370) ἤγουν τὸν ἐφιάλτην **ἐπιάλτην** κατὰ παλαιὰν παρασημείωσιν ὁ ᾽Αλκαῖος λέγει. Τὸ δ᾽ αὐτὸ πάθος καὶ ἠπίαλόν τινες ἔλεγον, ἔτι δὲ καὶ ἠπιόλην, ὡς τὸ φαινόλην, καθὰ δηλοῖ ὁ εἰπὼν ὅτι ἠπίαλος οὐ μόνον σημαίνει τὸ ῥιγοπύρετον, ἀλλὰ καὶ δαίμονα τοῖς κοιμωμένοις ἐπερχόμενον. Cf. Eustath. *Il.* 561,8 II p. 99-100 Van der Valk Ἐφιάλτης δὲ οὐ μόνον κύριον, ἀλλὰ καὶ ἐπὶ παθοῦς ἡ λέξις κεῖται στομαχικοῦ, ὃ καὶ ἐπίαλτος λέγεται. Τοῦτο δὲ ὁ χυδαῖος ἄνθρωπος βαρυχνᾶν λέγει. Vide etiam Hesych. **ἐπιάλης**· ὁ ἐφιάλτης· ὃν Αἰολεῖς **ἐφέλην**, ἄλλοι ἐπιάλλην καὶ ἐπωφέλην καλοῦσιν necnon ἐφέλης· ἐπίαλτος.

407

en se perdant (?)

408

(il) a compris

409

Eurydamas !

410

éclatement

407 ἐρρεντι (consulto accentum non notaui)

Et. Gen. B p. 27 Calame (p. 127 Miller) ≅ (minus plene) Et. Mag.
377,19 (= Herodian. Καθολ. προσῳδ. I p. 505,7-9 Lentz, ubi ἐρρεντί
inter oxytona ponitur) ἐρρεντί· παρ' Ἀλκαίῳ· ἔστι γὰρ ἔρρω (...) ἢ
ἀπὸ τοῦ ἐρρῶ περισπωμένου· ἡ μετοχὴ ἐρρεὶς ἐρρέντος· καὶ ὡς
παρὰ τὸ ἐθέλοντος ἐθελοντί, οὕτως καὶ παρὰ τὸ ἐρρέντος
ἐρρεντί. An conferendum est Hesych. ἔροντι· μάλα, λίαν, πάνυ ?
Vide Chantraine s.v. ἐρρεντί. Exspectatur uox ἔρρεντι barytonos, at
nescio an editor Alexandrinus alteruter hanc uocem oxytonon ea mente
fecerit, ut a participio barytono distingueretur (cf. *TVA* XLVIII, XLIX).
« The whole entry is probably mistaken » D.A. Campbell periculo suo.

408   ἐσυνῆκεν

Et. Gen. p. 27 Calame = Et. Mag. 385,9 (= Herodian. Παθ. II p. 169,11
Lentz) ἐσυνῆκεν· Ἀλκαῖος ἐσυνῆκεν καὶ Ἀνακρέων (fr. 457
PMG) ἐξυνῆκεν. Cf. Sappho 5,15]λλωσ[...]νηκε δ' αὖτ' οὐ.

409   Εὐρύδαμαν

Choerobosc. in Theodosii *Can.* I p. 131,31-34 Hilg. (= Herodian. Κλίσ.
ὀνομ. II p. 659,25-28 Lentz) (...) τὸ ὦ Εὐρυδάμαν παρὰ τῷ Ἀλκαίῳ
μετὰ τοῦ 'ν' λεγόμενον κατὰ τὴν κλητικὴν καὶ παρὰ Πινδάρῳ τὸ
ὦ ἀκαμαντοχάρμαν οἷον· ὑπερμενὲς ἀκαμαντοχάρμαν Αἶαν
(fr. 184 Maehler). Cf. Constantin. Lascarid. *Grammaticae compendium*,
liber tertius, p. 168 (ed. Ald. 1557 utor) ὦ Πολυδάμα. Τούτου μάρτυς
ὁ ποιητὴς ἐν τῷ ζ (sic) τῆς Ἰλιάδος [18,285], Πολυδάμα (...). Καὶ
ὦ Πολυδάμαν παρ' Ἀλκαίῳ ὡς γέγραπται (errauit Lascaris uel eius
fons). — « Fort. exemplum fictum, cf. Choerob. l.c. p. 131 l. 21 [ubi
Εὐρυδάμας exempli uice fungitur] » Voigt uix recte, ut Pindari post
Alcaeum laudati exemplum ostendit.

Εὐρύδαμαν auctore Lobeck (*Path. serm. Gr. el.*, II, Regensburg,
1862, p. 279), Lentz ad Herodian. loc. cit. ; Hamm p. 155 : Εὐρυδάμαν codd.

410   Ϝρῆξις

Trypho Περὶ παθῶν 11 p. 6 Schn. προστιθέασι δὲ (Aeolenses et
Ionenses digamma) τοῖς ἀπὸ φωνηέντων ἀρχομένοις· ἅπαξ δὲ παρ'
Ἀλκαίῳ τὸ ῥῆξις Ϝρῆξις (sic Blomfield, varie in codd. erratum est,
ubi -ου- pro Ϝ) εἴρηται ; cf. Lascaridem ad fr. 409 laudatum, p. 191,
(...) ὡς γέγραπται ἐν τῷ Αἰολικῷ ἰδιώματι. Οἷον βρήτωρ ἀντὶ
ῥήτωρ, βρυτὴρ ἀντὶ ῥυτήρ, βρόδος ἀντὶ ῥόδος, βράκος ἀντὶ
ῥάκος· ἅπαξ δὲ Ἀλκαῖος Ϝρήξεις ἀντὶ ῥήξεις εἶπεν, ὥς φησι
Τρύφων ὁ γραμματικός. Vide Blümel p. 82 ; Bowie p. 79-80.

411

plus beau

412

a et *b* (vent) qui s'abat[371]

413

Cétéien[372]

414

Kikis[373]

---

371. Κατώρης (*a*) signifierait « qui descend des montagnes » d'après une suggestion de Hamm (p. 88, cf. Somolinos, p. 284) ; Schwyzer (p.632 β) 1) dérive l'adjectif de κατω-. Κατάρης peut être une faute pour κατώρης.

FRAGMENTA 183

411   κάλιον

Trypho Περὶ παθῶν 26 p. 12 Schn. ≅ Schol. *Il.* 2,129 ap. Anecd. Par.
III p. 278,9 Cr.   παρ' 'Αλκαίῳ τὸ κάλιον ἀντὶ τοῦ κάλλιον. Cf. illud
Tyrtaei μάλιον (fr. 12,6 West²).

412   *a* κατώρησ
        b (?) κατάρησ

a Porphyrius *Quaest. Hom.* ad *Il.* 2,447 p. 41 Schrader 'Αλκαῖος δέ
που καὶ Σαπφὼ (fr. 183) τὸν τοιοῦτον ἄνεμον (i.e. καταιγίδα)
κατώρη λέγουσιν ἀπὸ τοῦ κατωφερῆ τὴν ὁρμὴν ἔχειν. Cf. Hesych.
κ 1891 κατώρης· κάτω ῥέπων necnon Theognost. *Can.* ap. Anecd. Ox.
II p. 45,3 Cr., ubi κατώρης inter uoces in -ώρης exeuntes ponitur.
b Eustath. *Il.* 603,34 II p. 194 Van der Valk λέγει ὁ αὐτὸς ('Αρισ-
τοφάνης ὁ γραμματικὸς in libro Περὶ αἰγίδος ; fr. om. Slater, dubitanter recepit Nauck p. 271, qui [p. 272-273] de Aristotele auctore
cogitat coll. Aristot. fr. 153 Rose) καὶ ὅτι τὸ συνεστραμμένον
πνεῦμα καὶ καταράσσον ἄνεμον κατάρη λέγουσιν ὁ 'Αλκαῖος καὶ
ἡ Σαπφὼ (fr. 183) διὰ τὸ κατωφερῆ ὁρμὴν ἔχειν.   Eustathium a
Porphyrio pendere eundemque aberrasse putat Van der Valk, confirmat
Funaioli (*MCr* 8/9, 1973/1974, p. 129-130), ut κατάρης (= κατήρης
sec. Bechtel p. 121, suffixi quod est -ήρης sensu primario abiecto)
poetis nostris abiudicandum sit.

413   Κήτειωσ uel potius Κήτηοσ

Schol. *Od.* 11,521 II p. 517 Dindorf Κήτειοι] τινὲς ἀπέδοσαν μεγάλοι παρὰ τὸ κῆτος· κρεῖσσον δὲ ἀποδιδόναι Μυσῶν ἔθνος τοὺς
Κητείους· ἦν γὰρ ὁ Τήλεφος Μυσίας βασιλεύς. Καὶ 'Αλκαῖος δέ
φησι τὸν Κήτειον (Κήτηον Lobel, cf. Blümel §81) ἀντὶ τοῦ
Μυσόν. Cf. W.E.H. Cockle, « A New Greek Glossary on Papyrus
from Oxyrhynchus », *BICS*, 28, 1981, p. 128.

414   Κίκισ

I Cyrill. *Lex.* ap. Anecd. Par. IV p. 185,3 Cr.   Κίκις· ὁ ἀδελφὸς
'Αλκαίου.
II Suda Κ 1598 Κίκις· ὄνομα κύριον· ὁ ἀδελφὸς 'Αλκαίου.
III Et. Gen. p. 33 Calame = Et. Mag. 513,33 Κίκις· σημαίνει τὸν
ἀδελφὸν τοῦ 'Αλκαίου. Vide adn.
    Nomen Κίκις testatur Herodian. ap. Sergii Emesii Epitomen, p. 9
Hilg. = Κλίσ. ὀνομ. II p. 641,3-4 Lentz καὶ ὅσα μὲν κύρια εἰς 'ισ',
Πάρις Κίκις, καὶ ὅσα μακρᾷ παραληγόμενα προσηγορικά, εὖνις.

415

     au péril

416

     le coucou[374]

417   Appartient au comique Alcée[375].

418

     avoir compté[376]

νῆϊς ἄναλκις, διὰ τοῦ 'δ' κλίνεται ; idem Καθολ. προσῳδ. I
p. 88,11 Lentz (at caue ne ibid. l. 35, τὰ εἰς 'κισ' δισύλλαβα ὀξύνε-
ται (...). Τὸ δὲ φίκις βαρύνεται, cum Lentz Κίκις emendes : cf.
Taillardat, *RPh*, 70, 1996, p. 135). Nescio an huc referendum sit Et.
Gud. p. 322,5-6 Sturz = Anecd. Par. IV p. 36,1-2 Cr. ὁ δὲ Ἀλκαῖος
ὁμοίως Ὁμήρῳ τὸν ἰσχυρὸν κίκυν [accentum nota] καλεῖ (κῖκυς
tantum substantiue, ἄκικυς adiectiue ap. Hom. legitur). Fortasse legendum est aut, accentu tradito fauente, κίκιν (Welcker p. 129 n. 3 ;
« Demnach ist zweifelhaft ob ὄνομα κύριον [cf. Test. II] richtig oder
misverstanden ist ; vielleicht hatte der Dichter einem seiner Bruder nur
das Beywort gegeben, dessen Name nicht mit angemerkt worden. Der
Name Kikis träfe mit Ἀλκαῖος zusammen »), quae tamen uox nusquam ap. Hom. legitur, aut τὸ ἰσχυρὸν (Hoffmann), qua coniectura
recepta uocis κῖκυς ab Alcaeo usurpatae testimonium habeas. Κῖκις
hoc accentu restituit Bergk (uide adn.) ; contra Κίκις I II III necnon
luculenter Herodianus in locis modo laudatis.

415 κίνδυνι

Choeroboscus in Theodosii *Can.* I p. 270,13-15 Hilg. (= Herodian.
Κλίσ. ὀνομ. II p. 720,27-29 [cf. Καθολ. προσῳδ. I p. 18,16-17]
Lentz) κίνδυν, κίνδυνος· οὕτως δὲ ἔφη Σαπφὼ (fr. 184) τὸν κίνδυ-
νον· ὁ γοῦν Ἀλκαῖος τὴν δοτικὴν ἔφη τῷ κίνδυνι.

κίνδυνι cod. V : -δύνωι codd. NC.

416 κόκκυγος

Schol. *Il.* 7,76 [P.Oxy.1087 col. II 51-52] II p. 225,51-52 Erbse τὸ
κόκκυγος, ἡ δὲ λέξις παρὰ Ἀλκαίῳ (metaplasmi exemplum).

417 Alcaeo lyrico abiudicandum.

417A Voigt = 312.

418 μέτρησαι

Photius μ 366 II p. 563 Theodoridis Μετρῆσαι ἐπὶ τοῦ ἀριθμῆσαι·
Ἀλκαῖος. Cf. Bergk p. 189-190, qui ne comico (fr. 34 Kock ; fr. 40
Kassel-Austin inter dubia positum) tribuas monet ; Gow ad Theocritum
16,60.

419

Nérès[377] !

419A

nager[378]

420

je sais

421

ayant pris la fuite

419 Νέρη

Priscian. *Inst. gram.* II p. 289,14-290,1 Hertz (de uocatiuo casu primae declinationis) [*in femininis etiam*] (secl. Hertz) *Alcaeus* Νέρη (NEPH cod. B, NEPE codd. cett., Νήρη Hertz) *pro* Νέρης (NEPHS cod. B, NEPEC codd. cett.) *et Theopompus* (fr. 108 Kassel-Austin, ubi uide) *Chare pro Chares*. Si Νέρη recte, ut puto, legitur, tum fieri potest ut exempla nostra referantur ad idem genus uocum iambicarum in -ης exeuntium, quarum altera in -ης, -ου (Attice), altera in -ης, -ητος exeat ; agitur autem de hoc genere ap. Choerobosc. in Theodosii *Can.* I p. 157-158 Hilg. sub canone γ' (cf. Herodian. Κλίσ. ὀνομ. II p. 678-679 Lentz). Porro notandum est uocatiui casus exemplorum horum genus deesse ap. Choerobosc. in Theodosii *Can.* I p. 163-164 Hilg. = Herodian. Κλίσ. ὀνομ. II p. 689-691 Lentz, ubi de uocum in 'ησ' exeuntium casu uocatiuo in uniuersum agitur.

419A = 143 Bergk, a sequentibus editoribus omissum.

νέω (ut uid.)

Et. Gen. B p. 26 Calame = Et. Mag. 344,6 (cod. V) ἔννεον (Hom. *Il.* 21,11)· τὸ ῥῆμα νέω, Ἀλκαῖος. <Καὶ Ὅμηρος·> (addidit V. Casadio, *MCr*, 25-28, 1990-1993, p. 37-38, qui locum expediuit) 'αὐτὰρ ἐπὴν χείρεσι νέον' (sic Et. Gen. B αὐτῆς ἐπεὶ χείρεσσι νέον Et. Mag. cod. V ; laudatur *Od.* 5,344 ἀτὰρ χείρεσσι νέων propter *Od.* 5,348 αὐτὰρ ἐπὴν χείρεσσιν κτλ. pessumdatum).Ὁ παρατατικὸς ἔνεον καὶ πλεονασμῷ τοῦ 'ν' ἔννεον. « Alcaei (...) exemplum intercidit » Bergk (p. 190), paulo minus probabiliter.

420 οἶδα

Herodian. Μον. λέξ. II p. 930,20 Lentz οἱ γὰρ περὶ Ἀλκαῖον (= *Alcaeus* uel *Alcaeus et Sappho*, cf. K. Lehrs, *Quaestiones epicae*, Königsberg, 1837, p. 28-31 n. ; S. Radt, *ZPE*, 38, 1980, p. 47-56) οἶδα λέγουσι τρισυλλάβως. Cf. Herodian. (Κλίσ. ὀνομ. II p. 777,15-16 Lentz et alibi) ap. Steph. Byz. s.v. Καρία p. 359 Meineke ἔστι γὰρ ὅτε μετὰ τὴν διαίρεσιν ἔκτασις γίνεται δίομαι, ὄιγον, οἶδα παρ' Αἰολεῦσιν ἀντὶ τοῦ οἶδα. Hac de re grammaticorum plura testt. ap. Meister, p. 96-97. Fragmentis Alcaicis inseruit Matthiae.

421 πεφύγγων

Epim. Hom. π 148 II p. 633,12-14 Dyck (= Herodian. Παθ. II p. 265,3-4 Lentz) Ἀλκαῖος (...) φησὶ 'πεφύγγων'. Cf. ibid. p. 571,68 (= Herodian. Παθ. II p. 306,35 Lentz) ; Eustath. *Od.* 1696,7 κατὰ Ἀλκαῖον πεφύγγω (perperam).

422

j'écrase

423

du sanctuaire

424

des astres

424A

coq de bruyère[379]

379. Tétras-lyre (petit coq de bruyère) ou grand tétras (grand coq de bruyère) : voir André, p. 151-152.

422 πιέσδω, πιάσδω

Herodian. Mov. λέξ. II p. 949,22-23 Lentz Πιέζω. Τὰ εἰς 'ζω'
λήγοντα ῥήματα ὑπὲρ δύο συλλαβὰς βαρύτονα οὐδέποτε τῷ 'ε'
παραλήγεσθαι θέλει (...). Σημειῶδες ἄρα παρ᾽ Ἀττικοῖς καὶ τοῖς
Ἴωσι λεγόμενον διὰ τοῦ 'ε' τὸ πιέζω, ὥσπερ παρὰ τῷ ποιητῇ·
προσέθηκα δὲ καὶ τὰς διαλέκτους, ἐπεὶ παρ᾽ Ἀλκαίῳ διχῶς
λέγεται, παρὰ δὲ Ἀλκμᾶνι διὰ τοῦ 'α'· [fr. 120 *PMGF*]. Huic de
ambas formas usurpante Alcaeo testimonio caue ne repugnare putes
Herodian. Παθ. II p. 348,4-5 Lentz τὸ πιάζω οἱ Ἴωνες πιέζω καὶ
Ἀττικοὶ καὶ Αἰολεῖς « χειρὶ δ᾽ ἔχων ἐπίεζε βραχίονα » (*Il.*
16,150). Δωριεῖς πιάζω ἀναλογώτερον. Illud διχῶς λέγεται suspectum habuit Lobel, haud recte puto.

423 τεμένηοσ

Epim. Hom. π 120 II p. 620,82-83 Dyck (...) τεμένηος παρὰ
Ἀλκαίῳ ἅπαξ χρησαμένῳ. Vide fr. 398 adn. 352 ; τεμένεοσ forma
uti non poterat poeta Aeolicus, ut productio quae dicitur metrica neces-
saria esset.

424 τερέων

I Cyrill. Lex. ap. Anecd. Par. IV p. 192,10-12 Cr. τείρεα· στερεὰ
γάρ ἐστι καὶ σημεῖα τῶν καιρῶν. Ἀλκαῖος τερέων (ἀλκεόσται
ῥέων cod. teste Lobel) εἶπε ὅτι καὶ ταῦτα εἴρει. Ἄστερες οἵτε
μάλιστα τεταγμένα σημαίνουσιν (Aratus, *Phaen.* 757, ubi ἀνθρώ-
ποισι pro οἵτε μάλιστα et τετυγ- pro τεταγ- traditur).
II Eustath. *Il.*, 18,485 (τείρεα), 1555,40 IV p. 224 Van der Valk Τείρεα δὲ ἢ παρὰ τὸ εἴρειν γίνεται τὸ λέγειν, ἔχουσι γάρ τινα
σημασίαν, ὡς καὶ Ἄρατος δηλοῖ, ἢ (...) παρὰ τὸ τείρειν, καθὰ
καὶ τοῦτο ἐν τοῖς τοῦ Γεωργίου (i.e. Choerobosci, cuius libro *De
orthographia* haec tribuit Van der Valk) κεῖται· πολλοὶ γάρ, φησίν,
ἐκ τῶν ἀστέρων καταπονοῦνται γινόμενοι ἀερόβλητοι, ὡς ἐκ τῆς
βροντῆς ἐμβρόντητοι· ἐφανέρωσε δέ, φησί, τὸ 'ε' Ἀλκαῖος
εἰπὼν τερέων διχὰ τοῦ 'ι'.

τερέων II : τειρέων I τερρέων Seidler.

424A Voigt = 399 *LP* τετράδων (?)

Hesych. τ 615 τετράδων· ὄρνεόν τι. Ἀλκαῖος ; τ 616 τετράδυσιν·
ἀηδόνας (ἀηδόνα Bergk). Vtraque glossemata conflauerunt Bergk et
denuo Lobel, ille τετράδοσιν ἀηδόνασ Alcaeo tribuens (at τετραδό-
νεσσιν exspectares, ut uidit Lobel), hic melius τετράδοισιν ἀηδόνασ, ut esset τετράδοισιν a τέτραδον uel τετράδω. Cf. Hesych.

424B   Attestation du mot *magadis* (ou *phoinix* ?)[380] chez Alcée ?

425-452 Témoignages relatifs ou présumés relatifs à des poèmes perdus.

425

(Strabon) On peut reprocher à Alcée, comme il a corrompu le nom de la rivière Couarios[381], de s'être trompé à propos d'Onchestos, qu'il place à l'extrémité de l'Hélicon ; en réalité cette ville est plutôt éloignée de cette montagne[382].

427

(Scholiaste d'Eschyle) « et ce ne sont pas les insignes qui blessent » (*Sept*, 398). Cela est tiré d'Al-

τετραῖον· ὀρνιθάριόν τι. Λάκωνες ; τετράων· ὄρνις ποιός ; uide
Chantraine s.v. τέτραξ. Si τετράδοισιν ἀήδονας uel simm. Alcaeo
recte dederunt Bergk et Lobel, an prouerbium habes, in quo aues com-
parantur uoce dissimillimae ?

424B Cyrill. Matrit. ap. Naoumides, *GRBS*, 9, 1968, p.
272 φοῖνιξ· τὸ δένδρον (...) καὶ ὀργάνου εἶδος μουσι-
κοῦ, ὅπερ ἔνιοι μαγά<δι>δα, ὡς Σοφοκλῆς Θαμύρᾳ
(fr. 239a Radt, ubi uide) καὶ ᾿Αλκαῖος †φοινίκωνος
ὄνομα† (᾿Αλκαῖος. <καὶ> φοινικῶνος ὄνομα Naoumides). Recte μαγά<δι>δα, non φοῖνιξ ad Sophoclem (cf.
fr. 238,1 Radt, πηκταὶ δὲ λύραι καὶ μαγαδῖδες !)
Alcaeumque rettulisse mihi uidetur V. Tamaro (*MCr*, 8-9,
1973-1974, p. 138-140), qui Alcmanem, non Alcaeum
audire proposuit (cf. Alcm. 101 *PMGF* = 144 Calame,
quem uide, μάγαδιν δ᾿ ἀποθέσθαι). West (*Notes*, p. 7),
φοινίκωνος ὄνομα ad Alcaeum relato, φοινίκων δόνημα
coniecit. De Alcaeo comico auctore cogitauit Naoumides.

425-452 : si quae ab his non separaui, sunt non iam exs-
tantium carminum testimonia ; de fr. 425 ambigitur.

425 Strabo 9,2,33 p. 106 Baladié οὐκ εὖ δ᾿ ὁ ᾿Αλκαῖος,
ὥσπερ τὸ τοῦ ποταμοῦ ὄνομα παρέτρεψε τοῦ Κουα-
ρίου (Κουραλίου cod. rescr.), οὕτω καὶ τοῦ ᾿Ογχηστοῦ
κατέψευσται πρὸς ταῖς ἐσχατίαις τοῦ Ἑλικῶνος αὐτὸν
τιθείς· ὁ δ᾿ ἐστὶν ἄπωθεν ἱκανῶς τούτου τοῦ ὄρους.

426 *LP* : uide fr. 112 Test. II.

427 Schol. Aeschyl., *Sept*. 398 II 2 p. 188 Smith 'οὐδ᾿
ἑλκοποιὰ γίγνεται (τὰ σήματα)'· ταῦτα παρὰ
᾿Αλκαίου· οὐ τιτρώσκει τὰ ἐπίσημα ὅπλα οὐδὲ αὐτὰ
καθ᾿ ἑαυτὰ δύναμιν ἔχει, εἰ μὴ ἄρα ὁ φέρων αὐτὰ

cée ; les armes porteuses d'insignes n'ont par elles-
mêmes strictement aucune force si celui qui les arbore
n'est pas un noble cœur[383].

429

(Diogène Laërce) Cet homme (Pittacos), Alcée l'appelle **a** « pied-balai » parce qu'il avait les pieds larges
et traînait les deux pieds, **b** « pied-crevassé » parce
qu'il avait aux pieds des crevasses que l'on appelait
chirades, **c** « vantard » parce qu'il faisait le fier sans
raison, **d** « le pansu » et **e** « le ventru » parce qu'il
était gros, et encore **f** « dîneur d'ombre » parce qu'il
n'utilisait pas de lampe, et **g** « très négligé » parce que
peu soigné et sale[384].

383. Contrairement à Voigt, ce témoignage ne me paraît pas relatif
au v. 10 du fr. 112. Pour les insignes, cf. fr. 179,7.
384. Sur le sens de ces mots d'insulte, voir Somolinos, p. 201-202,
229, 274 ; sur la typologie des insultes, voir L. Kurke, *QUCC*, 47,
1994, p. 67-92, et surtout M. Davies, *Prometheus*, 11, 1985, p. 31-39.
Le sens de σάραποσ (**a**) est littéralement « dont le pied balaie » :
Galien (cf. Test. *a*) explique que les orteils sont « en éventail » ; par
suite, comme me le fait remarquer F. Vian, πλατύπους peut signifier
chez Diogène Laërce « au pied large » et non « au pied plat », comme
on traduit souvent. Pour ce qui est de ζοφοδορπίδας/ζοφοδορπίας
(**f**), les Anciens en donnaient des exégèses diverses (cf. Test.) : 1)
« qui dîne tard » (ὀψὲ δειπνῶν ; explication critiquée chez Plutarque) ; 2) « qui dîne dans l'obscurité » (σκοτόδειπνος ; à partir de
ce sens, explication invraisemblable de F. Cortina, *AFB*, 17, 1994,
p. 55-58, selon qui Alcée, assimilant Pittacos à un jeune homme non
encore admis au repas des guerriers, lui reprocherait de ne pas se
conduire en adulte) ; 3) « qui dîne dans le secret » (λαθροφάγος
[*sic*]) ; 4) « qui se plaît à avoir pour convives des gens sans qualité »,
sens revendiqué chez Plutarque pour Alcée et recommandé par Welcker, p. 127, et Mazzarino, p. 67 n. 5 (on rapprochera fr. 70,4 avec la
note 101). Selon Detschew (p. 371), l'anthroponyme thrace Pittacos
signifie « nain » : c'est une insulte qu'on ne retrouve pas dans nos
fragments. Pfeiffer (*Storia*, p. 330) pense que le surnom Φύσκων de
Ptolémée VIII est inspiré d'Alcée **d** (cf. 129,22).

[ἐὰν ᾖ ὁ] (praeeunte Wecklein seclusi) γενναῖός
<ἐστι> (suppleui ; ὁ φέρων αὐτὰ γένοιτο γενναῖος
Wecklein)

428 *LP* = 401B.

429 Diog. Laert. 1,81 (= Pittacus Test. 3 Gentili-Prato) ≅
Suda Σ 118 Τοῦτον [Πιττακὸν] Ἀλκαῖος

a **σαράποδα** μὲν καὶ **σάραπον**
ἀποκαλεῖ διὰ τὸ πλατύπουν εἶναι καὶ ἐπισύρειν τὼ πόδε,
b **χειροπόδην**
δὲ διὰ τὰς ἐν τοῖς ποσὶ ῥαγάδας, ἃς χειράδας ἐκάλουν,
c **γαύρηκα**
δὲ ὡς εἰκῇ γαυριῶντα,
d **φύσκωνα**
δὲ καὶ
e **γάστρωνα**
ὅτι παχὺς ἦν, ἀλλὰ μὴν καὶ
f **ζοφοδορπίδαν** (-δόρπιδα Suda)
ὡς ἄλυχνον,
g **ἀγάσυρτον**
δὲ ὡς ἐπισεσυρμένον καὶ ῥυπαρόν.

Conferendi sunt ad *a* Galen. *Gloss. Hippocr.* XIX p. 136 Kühn
σαράπους· ἡ διασεσηρότας καὶ διεστῶτας ἔχουσα τοὺς δακτύλους τῶν ποδῶν.
b Pollux 2,152-153 χειριᾶν δὲ ἐκάλουν τὸ κατερρῆχθαι τὰς χεῖρας
ἢ ἀλγεῖν ἐκ κόπου, ὅθεν καὶ χειρόποδες οἱ τοὺς πόδας κατερρ-
ηγμένοι ; Hesych. χειροπόδες· ῥαγοπόδες ; Et. Gen. B p. 309 Miller = Et. Mag. 810,27 χεῖραι· αἱ ἐν τοῖς ποσὶ ῥαγάδες· καὶ χειρόποδες οἱ οὕτως τοὺς πόδας κατερρωγότες οἷον ῥαγόποδες.
Rectius scriberetur χιροπόδαις : uide Chantraine s.v. χιράς, cf.
Hesych. χιραλέους· τοὺς <κατὰ τοὺς> πόδας †κατειργασμένους ;
aliter Hamm p. 95, quae χερροπόδαν scripserit intellexeritque « cui
pedibus similes manus sunt », Πιττακὸς pro πίθηκος habito in editione sub nomine Voigt prolata.
c Hesych. γαύρηξ· ὁ γαυριῶν.
d fr. 129,22 ; Hesych. φύσκων (φυσιῶν cod.)· γάστρων. παχύς.
e Pollux 2,175 τὸν δε Ψιττακὸν (Alcaeum Φίττακον dicere
memento) γάστρωνα ὁ Ἀλκαῖος καλεῖ.

430

(Horace) (Dis un chant latin, lyre) dont le citoyen de Lesbos modula le premier les accords, lui qui, féroce guerrier au milieu des armes, ou après avoir amarré sur le rivage humide son navire ballotté, chantait quand même Liber, les Muses, Vénus et l'enfant qui se trouve toujours à ses côtés, et Lycos beau de ses cheveux noirs et de ses yeux noirs[385].

431

(Cicéron) Un naevus sur le poignet de son mignon charme Alcée ; c'est, dira-t-on, un défaut corporel, mais cela lui paraissait être un ornement[386].

f Plutarch. *Quaest. conu.* 8,6,3 726b οὐδὲ τὸν Πιττακόν, ἔφη, ζοφοδορπίδαν ὁ Ἀλκαῖος ὡς ὀψὲ δειπνοῦντα λέγεται προσειπεῖν,
ἀλλ' ὡς ἀδόξοις τὰ πολλὰ καὶ φαύλοις ἡδόμενον συμπόταις· τὸ
μέντοι πρωίτερον δειπνεῖν ὄνειδος ἦν πάλαι, καὶ τὸ ἀκράτισμά
φασιν οὕτως λέγεσθαι διὰ τὴν ἀκρασίαν ; ibid. 8,6,1 726a τῶν
υἱῶν μου τοὺς νεωτέρους ἐν θεάτρῳ προσδιατρίψαντας ἀκροά-
μασι καὶ βράδιον ἐπὶ τὸ δεῖπνον ἐλθόντας οἱ Θέωνος υἱοὶ κωλυ-
σιδείπνους καὶ ζοφοδορπίδας καὶ τοιαῦτα μετὰ παιδιᾶς ἔσκωπτον ;
Theognost. *Can.* ap. Anecd. Ox. II p. 20,10-11 Cr. ζοφοδορπίας, λαθροφάγος ; Suda Z 106 = Zonaras 960 ζοφοδορπίας (ζοφοδερκίας
u.l. ap. Sud.)· ὁ σκοτεινὸς δεῖπνος (σκοτόδειπνος Stephanus) ;
Hesych. ζοπαδασπίδας· λαθροφάγους, quod glossema deleri solitum
est ; idem ζοφοδερκίας (ζοφοδορπίδας Latte ; antea emendabant
ζοφοδορπίας)· σκοτόδειπνος. λαθροφάγος. Nescio an ζοφο-
δορπίαις Alcaeo restituendum sit (cf. 130b,10 λυκαιχμίαις).
g Zonaras 13 ἀγάσυρτος· ὁ ἀκάθαρτος.

430 Horat., *Carm.* 1,32,5-12 (dic Latinum, | barbite,
carmen) Lesbio primum modulate ciui, | qui ferox bello
tamen inter arma, | siue iactatam religarat udo | litore
nauim, | Liberum et Musas Veneremque et illi | semper
haerentem puerum canebat, | et Lycum nigris oculis
nigroque | crine decorum.

Porphyrio ad v. 5 p. 42 Holder Lesbium ciuem Alcaeum dicit. Hic
autem etiam res bellicas aduersus tyrannos gessit ; ad v. 11 ibidem
hunc Lycum puerum Alcaeus dilexit.

Pseudo-Acro ad. v. 5 I p. 116-117 Keller Alcaeum dicit, qui fuit de
Lesbo insula. Hic etiam res bellicas aduersus tyrannos gessit et Pitta-
cum Mytileneum uictum expulit ; ad v. 11 I p. 117 Keller <Lycum>
pulchrum enim hunc puerum Lycum Alcaeus dilexit. <nigris oculis>
pulchritudo enim puerorum saepe nigris decoratur oculis.

431 Cicero *De nat. deor.* 1,79 Naeuos in articulo pueri
delectat Alcaeum. At est corporis macula naeuos, illi
tamen hoc lumen uidebatur.

432

(Strabon) De se jeter dans la mer par plusieurs embouchures, c'est une caractéristique que le Nil partage avec plus d'un autre fleuve. Aussi Homère n'a-t-il pas jugé cela digne de mention, surtout s'adressant à des gens informés ; Alcée non plus, bien qu'il déclare être allé en personne en Égypte[387].

433

(Athénée) Le lyrique Alcée dit que le bar nage à la surface de l'eau[388].

434

(Plutarque) Sophocle, à qui l'on avait demandé s'il pouvait avoir des rapports avec une femme, répondit : « Tais-toi, l'ami ! Je suis libre parce que l'âge me fait échapper à des tyrans enragés et sauvages ». De fait, c'est chose plaisante de voir que les désirs s'en vont en même temps que les plaisirs, les désirs que, selon Alcée,…ni la femme[389]. C'est une chose qui n'arrive pas avec la cupidité.

435

(Zenobius) « La chèvre de Scyros » : Chrysippe dit que le proverbe s'applique à ceux qui renversent leurs bienfaits, car souvent la chèvre renverse les vases à traire. Selon d'autres, il est employé à propos de ce qui rapporte[390], parce que les chèvres de Scyros produisent beaucoup de lait. Mentionné par Pindare et Alcée.

432 Strabo 1,2,30 τὸ δὲ πλείοσι στόμασιν ἐκδιδόναι (τὸν Νεῖλον), κοινὸν καὶ πλειόνων· ὥστ᾽ οὐκ ἄξιον μνήμης ὑπέλαβε (Ὅμηρος), καὶ ταῦτα πρὸς εἰδότας· καθάπερ οὐδ᾽ Ἀλκαῖος, καίτοι φήσας ἀφῖχθαι καὶ αὐτὸς εἰς Αἴγυπτον.

433 Athenaeus 7,311a Ἀλκαῖος δ᾽ ὁ μελοποιὸς μετέωρόν φησιν αὐτὸν (τὸν λάβρακα) νήχεσθαι.

434 Plutarch. *De cupid. diu.* 5 525a III p. 337 Pohlenz-Sieveking Ὁ Σοφοκλῆς ἐρωτηθεὶς εἰ δύναται γυναικὶ πλησιάζειν, 'εὐφήμει, ἄνθρωπε' εἶπεν 'ἐλεύθερος γέγονα λυττῶντας καὶ ἀγρίους δεσπότας διὰ τὸ γῆρας ἀποφυγών' (Test. N 80b Radt). Χάριεν γὰρ ἅμα ταῖς ἡδοναῖς συνεκλείπειν τὰς ἐπιθυμίας, ἃς †μήτε ηὗρε(ν) (εὗρε(ν) WΧυΠ ἦρεν Ricc J) μὲν† (μητενηῦρεν μὲν Υ) φησὶν Ἀλκαῖος (μήτε ἄνδρα διαφυγεῖν φησιν ὁ Ἀλκαῖος C μήτε ἄνδρα φησὶν Ἀλκαῖος διαφυγεῖν G³ΣΘ) μήτε γυναῖκα· τοῦτο δ᾽ οὐκ ἔστιν ἐπὶ τῆς φιλοπλουτίας.

435 Zenob. 2,18 I p. 36 *CPG* cum adn. Αἲξ Σκυρία· Χρύσιππός (Περὶ παροιμιῶν fr. 3 III p. 202 Arnim) φησιν ἐπὶ τῶν τὰς εὐεργεσίας ἀνατρεπόντων τετάχθαι τὴν παροιμίαν· ἐπειδὴ πολλάκις τὰ ἀγγεῖα ἀνατρέπει ἡ αἴξ. Ἄλλοι δέ φασιν ἐπὶ τῶν ὀνησιφόρων λέγεσθαι διὰ τὸ πολὺ γάλα φέρειν τὰς Σκυρίας αἶγας. Μέμνηται Πίνδαρος (cf. fr. 106,4 Maehler) καὶ Ἀλκαῖος. Cf. Sudam ΑΙ 238 (II p. 174 Adler) Αἲξ Σκυρία· ἐπὶ τῶν τὰς εὐεργεσίας ἀνατρεπόντων· φασὶ

437

(Aelius Aristide) Mais si d'autres blâment la rhétorique en la conspuant ou plutôt en regimbant contre
elle, décochant, comme dit Alcée, des flèches dans la
ténèbre[391] (…)

438

(Plutarque) (…) il est ridicule (…) de se mettre en
quête de questions aussi importantes[392] à partir de faits
aussi petits, ce qui revient non à dessiner le lion à partir de la griffe[393], comme dit Alcée, mais à bouleverser
le ciel et en même temps tout l'univers pour une
mèche de lampe.

439

(Zenobius) « Je suis Pitanè » : ce proverbe se
trouve chez Alcée ; il s'applique aux gens qui connais-
sent souvent tout ensemble le malheur et le bonheur,
dans la mesure où Pitanè a précisément connu ce genre

γὰρ αὐτὰς πολὺ γάλα ἐχούσας (cf. Aelian. N.A. 3,33), ἐπειδὰν ἀμελχθῶσιν, ἀνατρέπειν τὸ ἀγγεῖον ; Diogenian. 2,33 I p. 200, Macar. 1,58 II p. 140, Apostol. 1,61 II p. 256 CPG.

436 LP (Pollux, Acro) = 362 Test. (a).

437 Ael. Aristid. Or. 2,464 I p. 554 Behr (45,114 II p. 155 Dindorf) εἰ δέ τινες καὶ ἄλλοι παραβοῶντες ῥητορικὴν ψέγουσι, μᾶλλον δὲ τονθορύζοντες ἐκ τοῦ ⁺ψόφου⁺ (testes cett., σκότου cod. E teste Dindorf, ζόφου cod. V² Jacobs, ψεφοῦς Lobeck : cf. Hesych. ψέφας· σκότος; ψέφος· καπνός; Et. Mag. 818,33 ψέφος γὰρ τὸ σκότος, et uide O. Schroeder [Leipzig, 1923] ad Pindar. fr. 324, Chantraine s.v. ψέφας) τοξεύοντες κατὰ Ἀλκαῖον κτλ.

438 Plutarch. De def. orac. 3 410c (…) γελοῖον (…) εἶναι ἀπὸ μικρῶν πραγμάτων οὕτω μεγάλα θηρᾶν, οὐ κατ᾽ Ἀλκαῖον ἐξ ὄνυχος τὸν λέοντα γράφοντας, ἀλλὰ θρυαλλίδι καὶ λύχνῳ τὸν οὐρανὸν ὁμοῦ καὶ τὰ σύμπαντα μεθιστάντας. Cf. Diogenian. 5,15 I p. 252 CPG cum adn. similibus referta ἡ κέρκος τῇ ἀλώπεκι μαρτυρεῖ : ἐπὶ τῶν δεικνυόντων ἀπὸ μικρᾶς πράξεως τὸ ἦθος· ὁμοία, ἐκ τοῦ κρασπέδου τὸ πᾶν ὕφασμα· (…) ἐκ τῶν ὀνύχων τὸν λέοντα ; Sophron fr. 110 Kaibel ἐκ τοῦ ὄνυχος γὰρ τὸν λέοντα ἔγραφεν.

439 Zenob. 5,61 I p. 145 CPG = Photius 431,7-12 Porson = Suda Π 1668 Πιτάνη εἰμί : αὕτη παρ᾽ Ἀλκαίῳ κεῖται· λέγεται δὲ κατὰ τῶν πυκναῖς συμφοραῖς χρωμένων ἅμα καὶ εὐπραγίαις, παρ᾽ ὅσον καὶ τῇ Πιτάνῃ τοιαῦτα συνέβη πράγματα, ὧν καὶ Ἑλλανικὸς (FGrH 4 F 93) μέμνηται· φησὶ γὰρ αὐτὴν ὑπὸ Πελασγῶν

de situation, comme le raconte aussi Hellanicos. Il dit en effet qu'après que ses habitants ont été vendus comme esclaves par les Pélasges elle a retrouvé la liberté grâce aux Érythréens[394].

440

(Scholiaste d'Apollonios de Rhodes) La source Artakia[395] se trouve dans les environs de Cyzique ; elle est mentionnée et par Alcée et par Callimaque comme appartenant à la Dolionie.

441

(Scholiaste d'Apollonios de Rhodes) Acousilaos dit au livre III que lors de la mutilation d'Ouranos il arriva que s'écoula en pluie du liquide — des gouttes — sur le sol, et que de celles-ci naquirent les Phéaciens ; selon d'autres ce furent les Géants. Alcée lui aussi dit que les Phéaciens sont nés des gouttes d'Ouranos[396].

442

(Scholiaste de Sophocle, *Oedipe à Colone*) C'est-à-dire que l'être humain est incapable de dominer son ressentiment ; la cruauté du ressentiment n'a de vieillesse que dans la mort, car il est impossible qu'un individu vive sans ressentiment. Cette idée est aussi

---

394. La première personne εἰμί, qui s'explique peut-être si l'on tient compte du fait que Pitanè est aussi l'Amazone éponyme de cette ville éolienne (Diodore de Sicile 3,55,6), invite à penser qu'on peut retrouver là, quand bien même incomplets, des *uerba ipsissima* d'Alcée, dans la langue de qui on aurait Πιτάνα et ἔμμι. Voir la n. 400 au fr. 444.

ἀνδραποδισθῆναι καὶ πάλιν ὑπὸ Ἐρυθραίων ἐλευθερωθῆναι. Cf. prou. sine auct. nom. adlat. ap. [Plutarch.] *Prou.* 55 I p. 329 *CPG* ; collect. prouu. in cod. M ap. Miller, p. 373 ; uide etiam Tresp (*Die Fragmente der griechischen Kultschriftsteller*, Giessen, 1914, p. 142) ad Sosibii fr. XIII = *FGrH* 595 F 21.

440 Schol. Ap. Rh. 1,955-960c p. 83 Wendel Ἀρτακία κρήνη περὶ Κύζικον, ἧς καὶ Ἀλκαῖος μέμνηται καὶ Καλλίμαχος (fr. 109 Pfeiffer) ὅτι τῆς Δολιονίας ἐστίν.

441 Schol. Ap. Rh. 4,982-992 l p. 302 Wendel Ἀκουσίλαος ἐν τῇ γ' (*FGrH* 2 F 4) φησὶν ὅτι ἐκ τῆς ἐκτομῆς τοῦ Οὐρανοῦ ῥανίδας ἐνεχθῆναι συνέπεσεν, τουτέστι σταγόνας, κατὰ τῆς γῆς, ἐξ ὧν γεννηθῆναι τοὺς Φαίακας· οἱ δὲ τοὺς Γίγαντας. Καὶ Ἀλκαῖος (Ἀλκμὰν Bergk dubitanter) δὲ λέγει τοὺς Φαίακας ἔχειν τὸ γένος ἐκ τῶν σταγόνων τοῦ Οὐρανοῦ.

442 Schol. Sophocl., *Oed. Col.* 954, θυμοῦ γὰρ οὐδὲν γῆράς ἐστιν ἄλλο πλὴν (l θανεῖν· θανόντων δ᾽ οὐδὲν ἄλγος ἅπτεται), p. 45 De Marco ⇒ Suda Θ 574 οἷον, οὐκ ἔστι θυμοῦ κρατῆσαι ἄνθρωπον ὄντα· οὐ καταγηράσκει τὸ ὠμὸν τοῦ θυμοῦ, εἰ μὴ ἐξέλθοι τοῦ βίου ἄνθρωπος· ἀδύνατον γάρ ἐστι ζῶντα ἄνθρωπον μὴ θυμῷ χρήσασθαι· τοῦτο δὲ καὶ παροιμιακῶς λέγεται ὅτι ὁ θυμὸς ἔσχατον γηράσκει, λέγεται δὲ διὰ τοὺς πρεσβυτέρους ὅτι, ὅσῳ γηράσκουσι, τὸν θυμὸν ἐρρωμενέστερον ἔχουσιν· καὶ Ἀλκαῖος ὡς λεγομένου κατὰ κοινὸν αὐτοῦ μιμνήσκεται. Cf. prou. sine

exprimée par un proverbe : « le ressentiment est ce qui vieillit en tout dernier » ; cela se dit relativement aux hommes âgés : plus ils vieillissent, plus leur ressentiment est fort. Alcée mentionne justement ce proverbe pris généralement[397].

443

(Scholiaste d'Hésiode) Nous allons entendre parler de l'hydre de Lerne, dont Alcée dit qu'elle est à neuf têtes[398] et Simonide qu'elle est à cinquante têtes.

444

(Scholiaste de Nicandre) À Lesbos également, Apollon tient un rameau de tamaris, d'où vient qu'il soit appelé Apollon *Myrikaios*. Justement Alcée dit qu'à Archéanactidès[399] et aux siens est apparu lors de la guerre contre Érythrée[400], pendant leur sommeil, Apollon tenant un rameau de tamaris[401].

445 Appartient au poète comique[402].

447

(Athénée) Alcée présente Hermès comme échanson des dieux[403], ainsi que fait Sappho.

auct. nom. adlat. ap. Greg. Cypr. Leid. 2,23 II p. 71 *CPG*
cum adn., Greg. Cypr. Mosq. 3,67 II p. 117, Apostol.
8,93 et Arsenium 30,17 (p. 290 Walz) II p. 459. « Rectius comico adscriberetur » Leutsch ad Greg. Cypr. Leid.
loc. cit. nulla causa adlata.

443 Schol. Hesiod., *Theog.* 313 p. 60-61 Di Gregorio
Λερναίην δὲ τὴν Ὕδραν ἀκούσομεν ἣν Ἀλκαῖος
μὲν ἐννεακέφαλόν φησι, Σιμωνίδης (fr. 569 *PMG*) δὲ
πεντηκοντακέφαλον.

444 Schol. Nicand., *Ther.* 613, (μυρικῆς λάζοιο νέον
πανακαρπέα θάμνον I) μάντιν ἐνὶ ζωοῖσι γεράσμιον,
ᾗ ἐν Ἀπόλλων (I μαντοσύνας Κοροπαῖος ἐθήκατο
καὶ θέμιν ἀνδρῶν), p. 230 Crugnola   καὶ ἐν Λέσβῳ
δὲ ὁ Ἀπόλλων μυρικῆς κλάδον (codd. GV, -δους
testes cett.) ἔχει· ὅθεν καὶ μυρικαῖος καλεῖται. Καὶ
Ἀλκαῖός (stirpes αγ, ἀρχαῖος stirps β) φησιν [ἐν] (del.
Welcker, « fort. excidit libri nota, uelut πρώτῳ » Bergk)
τοῖς περὶ Ἀρχεανακτίδην (testes cett., περὶ ἀρχομε-
νακτίδην cod. K, παρ᾽ ἀρχόμενα κτίδην codd. Rv)
κατὰ (Welcker, καὶ testt.) τὸν πρὸς Ἐρυθραίους (Meineke, -αῖον testes) πόλεμον φανῆναι τὸν Ἀπόλλωνα
καθ᾽ ὕπνον (testes cett., -νους cod. G) ἔχοντα μυρίκης
κλῶνα.

445 Alcaeo lyrico abiudicandum.

446 *LP* : uide ad 401A.

447 Athenaeus 10,425c Ἀλκαῖος δὲ καὶ τὸν Ἑρμῆν
εἰσάγει αὐτῶν (τῶν θεῶν) οἰνοχόον, ὡς καὶ Σαπφὼ
λέγουσα· (fr. 141,1-3).

448

(Himerius) À Olympie Pindare, s'accompagnant de la lyre, chantait la gloire d'Hiéron, Anacréon chantait la fortune de Polycrate au moment où les Samiens envoyaient des offrandes à leur déesse, et Alcée dans ses poèmes (chantait ?) Thalès[404], au moment où (se tenait) la panégyrie de Lesbos.

449A Témoignage partiellement cité en 308c (hymne à Hermès). L'auteur décrit le genre de l'hymne généalogique, et fait allusion à un hymne d'Alcée évoquant la naissance d'Héphaistos ; cet hymne a pu être influencé par un hymne homérique perdu à Héphaistos sur lequel on verra Wilamowitz, *Kl.* V 2, p. 9-14. Voir la notice du fr. 349.

(Ménandre le Rhéteur) Puisqu'on trouve aussi ce genre d'hymnes chez les anciens auteurs, que certains ont célébré la naissance de Dionysos, d'autres celle d'Apollon, Alcée celle d'Héphaistos et encore d'Hermès, j'en ai fait une classe à part. Il faut savoir que la longueur convient bien à ce genre d'hymnes quand il est combiné avec les autres genres, mais que, lorsqu'il se présente pur, il n'a besoin que d'un développement bref. En outre, tel qu'en lui-même, ce genre est utile au poète et jamais au prosateur. C'est qu'en effet le poète traite des Grâces qui président à l'accouchement, des Heures qui nourrissent, etc., tandis que le prosateur sera obligé de s'exprimer avec la plus grande brièveté.

448 Himerius *Or.* 28,2 p. 128 Colonna Ἥιδε μὲν Ὀλυμπιάσι τὴν Ἱέρωνος δόξαν πρὸς λύραν ὁ Πίνδαρος (*Olymp.* 1), ᾖδε δὲ ὁ Ἀνακρέων (fr. 483 *PMG*) τὴν Πολυκράτους τύχην Σαμίων τῇ θεᾷ πεμπόντων (Elter, πέμπουσαν codd.) ἱερὰ καὶ Ἀλκαῖος ἐν ᾠδαῖς †εἶχε (ᾖγε Elter, ἤχει Kern, ᾖδε Diels, οἶδε Lobel ; uide Colonna) Θαλῆν (H. Schenkl, θαλλῆν codd., Θαλλὸν Alcaei amasium quemdam Schmid-Stählin, *Gesch. d. griech. Lit.*, München, I, 1929, p. 411 ; uide adn.) ὅτε καὶ Λέσβος πανήγυριν <ἤγειρε> (add. Castiglioni).

449A (nouum) Menander Rhetor Διαιρ. ἐπιδεικτ. 340 p. 20 Russell-Wilson (...) ἐπεὶ εὕρηται καὶ τοῦτο τὸ εἶδος (de hymno genealogico agitur) τῶν ὕμνων παρὰ τοῖς ἀρχαίοις, καὶ ἤδη τινὲς καὶ Διονύσου γονὰς ὕμνησαν, καὶ Ἀπόλλωνος ἕτεροι, καὶ Ἀλκαῖος (uide adn. 341 ad fr. 386) Ἡφαίστου καὶ πάλιν Ἑρμοῦ (fr. 308c), καὶ τοῦτ' ἀποτετμήμεθα τὸ μέρος. Χρὴ τοίνυν, εἰ μὲν παρεμπεπλεγμένον εἴη τοῖς ἄλλοις εἴδεσιν, εἰδέναι, ὅτι καὶ μῆκος προσίεται, εἰ δὲ καθ' αὑτὸ εἴη τὸ μέρος, ὅτι βραχείας δεῖται διατριβῆς· ἔτι δὲ ὡς ποιητῇ μὲν καθ' αὑτὸ μόνον τὸ εἶδος χρήσιμον, συγγραφεῖ δὲ οὐδέποτε· ὁ μὲν γὰρ καὶ Χάριτας μαιουμένας καὶ Ὥρας ὑποδεχομένας καὶ τὰ τοιαῦτα πραγματεύεται, ὁ δ' ἐπάναγκες ὅτι βραχύτατα ἐρεῖ.

450

(Noël Conti, †1582) Alcée a dit qu'Achélôos était fils d'Océan et Terre[405], Hécatée qu'il était fils de Soleil et Terre, Nymphis au premier livre de son *Héraclée* qu'il était fils de †Thétis et de Terre†. (…) Sappho rapporte qu'Achélôos a été en outre le premier inventeur du mélange du vin ; aussi Virgile au livre I des *Géorgiques* dit-il : *poculaque inuentis Acheloia miscuit uuis.*

452

(Favorinus) (…) car chacun préfère de loin le pays où il habite à celui où habitèrent ses ancêtres, et mes descendants auront la même raison que moi, et encore plus justifiée, de faire de mon séjour forcé une patrie…m'a reçu alors que j'étais exilé[406]. C'est ce que dit Alcée de Lesbos, homme certes rempli d'affection pour sa patrie.

405. Fils d'Océan et de Téthys chez Hésiode, *Théog.* 340 (sur la généalogie d'Achélôos, voir *LIMC* I 1 p. 12). Servius à *Géorg.* 1,8 p. 132 Thilo dit *Terrae fuisse filius dicitur* et rapporte la fable de l'invention du mélange du vin et de l'eau sans attribuer l'invention à Achélôos (elle est attribuée à un *Cerasus* par Hygin, *Fab.* 274,1). On imagine bien un poème d'Alcée également relatif aux liens unissant Achélôos et l'invention du mélange.

449-452 desunt ap. *LP* ; 453-472 Voigt sunt testt. ad Alcaeum pertinentia quae auxi et sub *TM* et *TVA* repraesentaui.

449 Voigt = *TVA* XIII.

450 Comes Natalis, *Mythologia* 7,2 p. 708 (cd. Paris. a. 1583 ; edd. autem plures contuli) *Alcaeus Oceani et Terrae filium esse (Acheloum) sensit ac Hecataeus* (fr. 378 III p. 31 *FGH* inter spuria ; om. Jacoby) *Solis et Terrae, Nymphis in primo Heracleae* (om. *FGH* et Jacoby) †*Thetidis et Terrae*† (sic edd. quas contuli ; an *Tethyos aut Terrae* ?). Ibid. p. 709 *Memoriae prodidit Sappho* (fr. 212) *primum Acheloum uini mistionem praeterea inuenisse : quare ita ait Virg. lib. I* [v. 9] *Georg.* « *poculaque inuentis Acheloia miscuit uuis* ».

451 Voigt = *TVA* XXV.

452 Favorinus *De exil.* 9,2 p. 385 Barigazzi (suppl. Vitelli-Norsa) πολὺ γὰρ ἑκά[στῳ ἐγγυτέ]ρω ἐν ᾗ αὐτός τις οἰκεῖ ἢ ἐν ᾗ οἱ πρόγονοι αὐτοῦ ᾤκ[ησαν, τοῖς δ]ὲ ἐξ ἐμοῦ γενησομένοις ἡ αὐτὴ αἰτία καὶ πολὺ δικα[ιοτέρα τὴν] ἐμὴν ἀναγκαίαν ἐνδιαίτησιν ποιεῖν .[..].αδ[........]ς ὑπεδέξατο φεύγοντα. Τοῦτο ὁ Λέσβιος Ἀλκαῖος λέγει, ἀ[νὴρ πε]ρί [γ]ε τὴν πατρίδα φιλοστοργότατος. Quae uerba sequuntur, uidelicet καίτοι αἰεὶ ἐς [τ]οὺς ἀρχα[ίους τὸ] αὐτοῦ γένος ἀναφέρων καὶ ὅλης τῆς πατρίδος τῆς ἑαυτοῦ κτλ., ea ad Alcaeum non pertinere uidit et recte distinxit A. Wifstrand (*Bulletin de la société royale des lettres de Lund*, I, 1932-1933, p. 8-9), nam antea (et postea, excepto Barigazzi, quem uide p. 444-445) uerba καίτοι-ἑαυτοῦ ad Ἀλκαῖος λέγει referebant.

NOTES COMPLÉMENTAIRES

Page 1

1. Je ne suis pas la proposition de supplément d'A.S. Hunt selon laquelle la notice bio-bibliographique, relative à Sappho, de P.Oxy.1800 fr. 1 col. I l. 26 (= Sappho fr. 252) évoquerait Alcée : Τὴν δὲ μορφὴν [εὐ]καταφρόνητος δοκεῖ γε[γον]ένα[ι κα]ὶ δυσειδεστάτη{ν}, [τ]ὴν μὲν γὰρ ὄψιν φαιώδης [ὑ]πῆρχεν, τὸ δὲ μέγεθος μικρὰ παντελῶς. Τὸ δ᾽ αὐτὸ [συ]μβέβηκε καὶ περὶ τὸν [.....]ν ἐλάττω [..] γεγον<ότ>α [(lacune). Hunt propose ['Αλκαῖο]ν ἐλάττω [τε] γεγον<ότ>α. Il n'existe aucun témoignage de cette nature sur Alcée. Peut-on suggérer non [Λάριχο]ν, le frère préféré de Sappho à qui sa noblesse et sa prestance ont valu de servir comme échanson au prytanée de Mytilène (cf. Sappho fr. 203abc), mais le frère célèbre pour son aventure avec la courtisane Rhodopis, [Χάραξο]ν ?

2. On a eu tôt fait (cf. C. Müller dans *FHG* I p. 581) d'établir un lien entre cette notice d'Eusèbe et l'entrée de la chronique du Marbre de Paros (*FGrH* 239 A 36 = Sappho fr. 251) indiquant le nombre d'années — malheureusement non disponible ici en raison d'une lacune de l'inscription — écoulées entre l'exil de Sappho en Sicile et l'année 264/263. L'année de l'exil, qui est aussi, comme l'enseigne l'inscription, celle de l'archontat de Critias I, se situe entre les dates de la notice qui précède et de celle qui suit, à savoir après 605/604 et avant 591/590, à l'exclusion des années 595/594 à 592/591, associées d'une façon plausible à d'autres archontes que Critias (voir T.J. Cadoux, *JHS*, 68, 1948, p. 92). Mosshammer suggère, à la suite de Cadoux, d'assigner la date indiquée par Eusèbe d'après Jérôme, à savoir 600/599, à l'exil de Sappho, l'année donnée par la version arménienne étant exclue puisqu'on ne l'associe pas à l'archontat de Critias. Il va plus loin en supposant (p. 250 et 253), comme avant lui Schoene, que l'exil d'Alcée se trouvait mentionné dans la lacune de l'inscription, à savoir, selon Jacoby (*Das Marmor Parium*, Berlin, 1904, p. 100 ; *FGrH* IIC, p. 687), dans les vingt-cinq lettres qui précèdent le supplément certain ἄρχο]ντος : ἀφ᾽ οὗ Σαπφὼ ἐγ Μιτυλήνης εἰς

Σικελίαν ἔπλευσε φυγοῦσα [25 lettres ; ἄρχο]ντος ᾿Αθήνησιν μὲν Κριτίου κτλ. Si la reconstruction de Mosshammer est juste, une partie des vingt-cinq lettres devrait être occupée par la mention du nombre d'années écoulées précédé du mot ἔτη ; or il reste ainsi trop peu de place pour une mention d'Alcée (voir Jacoby, *loc. cit.*). Mosshammer lie l'exil de Sappho (et d'Alcée) à la tyrannie de Pittacos ; à supposer que, même s'ils ne figuraient pas ensemble dans la chronique du Marbre de Paros, on ait raison de lier l'exil de Sappho à celui d'Alcée, il vaudrait mieux, avec Jacoby (*Das Marmor Parium*, p. 101) associer ces deux exils à la tyrannie de Myrsile, puisqu'on sait (voir fr. 114) que le « premier exil » d'Alcée est lié à cette tyrannie, et puisque Pittacos est élu ésymnète en 597/596 selon la chronologie apollodorienne (cf. *TVA* V). Sappho ou son cercle serait alors impliqué avec Alcée dans le coup tenté contre Myrsile (fr. 114). Après 600/599 et avant l'élection de Pittacos comme ésymnète (597/596) prendraient place la période présumée de partage de pouvoir entre Pittacos et Myrsile (cf. fr. 70,7) et la mort de Myrsile (fr. 332). Voir l'Introduction, p. xvi n. 24.

3. Selon Mosshammer (p. 221 et 250), le *floruit* de Sappho se trouve ici assimilé à celui de Pittacos, alors qu'il se place en 600/599 d'après Eusèbe (cf. *TVA* I).

Page 2

5. On attend plutôt Ὑρράδιος (fils d'Hyrrhas) que Ὑρραδίου : voir Gentili-Prato à Pittacos Test. 1 p. 31 (note), et la note 192 au fr. 298, v. 47. La même erreur se trouve dans la Souda Π 1659, où Pittacos est présenté comme pouvant être le fils d'un Hyrrhadios thrace.

6. Cf. Souda Π 1659 = Pittacos Test. 1 Gentili-Prato τῇ μβ' ὀλυμπιάδι (612-609) Μέλαγχρον τὸν τύραννον Μυτιλήνης ἀνεῖλε. La formulation suppose qu'Alcée n'a pas participé au renversement de Mélanchros.

7. En 636/635 d'après Eusèbe : voir Page, p. 157 n. 2, non sans lui opposer le scepticisme de L. Moretti, *Olympionikai. I vincitori negli antichi agoni olimpici*, Rome, 1957, p. 66.

8. En 607/606, d'après Eusèbe.

Page 3

9. Entre 607 et 597, selon la chronologie d'Apollodore reconstituée par Mosshammer (p. 250) et, selon le même (p. 253), peut-être en 607/606.

10. 597/596 — 588/587, si Pittacos meurt en 578-577, ainsi que l'indique, selon une correction très probable, la suite du texte, et non,

comme on le dit souvent, 590/589 (*sic* ; il faudrait 589-588) — 580/579, s'il meurt en 570/569. F. Jacoby (*Apollodors Chronik*, p. 161 n. 12 ; *FGrH* IIC, p. 725) voit une confirmation de cette datation dans le fait suivant, qui ressort de Plutarque, *Vie de Solon* 14,7 = Solon Test. 59 Gentili-Prato : Pittacos a déjà été élu tyran quand Solon est archonte (594/593).

11. D'après *TVA* VII et Diodore de Sicile, 9,11,2, ce terrain est celui-là même pour lequel Pittacos s'était battu avec Phrynon en combat singulier (voir Jacoby, *FGrH* IIC, p. 725-726).

12. Peut-il s'agir d'Héraclite de Lesbos, auteur d'une *Histoire de la Macédoine* (*FGrH* 167 T) ? On a proposé (cf. *FGrH* IIC, p. 596) de lire « Héraclide », c'est-à-dire Héraclide Lembos (IIᵉ s. av. J.-C.), à qui on doit un épitomé des *Constitutions* d'Aristote ; il est aussi possible de songer au platonicien Héraclide du Pont (IVᵉ s. av. J-C.), auteur de traités d'éthique.

13. Si on suit le texte transmis, Pittacos meurt la troisième année de l'olympiade 52, c'est-à-dire en 570/569, ayant dépassé les 70 ans. Or la Souda Π 1659 le fait naître pendant l'olympiade 32 (652/649) : l'un des deux chiffres, « 52 » ou « 70 », doit être fautivement transmis. La solution de Jacoby (*Apollodors Chronik*, p. 161 ; *FGrH* IIC, p. 725) et Mosshammer, consistant à corriger en ν' la séquence νβ' provenant du précédent μβ', est plus vraisemblable que celle qui consiste à substituer π' à ο' (= 80) avec Meursius.

Page 4

14. Voir fr. 401B.

15. Sur les ambiguïtés de l'exposé d'Hérodote, voir Page, p. 154-158 ; Gomme, p. 256 n. 6 ; A.M. Cirio, *BollClass*, 1, 1980, p. 110-112.

Page 6

16. Voir le commentaire de Nisbet-Hubbard *ad loc.*, p. 217-219.

17. Texte obscur. Je crois qu'il faut lire non *quos...superauit* mais *quem...superauit* : le commentateur d'Horace exprimerait l'idée qu'Alcée a défait Pittacos (cf. le Pseudo-Acron cité au fr. 430). Je ne sais si cette idée correspond à un fait historique (D.A. Campbell, p. 213, suggère de rapprocher le fr. 306g, ce qui n'est pas convaincant) ou est une invention. Il convient de rappeler que souvent ces commentateurs inventent des faits à partir de passages qu'ils interprètent mal ; en l'occurrence, le commentateur aurait déduit de l'expression d'Horace, *exactos tyrannos*, qu'Alcée a chassé Pittacos. En fait, le pluriel *exactos tyrannos* pourrait bien être hyperbolique et ne renvoyer qu'au renversement de Mélanchros par les frères d'Alcée et Pittacos (cf. *TVA* V) ; s'il n'est pas hyperbolique, ce pluriel s'entend

peut-être de Mélanchros et de Myrsile (Nisbet-Hubbard rapprochent le fr. 305a, où il est question d'un retour de Myrsile qui suppose qu'il ait été préalablement chassé — mais comme tyran ou aspirant à la tyrannie ?).

Page 7

18. Est-ce, comme le pense Porro (p. 16-17), le grammairien Seleucus d'Alexandrie, actif à Rome sous Tibère (voir Jacoby, *FGrH* IIIB *Komm.*, p. 92-94 ; West, *Hesiod. Works and Days*, p. 66-67) et qui, au dire de la Souda (Σ 200), ἔγραψεν ἐξηγητικὰ εἰς πάντα ὡς εἰπεῖν ποιητήν ? Crusius pensait que le Περὶ τῶν παρ' Ἀλεξανδρεῦσι παροιμιῶν de ce grammairien était la source des Πλουτάρχου παροίμιαι αἷς Ἀλεξανδρεῖς ἐχρῶντο (*CPG* I p. 321-342), qui comprennent un fragment attribué ailleurs à Alcée (fr. 439) : voir W. Bühler, *Zenobii Athoi prouerbia*, I, Göttingen, 1987, p. 61 n. 18.

19. Il est usuel de sous-entendre avec les nombres cardinaux au masculin le substantif κύαθος (cf. W. Geoffrey Arnott à Alexis, fr. 228,2 Kassel-Austin [Cambridge, 1996, p. 650]). Puisque, conformément à la coutume la plus ancienne voulant qu'on verse d'abord l'eau et opposée à l'usage plus récent consistant à verser d'abord le vin (cf. Théophraste, *Caractères* 13 ; Xénophane B 5 Diels-Kranz chez Athénée 11,782a ; Headlam à Hérondas 1,80 ; W. Geoffrey Arnott, *op. et loc. cit.*, a tort de dire que c'est normalement le vin qui est mentionné en premier), la première mesure nommée se rapporte à l'eau, on attendrait que Seleucus ait en vue un mélange d'une mesure d'eau pour deux de vin, mais comme, dans la suite immédiate, il oppose au mélange d'Alcée le mélange d'Anacréon (409 *PMG*) censé contenir une quantité « encore plus forte » de vin pur et consistant en cinq mesures d'eau pour trois de vin, il semble qu'aux yeux de Seleucus Alcée demande deux mesures d'eau pour une de vin. Tandis que Smyth (p. 222) considère que tel est le mélange demandé par Alcée, Page (p. 308) pense que Seleucus s'est trompé et qu'Alcée a bien en vue une mesure d'eau pour deux de vin, ainsi que le laisse attendre au moins l'expression du poète. Il est possible que Seleucus ait interprété le passage d'Alcée en fonction d'un usage et d'un mode d'expression plus propres à son temps qu'à celui du poète.

Page 8

20. Sur le texte, voir *TVA* L.
21. Mot ambigu : voir l'index de Weil-Reinach, p. 170, s.v. ἁρμονία, et Anderson, p. 49-50 et 97 par exemple. Sur le témoignage d'Aristophane, voir West, *Music*, p. 341, et Anderson, p. 81-82.

22. Voir Introduction, p. XXXII ; sur les instruments de musique utilisés par Alcée, cf. fr. 41,15 ; 38b,3, et, avec les notes, 36,5 ; 70,4 ; 424B.

23. Cette remarque incidente de Caesius Bassus (époque néronienne) dont le contexte est métrique (cf. *TM* XIIb) illustre la liaison intime de la métrique et de la musique dans la pratique et la théorie antiques (cf. Weil-Reinach, p. 130-131 ; West, *Music*, p. 130-132). Rapprocher, dans un contexte différent, Athénée 14,627a [cf. Alcée fr. 140 Test. III], Ἀλκαῖος γοῦν ὁ ποιητής, εἴ τις καὶ ἄλλος μουσικώτατος γενόμενος).

24. Allusion à la pièce intitulée *Chrysippe* (cf. T.B.L. Webster, *The Tragedies of Euripides*, Londres, 1967, p. 111-112), du nom du fils de Pélops dont est tombé amoureux Laïos, qu'Euripide présente comme le premier des Grecs à avoir pratiqué l'amour des garçons (Élien, *De natura anim.* 6,15). J'ai cité *in extenso* le témoignage de Cicéron (cf. fr. 431) afin de faire apparaître toute la force, minorée par Rösler (n. 321 p. 245), de son *quae de iuuenum amore scribit Alcaeus* ; voir aussi *TVA* XXXII.

Page 9

25. Peut-être cet auteur de la fin du IVᵉ s. s'est-il appuyé sur un ou plusieurs passages ambigus, comme peut-être le fr. 374, où Alcée met en scène un personnage parlant à la première personne et faisant le *cômos* à la porte d'un autre non nommé, peut-être féminin, en lequel, avec de la bonne volonté, on pouvait reconnaître Sappho, dont Alcée est censé avoir été amoureux : voir le témoignage d'Aristote qui suit, lequel pourrait, à mon avis, reposer sur une méprise de ce type. Semblablement, la légende de Sappho amoureuse de Phaon a dû naître d'une interprétation abusive d'un ou plutôt de plusieurs passages de la poétesse (cf. les explications ingénieuses et non exclusives l'une de l'autre proposées par K.O. Müller, *Histoire de la littérature grecque*, trad. K. Hillebrand, Paris, 1865 [original paru en 1840], I, p. 359-361).

Page 11

27. Le sens de cette image est explicité par la suite de la citation d'Horace sur laquelle s'appuie la scholie (*Satires* 2,1,30-34) : *ille uelut fidis arcana sodalibus olim | credebat libris neque si male cesserat umquam | decurrens alio neque si bene ; quo fit ut omnis | uotiua pateat ueluti descripta tabella | uita senis.*

Page 13

28. Allusion aux *Épodes* d'Horace, dont le titre authentique est *Iambi.*

29. L'interprétation de l'ensemble du passage et celle des v. 28-29 en particulier sont difficiles. E. Fraenkel (*Horace*, Oxford, 1957, p. 342-347) comprend « Sappho édulcore la poésie (le mètre) d'Archiloque avec son mètre à elle », mais, dans une interprétation de ce genre, comme l'avait bien vu Bentley, l'opposition marquée par *sed* (v. 29) ne se comprend pas bien : on attendrait *et*, que, dans un premier temps, Bentley voulut écrire. Dans sa troisième édition d'Horace (Amsterdam, 1728), cet érudit, qui expose avec perspicacité les difficultés du passage, en propose une interprétation que je suis dans son orientation générale. Il fait dépendre *Archilochi* de *pede* et non de *Musam*, et comprend qu'Horace appuie sa reprise des mètres d'Archiloque par l'autorité de Sappho et d'Alcée qui ont utilisé des mètres ou des vers propres à Archiloque ; je préfère cependant comprendre, avec L. Müller (Vienne, 1891, *ad loc.*), « Sappho règle sa métrique d'après les pieds utilisés par Archiloque » : A. Kiessling, dans son édition des *Odes* et des *Épodes* (Berlin, 1884[1], p. XXII), a bien vu qu'il y avait là une trace de la doctrine antique de dérivation des mètres (cf. l'article célèbre de F. Leo, « Die beiden metrischen Systeme des Altertums », *Hermes*, 24, 1889, p. 280-301, avec les observations de J. Leonhardt dans un article du même titre, *Hermes*, 117, 1989, p. 43-62) selon laquelle on obtient par exemple le décasyllabe alcaïque en enlevant (*detractio*) une syllabe à l'*archilochium* (cf. Caesius Bassus, *De metris* VI p. 269-270 Keil) : $- \cup \cup - \cup \cup - [\cup] \cup - -$. Ensuite, le poète latin oppose aux mètres les thèmes, entièrement différents chez Alcée et Archiloque d'après lui. Bentley veut que *ordine dispar* désigne la différence de combinaison d'unités métriques communes aux deux poètes, ce qui n'est guère convaincant. Kiessling et Fraenkel veulent que *ordine* désigne l'arrangement de la matière (*rebus*) dans les poèmes, mais s'il y a déjà différence dans la matière, il est étrange de préciser qu'il y a différence dans son arrangement à l'intérieur des poèmes. Peut-être Horace oppose-t-il l'ordonnancement des poèmes dans l'édition alexandrine d'Archiloque, qui semble avoir été organisée selon des critères métriques (distiques élégiaques, trimètres iambiques, tétramètres iambiques, épodes...), à celui qu'il trouvait dans son édition d'Alcée. Horace a confectionné des éditions de ses poèmes (cf. l'exemple des *Épodes*, que j'étudie dans *RPh*, 69, 1995, p. 171-173), et il a pu croire qu'Archiloque et Alcée avaient comme lui confectionné la leur, dont l'ordonnancement, pensait-il, correspondait à leurs vœux. Je rapproche les propos suivants de Wilamowitz (*Kl.* I, p. 392) : « Wenn man nicht etwa anzunehmen wagt, dass Alkaios selbst seine Werke gesammelt hätte : in dem Falle wäre es sein eigener Wille gewesen, der dem Horaz vorbildlich geworden ist. Denn das springt nun in die Augen, dass Horaz, der sich ja als Nachahmer des Alkaios ausdrücklich bekennt, auch die Anlage seiner Odenbücher von seinem Vorbild übernommen hat, die Abwechslung der Versmasse und des Inhaltes ».

30. Dans les *Odes*. Bentley (cf. note précédente) a montré qu'il est ici question d'Alcée et non d'Archiloque, ainsi que le veut encore E. Wistrand (dans *Archiloque*, p. 277-279).

31. Comparer le *sonantem plenius* d'Horace (*TVA* XIII).

Page 14

34. Il faut un mot qui, comme dans l'évocation des autres poètes du « canon », indique explicitement le dialecte utilisé par l'auteur, or Αἰολίδης, qui est sans doute une correction de la leçon Αἰολίδος, n'est pas une indication linguistique et Αἰολίδος ne s'insère pas dans le passage : aussi ai-je écrit Αἰολίδι, qui, tout en se rapportant à la forme éolienne Κίκιος, laisse entendre que l'éolien est le dialecte natif du poète. Voir fr. 414 avec n. 373.

35. Les « temps proférés » sont ceux des syllabes prononcées ; ils s'opposent aux « temps vides » ou silences. L'expression « temps à moitié vides » ne se trouve qu'ici.

Page 16

37. C'est-à-dire davantage que dans les poèmes triadiques, dont il a été question précédemment. Sur l'interprétation de l'ensemble de ce texte difficile, voir l'Introduction, p. XLVI-XLVII.

38. Je crois que Nauck, p. 61, a raison de rapporter ce témoignage à l'édition d'Alcée procurée par Aristophane de Byzance. Si cet érudit a aussi édité Sappho, comme il est plausible (cf. Introduction, p. XLVII n. 148), ce témoignage s'étend tout naturellement à l'édition de la poétesse. Rapprocher Apollonius Dyscole, *De pronom.*, I p. 73,8-9 Schn., οὐδὲ γὰρ Αἰολεῖς τὸν ἐπὶ ταύταις (il s'agit des prépositions) τόνον ἀναβιβάζουσιν.

Page 17

40. Contrairement à Pfeiffer (*Storia*, p. 300), Barrett (p. 47 n. 4) suppose que μεταγράψας est une bévue du scholiaste et qu'il ne s'agit pas d'une correction d'Aristophane de Byzance (« Alcée » pour « Achaios »), mais d'une leçon autorisée par un témoin. « Alcée » est le texte transmis chez Aristophane, *Thesm.* 162 (cf. *TVA* XVIII).

41. Confirmation du nombre présumé de livres-rouleaux (10 = 4+3+2+1) de l'édition alexandrine (cf. Irigoin, *Philologie*, p. 47-48), dont aucun livre n'est cité au-delà du livre X (fr. 322-324 Test.) ? Rapprocher les cinq livres lyriques (βύβλων λυρικῶν πεντάς) rassemblant peut-être les poèmes lyriques d'Anacréon (sans les « élégies » et les « iambes ») que Crinagoras de Mytilène envoie, rangés dans une boîte (ἐν τεύχεϊ), à Antonia Minor, la fille d'Antoine et d'Octavie, comme cadeau d'anniversaire (*A.P.* 9,239 avec le commentaire de

T. Birt, *Das Antike Buchwesen*, Berlin, 1882, p. 89-91 ; *Die Buchrolle in der Kunst*, Leipzig, 1907, p. 22 n., et de Gow-Page, *The Greek Anthology : The Garland of Philip*, II, Oxford, 1968, p. 217-218). Birt (*Das antike Buchwesen*) suggère ingénieusement que l'unité d'une œuvre répartie sur plusieurs rouleaux est manifestée par la boîte qui les rassemble (τεῦχος), unité manifestée plus tard par le *codex* comprenant la totalité de l'œuvre auparavant répartie sur plusieurs rouleaux. Pour la boîte en bois, rapprocher Xénophon, *Anabase* 7,5,14, πολλαὶ δὲ βίβλοι γεγραμμέναι καὶ τἆλλα πολλὰ ὅσα ἐν ξυλίνοις τεύχεσι ναύκληροι ἄγουσιν (description d'objets échoués après un naufrage).

Page 18

42. Texte incertain et expression resserrée et obscure. Ainsi que le laisse attendre le futur ἀναδέξονται, il doit être question des catalogues de bibliothèque en général et non, comme le voulait Uhlig (voir le texte grec), des *pinakes* callimachéens de la bibliothèque d'Alexandrie en particulier (cf., sur ces *pinakes*, Pfeiffer, *Storia*, p. 215-219 ; R. Blum, *Kallimachos und die Literaturverzeichnung bei den Griechen*, Francfort, 1977, p. 224-244) quand bien même, l'organisation des catalogues de cette bibliothèque servant de modèle, les index envisagés par Apollonios seraient conçus de la même manière. Si tel est bien le cas, peut-être a-t-on, par contre-coup, dans ce passage d'Apollonios, qui vécut à Alexandrie au IIᵉ siècle de l'ère chrétienne, un témoignage indirect sur l'organisation des *pinakes* de la bibliothèque d'Alexandrie : à l'intérieur d'une partition des ouvrages en prose/poésie, une répartition par genre, laquelle est par ailleurs attestée (cf. Pfeiffer, *op. et loc. cit.* ; Blum, *op. cit.*, p. 231-232). — Du « nous lûmes le premier livre d'Alcée », rapprocher, toujours chez Apollonius Dyscole (*De syntaxi*, II p. 426,8-9 Uhlig), 'ἀναγινώσκω σοι Ἀλκαῖον' (« je te lis Alcée »), phrase illustrant un fait de grammaire.

43. Cette remarque s'appliquerait mieux à Archiloque, chez qui on trouve des strophes composées d'un vers long et d'un ou deux vers plus petits. En effet *épodos* désigne le vers plus court qui suit un vers plus long : cf. Héphestion, Περὶ ποιημ. 7,2, p. 71 Consbr., εἰσὶ δὲ ἐν τοῖς ποιήμασι καὶ οἱ ἀρρενικῶς οὕτω καλούμενοι ἐπῳδοί, ὅταν μεγάλῳ στίχῳ περιττόν τι ἐπιφέρηται (suivent deux citations d'Archiloque) ; West, *Metre*, p. 43.

Page 25

51. D'après le citateur Héraclite, la situation allégoriquement décrite se rapporte à Myrsile, et si l'on applique à notre fragment la présentation qu'il fait précédemment des v. 1-9 du fr. 208 (ὁμοίως fait la transition de la présentation de ce fragment à celle du nôtre), on

apprend qu'Alcée a en vue Myrsile (cf. app. crit. au v. 31) et une τυραννικὴ κατὰ Μυτιληναίων ἐγειρομένη σύστασις, laquelle est peut-être visée par μοναρχίαν au v. 27. Le poète semble inciter ses compagnons à ne pas accepter la tentative de Myrsile de s'établir comme tyran à Mytilène. Le poème ne paraît pas décrire une situation qui implique l'exil du poète (Gentili, p. 267-268 ; opinion contraire chez Mazzarino, p. 66). Trumpf, p. 49, pense que les vers 3-4 signifient qu'il sera très dur de chasser le tyran une fois qu'il se sera installé ; cette interprétation, que je crois juste, confirme l'idée que le poème d'Alcée appartient à la période précédant la tyrannie de Myrsile.

Page 31

56. Selon E. Risch (*Kleine Schriften*, Berlin-New York, 1981, p. 291-293), l'adjectif ζακρυόεις est à la fois un renforcement de κρυόεις (« glacé ») et une variation sur δακρυόεις (« lamentable »), qui tous deux sont des épithètes épiques. Plus haut, la forme ῥῆα correspond à l'épique ῥεῖα en lieu et place de l'éolo-lesbien βρᾶ ; Risch (p. 290) pense que ῥῆα (34a,7) est une éolisation de l'épique ῥεῖα réalisée selon l'analogie suivante : ῥῆα : ῥεῖα = εὔρηα (cf. v. 5) : épique εὐρεῖα.

57. J'ai suivi dans le texte grec la présentation que Hunt donne de la leçon du papyrus ; Lobel lit λαμπροιτρ[et pense que τρ est un vestige du participe en]ντεσ : on aurait λάμπροι προ[lac.] τρ[....]ντεσ· Mais l'haplographie -προι το- pour -προι προτο- est plus vraisemblable que -προιτρ- pour -προι προτον οντρ- et la version de Hunt est plus plausible que celle de Lobel. Par là, le supplément souvent cité de Bowra πρότο[ν᾽ ὀντρέχο]ντεσ ne convient plus, car il est trop long pour la lacune ; meilleur serait πρότο[ν᾽ ὀνθέο]ντεσ de Jurenka (cf. pour l'expression *Iliade* 13,547). C'est à la suite d'une telle haplographie que Sappho 96,8 βροδοδάκτυλοσ σέλαννα est devenu βροδοδάκτυλοσ μήνα : à la suite de la chute de CE après OE, ΛΑΝΝΑ est, par confusion de jambages et de lettres, lu et interprété MHNA.

58. Évocation du feu de St Elme, sur lequel on verra les témoignages rassemblés par Hunt, P.Oxy. X, p. 69, et la note de F. Càssola à *H.H.* 33 (aux Dioscures),12. Sur les Dioscures comme protecteurs des marins, voir Nisbet-Hubbard à Horace, *Odes* 1,12,27 ; comme protecteurs des hommes en général, voir *H.H.* 33,6 et Càssola, p. 454.

59. Fondateur et roi de Lesbos : cf. 401N,10. On voit généralement en νᾶσον (v. 10) le régime de λίποντεσ, mais il me paraît plus vraisemblable que Lesbos soit le lieu où le poète veut faire venir les Dioscures, s'il est bien question d'eux. Dans ce cas, νᾶσον peut être un accusatif latif ou mis en apposition à un substantif régi par une préposition (cas semblable en 345,1 : cf. n. 288) qui se trouvait au début du vers suivant (cf. app. crit. v. 11).

60. Τὦστίω est obscur : faut-il y reconnaître ὀστίω (« os », c'est-à-dire « partie saillante » dans une acception géographique ? ὄστιον est attesté comme forme éolienne par Schol. Lond. à Denys de Thrace p. 494,10 Hilg.) ou un diminutif de ἄστυ ?

Page 34

67. Page (p. 301), Rösler (p. 269) et Meyerhoff (p. 200 n. 9) considèrent comme incertain le sens des v. 11-12, mais, pour ma part, si je crois impossible la restitution de la lettre de ces vers, je ne pense pas que les vestiges que nous en avons autorisent un autre sens que celui indiqué dans la traduction. Je ne vois notamment pas, malgré Rösler, comment on peut mettre en accord ἀβάσομεν au sens de « faire la fête » avec ὄττινα τῶνδε πάθην. Si mon interprétation est juste, Alcée dit qu'il faut profiter de la jeunesse non pas pour jouir, comme dit Horace (*Épodes* 13,3-5, *Rapiamus, amici,* | *occasionem de die, dumque uirent genua* | *et decet, obducta soluatur fronte senectus* ; *Odes* 1,9,13 et 15-17, *quid sit futurum cras, fuge quaerere (...) nec dulces amores* | *sperne puer neque tu choreas,* | *donec uirenti canities abest* | *morosa* ; 2,3,13-16 ; 4,12,25-27), mais pour affronter les épreuves envoyées par le dieu : rapprocher le poème de Théocrite où Thyonichos invite Aischinas malheureux en amour à s'enrôler dans l'armée de Ptolémée en arguant de ce que ποιεῖν τι δεῖ ἆς γόνυ χλωρόν (14,70) ; sur l'importance de la jeunesse pour Alcée, voir Barner, p. 144. Le sens dans lequel je prends ἀβάσομεν implique qu'Alcée est encore jeune (le fr. 401B adressé à Mélanippe évoque un épisode de la guerre de Sigée où le poète pouvait être jeune [cf. n. 201] ; voir Treu, p. 181) et qu'on a affaire à un poème de jeunesse.

68. Ressemblance frappante du passage symposiaque que constitue Pindare, *Pyth.* 1,97-98, οὐδέ μιν φόρμιγγες ὑπωρόφιαι κοινανίαν | μαλθάκαν παίδων (cf. *b* v. 3 πά]ισ ?) ὀάροισι δέκονται (voir le commentaire *ad loc.* d'E. Cingano [Milan, 1995]).

Page 35

70. En suppléant au v. 5 avec Diehl παί]δων ἀπάλων σ' ὔμν[ον ἀείδην, on pourrait comprendre « (il convient que ?) tu chantes de délicats jeunes garçons » : rapprocher, avec les observations de Vetta, p. XXXVIII ss., le début de la deuxième *Isthmique* de Pindare, οἱ μὲν πάλαι (...) φῶτες (...) παιδείους ἐτόξευον μελιγάρυας ὕμνους, où le poète thébain vise entre autres Alcée (cf. *TVA* XXII) ; Alcée fr. 430 = Horace, *Odes* 1,32,10-11, *canebat* | *et Lycum*, enfin Bacchylide, *Péans* 4,79-80 Snell-Maehler, συμποσίων δ' ἐρατῶν βρίθοντ' ἀγυιαί, | παιδικοί θ' ὕμνοι φλέγονται.

71. « Einmal scheint wirklich das Bild des Evangeliums vorweg-genommen, dass ohne den Willen des Zeus kein Haar vom Haupte fällt » (Wilamowitz, *Kl.* I p. 396 ; cf. *Der Glaube der Hellenen*, II, Darmstadt, 1959³, p. 110).

Page 36

, 72. La ville éolienne de Mysie plutôt que la ville homonyme de Lemnos.

73. Une *coronis* pouvait indiquer la fin du poème précédent, à la fin de la colonne précédant celle qu'ouvre notre fragment (voir la notice du fr. 41). Rösler (p. 221-238) suppose que les v. 17-40 du fr. 41 et le fr. 42 constituent un unique poème (10 strophes sapphiques) dont il reconstruit la progression en sollicitant exagérément de maigres élé-ments d'information (comme fr. 41, v. 21 γυν[). Le fr. 42 semble pou-voir constituer un tout cohérent avec sa construction annulaire : voir Davies (*op. cit.* dans la notice, p. 260 n. 15) et Meyerhoff (*op. et loc. cit.* dans la notice). Ἐκ σέθεν (v. 3) suppose que le nom d'Hélène apparaissait dans un des deux vers précédents, si le fr. 42 est un poème complet : de là le supplément de Page au v. 2.

Page 37

77. Treu, p. 177, entend par πρωταλίαι « premier voyage », mais a) πρωταλίαι adjectif est régulièrement formé (cf. ἐνάλιος, παράλιος etc.) ; b) l'article précédant ce mot peut avoir une valeur déictique, qu'il s'agisse d'un adjectif substantivé ou que le substantif νᾶι se soit trouvé dans une partie manquante.

Page 39

80. Cette traduction se fonde sur le texte transmis ainsi complété (cf. app. crit.) : καί σε πόλλαι παρθένικαι 'πέπ[οισι, | κὰκ κά]λων μήρων ἀπάλαισι χέρ[σι | νίππ]α. Le papyrus indique une ponctuation forte après le probable substantif neutre dont seule la dernière lettre est conservée,]α. Le verbe de la proposition doit se trouver dans πέ.[, ce qui exclut le supplément (ἐ)πέπ[οισαι, pro-posé, comme le plus probable (ἐ)πέπ[οισι, par Lobel ; par ailleurs la présence du datif χέρ[σι et du génitif μήρων indique que le sub-stantif neutre (par exemple νίππ]α, que j'ai rendu par « moyen pour elles de se laver ») est en apposition à σε, ce qui interdit le supplé-ment κἀπάλων (Hunt) et en général tout supplément comportant καί.

81. Le participe dont ὕδωρ est le complément se trouvait dans la strophe suivante. Peut-être est-il pertinent de mentionner le fait que la

tête d'Orphée, honoré à Lesbos, passe pour être parvenue de l'Hèbre jusqu'au rivage de Lesbos, l'île tenant de là, disait-on, sa vocation poétique (cf. Introduction, p. XI ; Shields, p. 80-82 ; W.K.C. Guthrie, *Orphée et la religion grecque*, Paris, 1956 [= Londres, 1953²], p. 46-47).

Page 43

89. Je ne sais comment comprendre προτενωπια ; on peut avoir affaire à πρὸ ou προτ(ὶ) et ἐνώπια peut être ou non un adjectif substantivé (ἐνώπιος = *quod ex aduerso positum est*). Edmonds (*CR*, 31, 1917, p. 10) suggère προτ᾽ ἐνώπια | κέρα τρό]ποντες, qu'il rend par « the while we turned the sailyard to front the breeze ». Peut-être, puisque c'est un départ qui est évoqué, s'agit-il de manœuvrer les vergues de sorte que la voile reçoive le vent. Je rapprocherais l'ancienne expression « brasser à contre » (« à contre » = προτ᾽ ἐνώπια [cf. homérique κατένωπα, Septante κατενώπιον] ?), c'est-à-dire « brasser le bras du vent [= le bras, κεροῦχος, qui se trouve du côté d'où souffle le vent] en sorte que le vent donne sur les voiles. Cela se dit ordinairement pour la voile de misaine, lorsqu'on veut mettre le vent dessus » (voir *Nouveau glossaire nautique d'A. Jal*, *A-B*, Paris, 1988, s.v. brasser).

Page 47

96. Admettons, comme on fait ordinairement, le texte ἔσσεται φάνερ[οσ] τ[οῖ]σιν ἀπ᾽ ἀρχάω, conforme aux suggestions et à la lecture de Lobel : a) φάνεροσ signifie-t-il « visible » ou « en vue », « glorieux » ? ; b) de τοῖσιν, pronom démonstratif ou relatif distinct de τοίσ article, ne peut dépendre ἀπ᾽ ἀρχάω, ce qui condamne les interprétations du type « those descended from Archaeus » (Campbell) ; c) ἀπ᾽ ἀρχάω est obscur : ἀρχάω est-il un nom propre et, si oui, un anthroponyme (*LP*) ou un toponyme (Gallavotti, *Storia*, p. 102 ss.) ; ἀπ᾽ ἀρχάω ne peut en tout cas représenter l'expression ἀπὸ τοῦ ἀρχαίου (Hérodote 4,117). On rapproche 178,1]ρχαο[, et, avec Mazzarino (p. 54) mais tout à fait à tort, le fr. 452 (voir le texte grec de ce fragment). On voit qu'il est difficile de tirer un sens du texte courant ; illégitime est par exemple la paraphrase de Pippin-Burnett, p. 117, « he took his oath that no *kakopatrid* should be allowed to assume the functions and the powers that were by custom the exclusive possessions of the nobility (those whose fathers had been on the island 'from the beginning') ». De surcroît, ce texte courant est mal assuré ; l'incertitude du texte ἀρχάω ne permet pas d'être sûr que le v. 5 se terminait sur ce mot ; d'autres voies, très incertaines, peuvent être explorées : ainsi avec les textes φάνερα[ι] τ[οῖ]σιν ἄπαρχαι[(Hunt), la

suite perdue du texte devant éclairer ἔσσεται τοῖσιν (relatif), ou encore, et c'est là la version la moins invraisemblable du point de vue du sens et de la grammaire, φάνερ[οσ] το[ῖ]σιν ἀπ' ἄρχασ[(φανεραὶ τοῖσιν ἀπ' ἀρχᾶ[σ Wilamowitz, *GV*, p. 105 n. 2).

97. L'hypothèse voulant qu'il s'agisse de Pittacos était séduisante avant même la restitution plausible de ce mot dans les restes d'un commentaire à ce fragment (cf. Test. II) qui fait allusion au Cléanactide Myrsile (cf. 112,23 avec n. 122). Ces observations et le supplément vraisemblable du v. 2 invitent à penser que l'invective d'Alcée est relative à la trahison de Pittacos (cf. 129), lequel est qualifié de μῖσοσ ἄλιτρον (« gottverhasstes Scheusal » : voir Broger, p. 164).

Page 48

98. Il est tentant d'établir un lien étroit entre ce fragment et le fr. 63. Si Treu, p. 171, a raison de reconnaître la mention de Myrsile dans le fr. 63, alors il est permis de supposer que la manœuvre de Pittacos s'inscrit dans le cadre de la trahison de ce dernier, qui rejoint Myrsile (cf. 129). Cette construction s'effondre si Porro (p. 110-111) a raison d'attribuer à la période de l'ésymnétie de Pittacos les poèmes commentés en 306 (cf. notre fragment, Test. II), mais c'est là une hypothèse rien moins qu'assurée (voir la notice du fr. 306).

99. Si le supplément ἴρ[αν est bon, il est alors, selon Page (p. 227), probable que πόλιν sans autre détermination que ἴραν désigne Mytilène. Mais, quelle que soit la cité par là désignée, Alcée savait que ses auditeurs n'auraient aucune peine à l'identifier, et il ne lui était ni nécessaire ni utile de réserver à Mytilène ce genre de désignation ; peut-être avait-il en vue un astynyme difficile à intégrer dans le mètre.

Page 49

100. Instrument identifié au *barbitos*, sorte de lyre allongée (cf. West, *Music*, p. 57-58), par Phillis de Dèlos, au second livre de son Περὶ μουσικῆς chez Athénée 14,636c (βάρβιτος ἢ βάρμος), et apparemment distingué de lui par Euphorion, Περὶ Ἰσθμίων, chez Athénée 4,182 f (τὸν γὰρ βάρμον [βάρωμον mss.] καὶ βάρβιτον, ὧν Σαπφὼ [= fr. 176] καὶ Ἀνακρέων [= fr. 472 *PMG*] μνημονεύουσι). Un vase célèbre déjà évoqué (*TVA* XXIV, n. 26) représente Alcée et Sappho tenant des *barbitoi*. Ἀθύρει (v. 3 ; opposer *H.H.* 4,485, συνεθείησιν ἀθυρομένη μαλακῆσιν [κίθαρις] ?) suggère que le *barmos* est personnifié (de même la cithare au fr. 38b,5 ?) ; peut-être est-il encore le sujet du verbe qui clôturait le v. 5. Rösler, p. 165, semble penser que le sujet de ce verbe est Pittacos, mais κῆνοσ δὲ (v. 6) s'opposerait à cette interprétation. Pour la représentation du *barmos* comme convive, rapprocher *Odyssée* 8,99, φόρμιγγός θ' ἣ δαιτὶ

συνήορός ἐστι θαλείῃ ; 17,271 ; *H.H.* 4,31 ; 478-479, εὐμόλπει μετὰ χερσὶν ἔχων λιγύφωνον ἑταίρην (sc. κίθαριν) Ι καλὰ καὶ εὖ κατὰ κόσμον ἐπισταμένην ἀγορεύειν.

101. Φίλων (rapprocher l'anthroponyme « Philon »), de φίλος plutôt que de φέλων· ὁ ἀλάζων (Théogn., *Can.* chez Cramer *An. Ox.* II p. 12,19 = 41.4 p. 89 Alpers), comme le suggère Lobel : voir Chantraine, p. 1205 ; Somolinos, p. 201 et 321, et Broger, p. 168, qui rapprochent γάστρων (fr. 429e) et φύσκων (fr. 129,22 ; 429d). Je suppose qu'il est question des amis de Pittacos ; dans ce cas, rapprocher fr. 429f ζοφοδορπίδα(ι)σ avec l'explication avancée chez Plutarque (Πιττακόν...ζοφοδορπίδαν ὁ Ἀλκαῖος...λέγεται προσειπεῖν...ὡς ἀδόξοις τὰ πολλὰ καὶ φαύλοις ἡδόμενον συμπόταις).

102. Sur ce mariage, voir Diogène Laërce 1,81 = Pittacos Test. 3 Gentili-Prato, p. 34, et Mazzarino, p. 67-68, qui le fait précéder de peu l'ésymnétie de Pittacos. Mazzarino pense que l'évocation de ce mariage s'explique mieux s'il est récent : voir l'Introduction, p. LIV n. 182.

103. Je suis ici Rösler, p. 169, dont l'interprétation me paraît s'imposer : la fin de la guerre civile n'est possible, aux yeux du poète, qu'à condition que les siens soient victorieux et que Pittacos soit défait (de là ma suggestion τεύχε' εὖ au v. 8 avec εὖ en position finale idiomatique [*LSJ* s.v. εὖ I 3]) ; dès lors, λαθοίμεθ' est un potentiel et non un optatif de souhait, χαλάσσομεν un futur et non un subjonctif à voyelle brève : les propositions contenant ces deux verbes s'entendent par rapport à la subordonnée θᾶσ...τρόπην (v. 8), qui, dans le style bref du poète, n'est pas reprise par un adverbe (« alors »). Les deux verbes ont pour mode et temps ceux qu'ils auraient dans une apodose dont la protase serait θᾶσ...τρόπην.

Page 50

104. Inconnue par ailleurs. Rapprocher Hésiode, *Travaux* 342, τὸν φιλέοντ' ἐπὶ δαῖτα καλεῖν, τὸν δ' ἐχθρὸν ἐᾶσαι.

Page 51

105. Sans doute Hyrrhas, père de Pittacos (cf. Pittacos Test. 1 Gentili-Prato, note [p. 31], en ajoutant le témoignage de l'inscription de l'hermès de la villa dite de Brutus, ΠΙΤΤΑΚΟΣ Ι ΥΡΡΑ Ι ΜΥΤΙΛΗΝΑΙΟΣ Ι ΚΑΙΡΟΝ ΓΝΩΘΙ : cf. G. Richter, *The Portraits of the Greeks*, Londres, 1965, I p. 89), thrace et βασιλεύς (cf. Carlier, p. 460), ou, selon une variante moins autorisée (cf. Mazzarino, p. 43), τύραννος de Mytilène (Schol. Marc. à Denys de Thrace p. 368,14-15 Hilg. = Hérodien, Περὶ παρωνύμ. II p. 858,29 Lentz) : voir Page, p. 170 n. 8. La mère de Pittacos était une habitante de Lesbos, ainsi que l'enseigne la Souda Π 1659 (= Pittacos Test. 1 Gentili-Prato) : voir Page, p. 173,

et Gentili, *Polinnia*, p. 207, qui supposent qu'Alcée attaque les préten-
tions de Pittacos à la noblesse fondées sur son ascendance maternelle et
annulées par le mauvais mariage de sa mère (cf. n. 192 à 298,47).
Gomme, p. 255-256, combat l'identification de κῆνοσ avec le père de
Pittacos ; il y voit le père de la mère de Pittacos. Puis, dans l'idée que
la présentation par Alcée de Pittacos comme κακοπατρίδαισ et « fils
d'homme thrace » ne renvoie qu'à l'intention d'insinuer que le père
présumé de Pittacos n'est en fait pas son vrai père, il propose également
(p. 257 n. 1) de voir en κῆνοσ ὄνηρ le père naturel de Pittacos et de
comprendre ainsi la référence couplée au père naturel et à la mère de
Pittacos : « *that* is the sort of woman your mother was ; she had a
drunken Thracian servant for lover, and you are *his* son ».

106. Sur le jeu du cottabe pratiqué toute la nuit, rapprocher Callimaque fr. 227,5-7 Pfeiffer avec les notes de l'éditeur. Le comportement symposiaque décrit aux v. 3-6 et consistant à boire le vin pur —
coutume scythe et, on le notera, thrace d'après Platon, *Lois* 637c =
Athénée 9,432a — et en plein jour (cf. n. 289 au fr. 346), s'oppose au
code du banquet grec et *a fortiori* alcaïque (voir Rossi, p. 155). Ce
comportement semble prêté par le poète aux Thraces, compatriotes du
père de Pittacos. Friis Johansen (*op. cit.* dans la notice, p. 98), s'éton-
nant de ce que le cottabe, jeu d'origine sicilienne (cf. fr. 322, n. 261),
puisse jouer un rôle aussi important dans la description d'un banquet
typiquement thrace, met en doute l'origine thrace des banqueteurs et le
rapport du poème avec Pittacos. Cependant la description que fait
Alcée des pratiques symposiaques de ceux qu'il attaque est, si l'on
peut dire, non ethnographique mais éthographique : le poète décrit
moins le banquet thrace que le banquet grec déformé par la violence et
l'excès qui, selon lui, caractérisent les Thraces.

Page 52

107. Τὼ (v. 11) paraît représenter ici l'adverbe (cf. Schwyzer II,
p. 579) : l'orthographe et l'accentuation du papyrus (τὼδ' ἄμμεσ ;
noter que s'il s'agissait de τῶδε le papyrus aurait le circonflexe,
comme en 70,9) coïncident avec les témoignages d'Apollonius Dyscole, *De adv.* I p. 199 Uhlig, et Hérodien, Καθολ. Προσ. I p. 492,19
Lentz. Hérodien associe l'accentuation oxytonique à 'τω' au sens de
διό, opposant peut-être ainsi (voir la note de Lentz) à τώ = « donc »,
τῶ = « alors », que Théocrite emploie dans un poème éolien (29,11 ;
les manuscrits ont τῶ).

Page 55

115. « Selon toute probabilité, il est question de quelque chose
qu'utilisaient les satrapes perses, mais qui pouvait être utilisé déjà

avant eux dans le monde oriental » (Mazzarino, p. 73 n. 1). Il s'agit de
chaussures selon Lobel (P.Oxy. XVIII, p. 40), qui pense qu'au commentaire pourrait correspondre εὔμαρισ dans le texte d'Alcée, mais
εὔμαρισ (voir n. 197 au fr. 303) ne semble pas correspondre au type
de chaussures décrit dans la scholie (≈ Hésiode, *Travaux* 541-542). S'il
s'agit bien de chaussures, ce sont à la fois de grosses chaussures et des
chaussures de luxe, portées par les satrapes ; Alcée pouvait les décrire
sans les nommer (cf. la paraphrase de la scholie). On songe aux ἀσκέραι, des chaussures d'hiver (Pollux 7,85), évoquées par Hipponax dans
un fragment (34 West²) que l'on rapprochera tout entier du fragment
d'Alcée, avec la remarque du citateur Tzetzès : ἀσκέραι οὐ τὰ
ὑποδήματα ἀλλὰ πιλία ἤτοι τὰ ἀρτάρια (cf. Souda A 4023 ἀρτά-
ρια· παρ' ἡμῖν οἱ τῶν ποδῶν πῖλοι). Le mot pourrait être lydien (cf.
O. Masson, *Les fragments du poète Hipponax*, Paris, 1962, p. 125
n. 7).

Page 58

120. Sur ce sens de πύργος, voir H. Lloyd-Jones et N.G. Wilson,
Sophoclea, Oxford, 1990, p. 81. Ce mot est déjà employé métaphoriquement dans l'*Odyssée* (11,556), à propos d'Ajax (cf. West, *The
East Face*, p. 427). Le vers d'Alcée exprime un topos très bien repré-
senté (cf. l'étude d'O. Longo, *BIFG*, 1, 1974, p. 211-228), auquel se
rattachent les passages cités dans l'app. crit. (Test. II). Comme la
majorité des éditeurs, O. Longo (*op. cit.*, p. 218 n. 38) ne doute pas
que ces témoignages ne se rapportent à ce vers d'Alcée, tandis que
Nicosia (p. 169-173) pense que tel n'est pas le cas, de même que
Lobel et Page qui les rapportent à un poème perdu (fr. 426). Il se peut
qu'Alcée ait évoqué plusieurs fois le même topos sous des formes
légèrement différentes (le fr. 427 exprime dans une forme distincte
une idée voisine de celle exprimée dans notre vers), et, dans ce cas,
ces témoignages peuvent se rapporter à un autre passage d'Alcée,
mais il me paraît plus probable qu'Aelius Aristide, dont dépendent
les auteurs des autres témoignages, a librement paraphrasé le vers
d'Alcée, non sans se souvenir d'autres expressions du même topos
(cf. sa remarque ὕστερον δὲ οἱ πολλοὶ παραλαβόντες ἐχρήσαντο). Ce topos est souvent appliqué, avec à-propos, à Sparte, la
ville sans rempart (cf. Longo, *op. cit.*, p. 219) : que l'on rapproche
Platon, *Lois* 778d, περὶ δὲ τειχῶν (...) ἔγωγ' ἂν τῇ Σπάρτῃ συμ-
φεροίμην τὸ καθεύδειν ἐᾶν ἐν τῇ γῇ κατακείμενα τὰ τείχη καὶ
μὴ ἐπανιστάναι (...). Καλῶς μὲν καὶ ὁ ποιητικὸς ὑπὲρ αὐτῶν
λόγος ὑμνεῖται, τὸ χαλκᾶ καὶ σιδηρᾶ δεῖν εἶναι τὰ τείχη
μᾶλλον ἢ γήϊνα ; l'extrait d'une prétendue lettre de Lycurgue à ses
concitoyens (Plutarque, *Vie de Lycurgue* 19,12) : οὐκ ἂν εἴη
ἀτείχιστος πόλις ἅτις †ἀνδρείοις† (ἀνδράσιν *Apophth. Lac.*,

Lycurgue 28, 228e ἀνδράσιν ἀρείοις Bergk) καὶ οὐ πλίνθοις
(πλινθίνοις Reiske, edd.) ἐστεφάνωται. Ainsi s'explique la confusion du Pseudo-Nicolas de Myra (cité dans app. crit. Test. II ; il ne
s'agit pas du rhéteur du Vᵉ s., comme le croit Longo), qui affirme
que, dans le propos qu'il lui attribue sans doute d'après Aristide,
Alcée a en vue l'hégémonie exercée par Sparte sur le reste de la
Grèce ! — « Ce vers [le v. 10] fait à lui seul une sentence noble et
grande comme : *Dulce et decorum pro patria mori*. Ceux qui ont un
tact fin à discerner le style des poètes verront par le peu de fragments
que nous avons d'Alcée ce qu'ils savaient d'ailleurs, savoir que ce
poète fier et belliqueux a été le modèle d'Horace, et principalement
dans les premières odes du 3ᵉ livre », dit André Chénier (*Notes phi-
lologiques et littéraires*, n° III, p. 758 G. Walter) : voir fr. 400 avec
n. 353.

Page 62

129. Οἳ τότ' ἐπικ[ρέτ]ην (?) vise la faction ou la famille de Myrsile : cf. Mazzarino, p. 62-63.
    130. L'interprétation, très délicate, des v. 22-23 a été, me semble-t-
il, viciée par la méconnaissance de la signification de πρὸσ θῦμον. Je
construis πρὸσ θῦμον avec κήνων, en prenant l'expression au sens
bien dégagé par Chadwick (p. 149) de « as one might wish ». Chad-
wick oppose *Iliade* 1,562-563, ἀπὸ θυμοῦ | μᾶλλον ἐμοὶ ἔσεαι ; on
rapprochera Anacréon fr. 55 Gentili = Anacr., fr.eleg. 1 West², οὐδέ τί
τοι πρὸς θυμόν, ὅμως γε μένω σ' (Bergk, μὲν ὡς mss.) ἀδοιάστως.
Quant au verbe διαλέγομαι, il ne signifie pas ici *colloqui* mais δια-
λογίζομαι (cf. *LSJ* s.v. διαλέγω IIB 1 *in fine*) ; rapprocher ἀλλὰ τίη
μοι ταῦτα φίλος διελέξατο θυμός (*Iliade* 11,407 ; 17,97 ; 21,562 ;
22,122 et 385) avec l'explication donnée par G. C. Wakker dans *LfgrE*
s.v. λέγω II 2, p. 1651 : « s. etw. auseinanderlesen ; überdenken,
erwägen. Abbruchsformel nach Erwägung zweier Möglichkeiten ».
Comme l'a vu Page (p. 167), le grec ne permet pas de comprendre « il
n'a pas parlé avec son cœur » ou « il n'a pas parlé à leur cœur » ; il
en va de même pour le « di fronte al θυμὸς di quelli Pittaco non vagliò
la situazione, non calcolò, non discusse con la controparte » d'A.
Andrisano (*MCr*, 29, 1994, p. 68). Gentili, *Polinnia*, p. 204-205, fait de
κήνων un génitif masculin partitif dépendant de ὁ φύσκων et considère que πρὸς θῦμον est employé au sens, impossible selon Page, de
« di cuore », « con sincerità », « sul serio », et rapproche le passage
précité d'Anacréon, où cependant πρὸς θυμόν a plutôt le sens de « à
ta satisfaction ». Il est impossible d'accepter l'interprétation de Treu
(p. 141-142) et de Rösler (p. 202 n. 224), qui, faisant de κήνων un
neutre, entendent « um all das schiert sich freilich der Dickwanst nicht ».
Je rejette de même l'explication de Rösler (p. 200-201) selon laquelle

au v. 15 κήνων est un neutre et signifie « die Ἐρίννυς für jene (damaligen) Vorgänge » : il doit s'agir d'un masculin (Page, p. 165 ; cf., pour l'expression Ἐρινύς τινος, Jebb [Cambridge, 1894] à Sophocle, *Électre* 792, et West à Hésiode, *Théog.* 472). On a proposé d'y voir les compagnons trahis par Pittacos parjure (cf. Page, *loc. cit.*) ou, plus restrictivement, ceux qui ont trouvé la mort dans l'échec du complot (cf. fr. 112 ?). Si κήνων désigne les compagnons morts, on s'explique bien l'opposition entre ce pronom et ἀμμετέρασ (v. 11) : le poète se fait l'interprète de ses compagnons vivants (ἀμμετέρασ) et considère le sort des morts (κήνων) ; si κήνων désigne les hommes trahis, on ne voit pas pourquoi Alcée, qui s'exprime en leur nom et fait partie d'eux (ἀμμετέρασ), s'en excepterait soudain. Le référent de κήνων n'est pas mentionné en termes exprès ; on se gardera cependant d'imaginer que le pronom suppose la présence matérielle de ce à quoi il renvoie. Pour les auditeurs d'Alcée, κήνων dans κήνων Ἐρίννυσ se rapporte évidemment aux bénéficiaires de l' ἀρά non mentionnés explicitement dans le texte mais présents dans le contexte, dont le poème est un morceau détaché.

131. On peut se demander si cette épithète est employée à propos d'Athéna (cf. Euripide, *Héraclides* 754 ; Théocrite 20,25 ; 28,1) de sorte qu'on pourrait suppléer Ἀ[θ]αγγ[ά]ασ (Diehl), ou à propos d'Héra, dite γλαυκῶπις dans une pièce de l'*A.P.* (9,189,1) peut-être relative au sanctuaire dont il est question chez Alcée — mais la leçon γλαυκῶπις a été contestée, cf. Page, *Further Greek Epigrams*, Cambridge, 1981, p. 338, et voir l'ingénieuse explication de l'attribution de cette épithète à Héra par K. Tümpel, *Philologus*, 50, 1891, p. 567 n. 11. K. Latte (*Kleine Schriften*, Munich, 1968, p. 491) préférerait γλαύκασ ἄ[λοσ et pense à un serment « écrit sur de l'eau » (expression proverbiale : cf. Sophocle fr. 811 Radt avec la note de l'éditeur).

132. Allusion au droit du serment et à un serment écrit, gravé ? On retrouve naturellement dans la malédiction d'Alcée, consécutive à la violation d'un serment, des éléments propres à la prestation de serment : le sacrifice (v. 16 ?), l'invocation des dieux, l'énoncé de l'objet du serment, l'imprécation (est bien sûr absente la formule de bénédiction). Les Érinnyes peuvent figurer parmi les divinités invoquées dans les serments ; Alcée réclame, en liaison avec la violation du serment évoqué aux v. 15-21, l'intervention de l'Érinnye vengeresse.

Page 63

133. Sur la figure de l'ἄγροικος, voir O. Ribbeck, *Agroikos. Eine ethologische Studie*, Leipzig, 1888, qui commente Sappho fr. 57, τίς δ᾽ ἀγροῖωτις θέλγει νόον κτλ. Au sujet de l'adjectif ἀγροϊωτικός (hapax), voir Broger, p. 189. — Sur le gattilier, voir F. Daumas, *REG*, 74, 1961, p. 62-63.

Page 64

135. La glose d'Hesychius λυκόβρωτος à λυκαιχμίας (voir app. crit.) rend mal compte du mot et paraît expliquer plutôt un vocable tel que *λυκαικλίας (cf. αἶκλον, συναικλία, ἀναίκλεια), et, d'ailleurs, on lit λυκαιχλίας dans le Marcianus d'Hesychius. Faut-il supposer la perte d'une entrée par haplographie : λυκαικλίας· ὁ λυκόβρωτος | λυκαιχμίας· ὁ λυκοπάλης (?) devenant, par exemple, λυκαιχλίας· ὁ λυκόβρωτος ? Voir différentes interprétations chez Porro, p. 176-181, qui elle-même suggère le redécoupage ἐοίκησ᾽ ἀλυκαιχμίαισ (= « qui fuit le combat »), lequel fait disparaître un mot viable et riche de sens au profit d'un autre que répète la séquence φεύγων τὸν πόλεμον. On a tout intérêt à maintenir la mention du loup, dont la présence pourrait être attestée à Lesbos par Longus 1,20,2 (Dorcon se déguise avec une peau de loup), et qui est lié à l'idée de vie sauvage dans les ἐσχατιαί : le combat avec les loups s'oppose au combat avec les hommes (sur le lien entre loup et « outlaw », voir L. Gernet, *Dolon le loup*, dans *Anthropologie de la Grèce antique*, Paris, 1968, p. 154-171). On connaît l'adjectif ἵππαιχμος (Pindare, *Ném.* 1,23) au sens de « qui combat à cheval » ; un adjectif λύκαιχμος pourrait signifier « qui combat en compagnie des loups », « qui se bat contre les loups » (cf. Pindare, *Pyth.* 2,84-85, ποτὶ δ᾽ἐχθρὸν ἅτ᾽ἐχθρὸς ἐὼν λύκοιο δίκαν ὑποθεύσομαι, | ἄλλ᾽ ἄλλοτε πατέων ὁδοῖς σκολιαῖς), « qui se bat comme un loup ». De cet adjectif ou d'un substantif *λυκαιχμία (cf. ἱππαιχμία = « combat à cheval », scholie à Pindare *loc. cit.*) peut être dérivé λυκαιχμία(ι)ς ; sur ce type de formation, voir Chantraine, *La formation des noms en grec ancien*, Paris, 1933, p. 92-96. Je comparerais ζοφοδορπία(ι)ς en 429f, si du moins telle est la forme originale à laquelle aurait été substitué ζοφοδορπίδας. Prenant λυκαιχμίαις au sens de « qui se bat contre des loups », je rapprocherais l'adjectif λειοντοπάλης (*A.P.* 9,237,3 ; cf. Gow à Théocrite *Epigr.* 22,2). Voir la note 137 au v. 12.

137. Tel est le sens apparemment attendu (Lobel, P.Oxy. XVIII, p. 36). Toutefois, comme στάσιν ἀνελεῖν signifie en grec « mettre fin à la révolte » et non « engager la révolte » — mais Alcée n'a-t-il pu employer l'actif pour le moyen, πόλεμον ἀναιρεῖσθαι étant connu au sens de *bellum suscipere* ? Sur le phénomène de l'emploi, très bien attesté chez Pindare, de l'actif là où l'on attend le moyen, voir les réflexions de P. Hummel, *La syntaxe de Pindare*, Louvain-Paris, 1993, p. 211-212 — et comme rien ne garantit que le mot commençant par κρ.[signifie « de plus puissants » et qu'au surplus ἄμεινον est une leçon suspecte, Page (p. 206-207) envisageait pour ce passage un tout autre sens : « ...(planning for) war, since it is ignoble to give up strife against [e.g. blackguards, tyrants, or the like] ». L'interprétation de

Page est mise à mal par le fait (nous le savons aujourd'hui) qu'Alcée ne disait pas « planning for war », mais « fuyant le combat ». Sur les traces de Page, Lloyd-Jones, p. 53-54, qui entend λυκαιχμίαισ comme datif court de λυκαιχμία (« woolf-battle »), croit que la guérilla est opposée au combat hoplitique et que le poète, loin de fuir tout combat, déclare qu' « il vaut mieux ne pas renoncer à la rébellion ». Ce serait là le moyen de sauver l'interprétation de Page, mais il repose sur une explication peu satisfaisante de λυκαιχμίαισ : le datif court du substantif peut faire difficulté (voir n. 244 à 308b,2) ; ensuite, la formulation « fuyant la guerre au moyen de batailles de loup », censée exprimer l'idée que le poète renonce à la guerre au profit de la guérilla, est bien extraordinaire et suppose pour φεύγων un sens étrange. Après que le poète reconnaît fuir le combat (allusion à un combat tel que celui au terme duquel ont pu trouver la mort des compagnons du poète [fr. 129,15 avec n. 130] ?), la proposition « il vaut mieux renoncer à lutter contre de plus puissants », qui justifie l'attitude particulière par référence à une maxime générale, est bienvenue, en opposition à la proposition contraire. Rapprocher Hésiode, *Travaux* 210-211 (avec la note de West), ἄφρων δ' ὅς κ' ἐθέλῃ πρὸς κρείσσονας ἀντιφερίζειν· | νίκης τε στέρεται πρός τ' αἴσχεσιν ἄλγεα πάσχει ; Pindare, *Ném.* 10,72, χαλεπὰ δ' ἔρις ἀνθρώποις ὁμιλεῖν κρεσσόνων ; Sophocle, *Électre* 219-220, τὰ δὲ τοῖς δυνατοῖς οὐκ ἐριστὰ πλάθειν (texte sans doute gâté) ; Diogénien 3,57 II p. 46 *CPG* (avec la note), πρὸς λέοντα δορκὰς ἅπτεται μάχης· ἐπὶ τῶν κρείττοσι ἐριζόντων.

138. Sur ce concours de beauté, voir K. Tümpel, *Philologus*, 50, 1891, p. 566-568 ; Nilsson, *G.F.*, p. 57 ; Page, *Further Greek Epigrams*, Cambridge, 1981, p. 337-338, et surtout Robert, p. 312-315, qui envisage de le placer à Messa, où se trouve le sanctuaire fédéral mentionné dans le fragment précédent et auquel peut faire allusion le v. 13 de notre fragment. En effet, avec Haslam (P.Oxy. LIII, p. 124) et contre, entre autres, Porro (p. 182-183 ; cf. Porro, *Carmi*, p. 184), je ne crois pas que le développement du fr. 306Ea col. II l. 33-36, consécutif à la citation des v. 9-11 et relatif à la ville thrace d'Ainos (cf. fr. 45), se rapporte au lieu d'exil d'Alcée dans notre fragment : il se rapporte plus naturellement à celui d'Onomaclès (voir l'hypothèse élaborée à partir de là par Huxley, *JHS*, 107, 1987, p. 187-188). La mention d'un concours de beauté, connu par ailleurs, où se rencontrent des femmes venues de toute l'île me semble condamner l'hypothèse que le lieu d'exil du poète soit Ainos, colonie de Mytilène et de Kymè (cf. F. Hiller, p. 55) : voir l'Introduction, p. LIII n. 181.

Page 65

139. Autre poème relatif à l'exil. À la situation présente le poète pourrait opposer une situation passée plus favorable. Au v. 5

κυψ[έλαισ- désigne des jarres pour le grain (cf. app. crit.) : y a-t-il une évocation du blé mis dans les jarres (cf. Hésiode, *Travaux* 475, 600) ? De la mention de ces jarres, on rapprochera celle, dans un poème qui appartenait au livre II, de la mesure pour le grain nommée *kupros* (fr. 312). Au sortir de la montagne boisée où se trouve le sanctuaire de Messa évoqué au fr. 129, il y a une plaine qui est « un oasis de champs de céréales et d'olivier » (Robert, p. 305 ; voir la carte de la végétation de Lesbos chez Koldewey, planche n° 31).

Page 68

142. L'organisation syntaxique des v. 7-11, difficile à déterminer en raison de l'ambiguïté de la fonction des τε, et la signification de l'équivoque κἀτ...βεβλήμεναι (« suspendues » [G. Colesanti, *op. cit.* dans la notice, sens non attesté], « amoncelées », « déposées » [A.M. Cirio, *RCCM*, 37, 1995, p. 185-186], « emmagasinées » [M. Del Freo, *op. cit.* dans la notice]) ne pourraient être fixées avec certitude que si l'on connaissait exactement le mode de disposition des armes. L'identification du lieu où elles se trouvent n'est pas absolument certaine : on a pensé (cf. G. Colesanti, p. 385-388) à un ἡρῷον (cf. fr. 383), à un temple, hypothèse qui va contre le témoignage d'Athénée ; restent la salle de banquet et la salle d'armes : G. Colesanti (p. 388 n. 3) suggère que la salle de banquet (ἀνδρών) a servi de salle d'armes. Mais si tel est le cas, il devient moins intéressant de penser avec Colesanti que les armes sont suspendues, comme dans une salle de banquet ordinaire. Par suite, son interprétation, selon laquelle le verbe κρύπτοισι commande l'ensemble des vers 7-11 (cf. déjà Michelangeli dans sa traduction, p. 9-11) et κἀτ...βεβλήμεναι signifie « suspendues », ne s'impose pas. Certaines armes peuvent être accrochées, d'autres posées à terre ; dans un passage soupçonné d'être interpolé, Ulysse demande à Télémaque : ὅσσα τοι ἐν μεγάροισι Ἀρήϊα τεύχεα κεῖται | ἐς μυχὸν ὑψηλοῦ θαλάμου **καταθεῖναι** ἀείρας | πάντα μάλ(α) (*Od.* 16,284-286). F. Vian me suggère que, στέγα signifiant d'abord toit (plafond ?), on peut imaginer la disposition suivante : en haut des murs (ou au plafond), les casques ; sur les murs, les cnémides accrochées à des clous ; enfin, par terre, les cuirasses et boucliers, et le reste de l'équipement. Dans l'interprétation ici choisie, βεβλήμεναι, coordonné à κρύπτοισι, est un cas de *participium pro uerbo finito* (cf. Schwyzer, II p. 406) et θόρρακεσ...βεβλήμεναι, ou même κόιλαι...βεβλήμεναι si l'on joint θόρρακεσ à κνάμιδεσ, ne constitue pas, comme le croit Colesanti (p. 395), une phrase nominale. Alcée présente une version statique de l'énumération des armes en opposition aux versions dynamiques de l'*Iliade* (3,330 ss. [cf. G.S. Kirk *ad loc.*, Cambridge, 1985, p. 313] ; 11,16 ss. ; 16,130 ss. ; 19,364 ss.) qui décrivent le combattant revêtant des armes énumérées dans un ordre

différent (noter qu'Alcée v. 4-6 est inspiré d'*Il.* 3,336-337 ; 11,41-42 ; 16,137-138). — Autres mentions d'armes chez Alcée : fr. 170,5-6 (app. crit.) ; 179 ; 205,3 app. crit. (?) ; 350,2 ; 388 (cf. Mazzarino, *Oriente*, p. 277) ; 401B ; 427.

Page 69

143. Bribes d'un poème où la délivrance de compatriotes (?) paraît liée à la soumission d'un individu qu'on considère comme digne d'une série de châtiments dont certains peuvent se retrouver chez Anacréon fr. 388 *PMG* (description de la vie κίβδηλος du πονηρὸς Ἀρτέμων) : Alcée v. 6 = Anacr. v. 8-9 κόμην πώγωνά τ' ἐκτετιλμένος ; peut-être v. 12 = v. 8 πολλὰ δὲ νῶτον σκυτίνῃ μάστιγι θωμιχθείς. Le châtiment évoqué aux v. 9-10 rappelle celui qu'à Athènes on réservait aux adultères et qu'évoque Aristophane, *Nuées* 1083 ; *Plut.* 168 avec la scholie (p. 35 Chantry), 'τὰς τρίχας τοῦ πρωκτοῦ τίλλεται'· αὕτη γὰρ ὥριστο δίκη τοῖς μοιχοῖς πένησιν ἡ ἀποραφανίδωσις καὶ παρατιλμὸς κτλ., et la note de Jean Tzetzès (p. 52-53 Koster), τεθεὶς ἐν μέσῃ τῇ ἀγορᾷ καὶ σποδιᾷ ἐμπύρῳ θερμῇ τὸ παιδοσπόρον καταπασσόμενος (cf. v. 9), τούτου τὰς τρίχας ἐτίλλετο. Barner (p. 35) rapproche περιστρόφιδ' (v. 8) de Pollux 10,135, περιστροφίδα (…) τὸ ξύλον τὸ τὸν ἶπον (= κνάφος : voir n. 343) περιστρέφον, et pense que le châtiment consiste à tourner, à l'aide de cette barre, le moulin à foulon. D'autres hypothèses sont possibles : le κνάφος sert aussi d'instrument de torture (cf. Hérodote 1,92 ; Timée, *Lex. Plat.* s.v. p. 403 Hermann ; Headlam à Hérondas 4,78). Περιστροφίς pourrait, d'autre part, renvoyer à la sphère du moulage (cf. Pollux 10,112-113) : rapprocher l' ᾆσμα ἐπιμύλιον qui implique Pittacos (*carm. pop.* 869 *PMG* = Pittacos Test. 22 Gentili-Prato) ; sur la dépréciation dont le travail du moulage, éventuellement confié à des esclaves, fait traditionnellement l'objet, voir L.A. Moritz, *Grain-Mills and Flour in Classical Antiquity*, Oxford, 1958, p. 100, qui cite ce refrain populaire. Bien sûr, Pittacos est un bon candidat pour qui veut identifier la cible des attaques d'Alcée : rapprocher 298,2-3. — Voir sur ce fragment le commentaire de Barner, p. 30-41.

Page 76

153. Fragment relatif à un combat mentionné dans le fr. 167, auquel il pourrait se rattacher ? Noter qu'ici et là il pourrait être question de l'Épilaïdas du fr. 178.

154. Rapprocher Sappho 55,4, ἀμαύρων νεκύων ; Eschyle, *Choéph.* 158, ἀμαυρᾶς φρενός, à propos d'Agamemnon défunt, et peut-être Alcée fr. 134,3 (app. crit.), avec la note de Wilamowitz sur ἀμαυρός dans son *Herakles*, 1895[2], Berlin, II p. 35. Chantraine s.v.

ἀμυδρός suggère que cet adjectif est apparenté à ἀμαυρός, lui-même sans étymologie connue, et a subi l'influence de φαιδρός. Sur la traduction de la notion de mort par celle de faiblesse, voir les observations de Lloyd-Jones, p. 86, et West, *The East Face*, p. 163 ; un exemple frappant est *H.H.* 4,258-259, ὑπὸ γαίῃ | ἐρρήσεις ὀλίγοισι μετ' ἀνδράσιν ἡγεμονεύων (voir la note de Càssola *ad loc.*). Broger (p. 199-200) entend qu'il est question d'hommes dont le souvenir s'est effacé, et renvoie à Simonide 531,5 *PMG* (ἐντάφιον δὲ τοιοῦτον) οὔθ' ὁ πανδαμάτωρ ἀμαυρώσει χρόνος.

Page 85

170. Je traduis la scholie au v. 2, πόλεμον ἐκέρσαο, en faisant dériver ce verbe de κέρναμι avec Lobel (P.Oxy.XXI p. 58) et non de κέρρω comme Hamm (§36 p. 22), ce qui n'offre aucun sens possible. Ainsi que le suggère la forme ἐκέρσαο, la scholie reprend les mots du poète qu'elle ne fait que rapprocher (cf. au vers suivant la scholie ἀδεσπότου πίθου). La métaphore se poursuit avec πίθω...ἀδεσπότω. L'interlocuteur d'Alcée a « mélangé » la coupe de la guerre en puisant dans une jarre sans propriétaire : peut-être Alcée exprime-t-il l'idée d'une guerre qui n'appartient plus à celui qui l'a causée ; j'opposerais πίθω ἀδεσπότω aux poteries archaïques qui portent, sous la forme τοῦ δεῖνά εἰμι, l'indication du nom de leur propriétaire (cf. Jeffery, p. 62). Ainsi que l'a vu Lobel, πόλεμον ἐκέρσαο n'a rien à voir avec l'expression μείξαντεσ... Ἄρευα (fr. 330) ; sur la métaphore, voir Page, p. 241 n. 2 ; Barner, p. 76.

Page 91

178. Le texte transmis τρέχειν (τρέχην), très controversé, entraîne une *correptio Attica*, ce qui ne constitue nullement une objection dirimante (voir n. 340 au fr. 385), et pose, pris avec τὼι παρέοντι, une difficulté de sens. Comme avant lui, entre autres, Casaubon, Gentili (p. 282 = *Sileno*, 10, 1984, p. 241) supplée ἀνέμωι à τὼι παρέοντι avec τρέχην et comprend « courir avec le vent présent [sans pouvoir le changer] » (cf. la traduction de Casaubon dans son édition d'Athénée, *ubi semel in mari fueris, praesenti uento currere necesse est*). « Courir » est fréquent pour désigner la marche d'un vaisseau, et le datif instrumental τὼι παρέοντι avec ἀνέμωι sous-entendu rappelle les expressions elliptiques οὐρία (sc. πνόη) et ἐξ οὐρίων τρέχειν ou ἐν οὐρίῳ πλεῖν (cf. Lobeck [Leipzig, 1835²] à Sophocle, *Ajax* 1083, p. 437) : on a affaire à une brachylogie propre au langage marin. Un passage de Plutarque (*Praec. reip. ger.*, 1 798d) présente une ressemblance appréciable avec notre scolie : πολλοὶ δ' ἀπὸ τῆς τύχης ἁψάμενοι τῶν κοινῶν καὶ ἀναπλησθέντες οὐκέτι

ῥᾳδίως ἀπελθεῖν δύνανται, ταὐτὸ τοῖς ἐμβᾶσιν εἰς πλοῖον αἰώρας χάριν, εἶτ' ἀποσπασθεῖσιν εἰς πέλαγος, πεπονθότες, ἔξω βλέπουσι ναυτιῶντες καὶ ταραττόμενοι, **μένειν** δὲ **καὶ χρῆσθαι τοῖς παροῦσιν ἀνάγκην ἔχοντες** κτλ. De là, pour τρέχην, l'ingénieuse conjecture de Bergk, τῶι παρέοντι (neutre) χρέεσθ' (verbe non attesté dans les fragments des poètes lesbiens), ou celle, moins bonne, de Lobel, μένην (que faire alors du datif τῶι παρέοντι, et comment μένην/μένειν peut-il aboutir à τρέχειν ?). L'expression employée par Plutarque est un parallèle moins imagé du τῶι παρέοντι τρέχειν d'Alcée.

Page 97

187. Expression remarquable qui pourrait renvoyer simultanément a) à une représentation illustrée par un passage de Pindare (fr. 75,14 ss. Maehler) avec lequel il y a analogie d'expression et de contexte, ὁπότ' οἰχθέντος Ὡρᾶν θαλάμου | εὔοδμον ἐπάγοισιν ἔαρ φυτὰ νεκτάρεα, | (...) τότ' ἐπ' ἀμβρόταν χθόν' ἐραταί | ἴων φόβαι, ῥόδα τε κόμαισι μείγνυται (...) οἰχνεῖ τε Σεμέλαν ἑλικάμπυκα χόροι (cf., pour Ὡρᾶν θαλάμου, Aelius Aristide 46,25 II p. 370 Keil, θάλαμον Ὡρῶν ᾧ πάντα τὸν χρόνον ἐγκάθηνται καὶ ὅθεν προέρχονται ἀνοιγῶσαι τὰς πύλας εἴτε Διὸς σύ γε βούλει καλεῖν εἴτε Ποσειδῶνος ; sur ces portes voir G.S. Kirk, Cambridge, 1990, à *Iliade*, 5,749 ss. ; J. Haudry, *La religion cosmique des Indo-Européens*, Paris-Milan, 1987, p. 169-170 ; West, *The East Face*, p. 140-143) ; b) selon une suggestion de Barner (p. 22), à l'ouverture des portes du temple (cf. Callimaque, *Hymne à Apollon* 6-8).

188. La jacinthe, associée à l'évocation du printemps et de l'amour, est liée non seulement à Apollon, dont Hyakinthos fut l'amant, mais aussi, semble-t-il, à Aphrodite : voir particulièrement, avec le commentaire de Gentili (Rome, 1958, p. 184) et de Degani-Burzacchini (p. 267), Anacréon 346 fr. 1 *PMG*, où une jeune fille (ou un jeune garçon ?) semble avoir échappé à l'emprise de sa mère pour se rendre vers τὰς ὑακιν[θίνας ἀρ]ούρας | ἵ]να Κύπρις ἐκ λεπάδνων | (...) κ]ατέδησεν ἵππους (v. 7-9). L'évocation, au v. 2 du fragment d'Alcée, de ce qui est un *locus amoenus* et un paysage érotique, ne surprend pas dans le contexte du poème : voir le chapitre « Prairies et jardins de poètes » dans Calame, *Éros*, p. 187-197.

Page 101

192. C'est-à-dire Pittacos : voir n. 105 à 72,7. Si on a bien affaire ici à l'adjectif Ὑρράδιος (voir app. crit.), rapprocher Callimaque *Epigr.*, 1,2 Pfeiffer, παῖδα τὸν Ὑρράδιον avec la note de Pfeiffer

et celle de Gow-Page (p. 205) ; ce mot se trouve-t-il à restituer en
289,7 ? Ὑρράδ<ι>ος pourrait être un simple doublet d' Ὕρραος
(129,14) ; les grammairiens grecs, qui citent surtout Ὑρράδιος, donnent -άδιος pour un suffixe patronymique spécifiquement éolien (voir
là-dessus Meister, p. 197-198). Les gloses d'Hesychius ὑρράδιος· ἀπό
τινος τῶν προγόνων, ἄδοξος, ἢ εἰκαῖος. Ὕρρα παιδίον et de Théognostos chez *An. Ox.* II p. 23,22-23 Cr., ὑρράδιος· προγόνιος ἢ ἄδοξος, pourraient indiquer un sens greffé sur le patronymique. Ahrens,
RhM, 6, 1839, p. 356, avait déjà envisagé que Ὑρράδιος soit un mot
infamant formé à partir de Ὕρραιος. Si ce ne sont pas les lexicographes qui ont surinterprété le patronymique Ὑρράδιος, peut-être
Alcée a-t-il fait un jeu de mot dépréciatif sur le nom du père de Pittacos (cf. Hesychius συρράδ<ι>ος· νόθος. μικτός. εἰκαῖος ; ὑράξ·
μίγδην. ἀναμίξ) : le fils du Thrace Hyrrhas est pour Alcée un mal-né
(fr. 348,1). Gentili (*Polinnia*, p. 202 et 207) remarque que la Souda (Π
1659) fait de Pittacos le fils de Kaïkos — anthroponyme bien attesté à
Lesbos et présent en Asie Mineure (cf. Zgusta §506) ; autre nom
d'Hyrrhas selon Mazzarino, p. 48 n. 1 — *ou* d'Hyrrhadios, et suggère
que la mère de Pittacos, qui avait épousé Hyrrhas dont elle eut Pittacos, épousa en secondes noces le dénommé Kaïkos, ce qui fit de Pittacos le πρόγονος de Kaïkos. Encore faut-il que chez Théognostos
προγόνιος soit rapporté à πρόγονος entendu comme « fils d'un premier mariage », sens qui est impossible chez Hesychius. Un autre che-
min est suivi par Meister, p. 197 n. 3 ; V. Di Benedetto, *PP*, 10, 1955,
p. 103-104, et C. Gallavotti, *BPEC*, 18, 1970, p. 23-26, qui supposent
qu'on a tiré à tort du couple d'adjectifs ὕρραος (cf. 129,14 τὸν
Ὕρραον δὲ παῖδα) /ὑρράδιος = « bâtard » le nom du père de Pittacos. Ce n'est pas du tout plausible.

Page 104

197. Il est très plausible que les restes du vers 10 représentent l'*incipit* du fr. 350 ; par suite, les vers 1-9 peuvent appartenir à un autre
poème. S'il faut reconnaître dans ces vers la même formation (gl[c])
qu'au fr. 350, Héphestion, qui cite les deux premiers vers du fr. 350,
n'a pas pris ses exemples dans le premier poème où se présentait le
type de vers qui l'intéressait. Par ailleurs, il est frappant que, comme
le fr. 350 évoque un objet de luxe asiatique rapporté par le frère d'Alcée, notre fragment évoque aussi un tel objet ; en effet, εὔμαρις est
une chaussure κοινὸν ἄνδρασι πρὸς γυναῖκας, βαρβαρικὸν μὲν
εὕρημα, ἐξ ἐλαφῶν δὲ πεποιημένον (Pollux 7,90), portée par
Darius en grand habit dans les *Perses* d'Eschyle (660), κροκόβαπτον
ποδὸς εὔμαριν ἀείρων, et présentée explicitement comme un objet
de luxe par Antipater de Thessalonique (*A.P.*, 7,413,3-4, βαθύπελμος
Ι εὔμαρις).

222   NOTES COMPLÉMENTAIRES

Page 106

199. Comme le poème commenté en 305b, à savoir le fr. 208 (livre
I ? voir la notice de 306C) est relatif à des menées de Myrsile visant à
l'établir comme tyran à Mytilène, on a, avec grande apparence de raison, supposé (ainsi Gentili, p. 259 n. 10 ; réserves chez Page, p. 181)
que les événements évoqués dans le poème ici commenté sont anté-
rieurs à ceux évoqués par le poème suivant (fr. 208) : se trouve ainsi
établi un lien entre le retour de Myrsile à Mytilène, mentionné ici et en
305b, l. 8 [cité au fr. 208, Test. VI], et l'attaque de Myrsile contre la
faction d'Alcée désignée figurément dans le fr. 208. Le fragment
306Cd, publié en 1968, paraphrase le poème adressé à Mnèmon, puis
cite en lemme le début du poème 208 : est donc confirmé l'ordre de
succession du poème adressé à Mnèmon et du fr.208 dans l'édition de
référence. Du « retour de Myrsile » on rapprochera Sappho fr. 98b,7-
8, τὰσ Κλεανακτίδα[ν ‖ φύγασ : le Cléanactide Myrsile se trouvait
en exil. — La situation impliquant les acteurs cités dans le commentaire aux l. 22-24 est obscure : voir les observations de Barner (p. 169-
172). Sur l'interprétation de Gentili (p. 259, n. 10), qui comprend, en
acceptant le supplément impossible διάστα[σα]ι̣ (cf. app. crit. au
v. 22), « et quiconque veut nous diviser [*scil.* Pittacos et moi] » et
pense que « proprio in questa occasione Pittaco deve aver rotto la vec-
chia alleanza che gli aveva permesso alcuni anni prima (612-609 a. C.)
di eliminare con l'aiuto dei fratelli di Alceo il tiranno Melancro », voir
la notice du fr. 208.

Page 108

200. Le contexte, quand bien même il serait marin, ne permet pas
de choisir entre les sens possibles des mots πίναξ (« planche »,
« tablette », « carte [gravée] » etc.) et πινακίς. Porro fait entrer ces
deux mots dans la liste des termes de critique littéraire contenus dans
les commentaires papyrologiques d'Alcée (p. 246). G. Lentini (*ZPE*,
113, 1996, p. 6) suggère que πίναξ et πινακίς ont le même sens et renvoie à un passage de la scholie à Aristophane, *Gren.* 824b p. 299 Dübner (explication de πινακηδὸν ἀποσπῶν), πινακίδες δὲ αἱ μεγάλαι
σανίδες τῶν πλοίων, mais la leçon πινακίδες n'est rien moins que
garantie : le manuscrit de Ravenne et, dans la même phrase, la Souda
(Π 1609) ont πίνακες ; le sens de μεγάλη σανίς τῶν πλοίων n'est
pas attesté pour ce diminutif par ailleurs (celui même de σανίς ne l'est
pas) et est en lui-même surprenant (il a surpris légitimement Tzetzès :
cf. son commentaire à Aristophane, *Gren.* 824 p. 921 Koster). Πινακίδες de la scholie à Aristophane me paraît être une faute due à πινακή-
δον, peut-être tiré de πινακίς dans l'esprit d'un copiste. Cela étant, il
se peut que dans notre fragment πινακίς ait le sens par ailleurs,

semble-t-il, non attesté pour ce mot, de σανίδιον « petite planche ».
— Serait-il question du bateau (l. 3]νεωσ) apparemment mentionné
dans le fr. 306b (l. 2,]νεωσ[) en relation avec un retour d'exil (cf.
notice générale du fr. 306) ?

Page 109

202. Porro (p. 100-102) entend que τὸν τύραννον (l. 7) désigne
Pittacos ésymnète et cite *TVA* X en confirmation de sa thèse. Je crois
bien, comme Barner (p. 85 n. 3) en accepte la possibilité, qu'Alcée
peut se servir du mot « tyran » pour désigner par exemple Pittacos
partageant le pouvoir avec Myrsile, juste après la violation du serment
évoqué dans le poème dont le commentaire va suivre. Il n'y a aucune
raison pour limiter à l'ésymnétie de Pittacos l'emploi par Alcée du
mot « tyran » à propos de Pittacos ; le fr. 348, cité par Barner, ne
prouve rien, au contraire : Pittacos ésymnète y est présenté non simplement comme tyran, mais comme tyran élu à l'unanimité par les
Mytiléniens. Mentionnons la reconstitution métrique (strophe
alcaïque) de Page (p. 241 n. 1), Φιττάκω | νώτοισ᾽ ἐνορμάθεντασ
ἐπενθόρην.

203. Voir le fr. 129 et la notice du fr. 67. Rapprochant 67,3, Treu
(p. 137) compléterait ainsi le fragment : « serments faits [dans le sanctuaire d'Apollon] » ; πολ[(l. 13) garde peut-être trace du nom
d'Apollon. Avec ἐπιδοίη (= ἐπίδοι), le poète appelle l'attention du
dieu sur la violation, par l'une des parties, du serment dont il est le gar-
dien. Ἐπιδοίη est particulièrement approprié comme appel à la divinité protectrice d'un serment ; ainsi, Ζεὺς ὅρκιος est, par sa fonction
même, πανόπτης (Nilsson, p. 421 n. 2 ; West à Hésiode, *Travaux*
267).

Page 111

205. Le commentaire a pu adapter des mots et expressions
employés par le poète : ἐκπλήσσοιτο rendrait ἐκπλάζοιτο, ἐναβρυ-
νομ[rappelle ἁβρύνεται de la paraphrase d'Himerius en 307b^2 (5),
κατὰ κεφ[αλ- évoque 50,1 ; 74,3. Aurait-on là une paraphrase du
poème fragmentaire conservé au fr. 74 ? En tout cas le thème pourrait
être voisin. Watson, p. 64 n. 33, suggère qu'on a ici les bribes d'une
malédiction (cf. fr. 112, 129).

Page 112

206. Fragment d'Anacréon (403 *PMG*), à interpréter métaphoriquement, selon le commentateur.

207. On ne sait si τὸ λεῦκος (l. 12) signifie « la maladie (appe-

lée) λεῦκος » (?) ou « l'épithète λεῦκος » (forme éolienne valant
λευκός, épithète de ψόμμος ?) ; de même λευκη (l. 11) est
ambigu, épithète (λευκή) ou substantif (λεύκη). Le commentateur
établit un lien entre « leukos » et un gonflement ; il ne paraît pas
être question de la λεύκη ou *uitiligo alba*, où on n'observe pas de
gonflement (voir Gentili, p. 276, qui souligne qu'il ne s'agit pas de
la lèpre, comme on l'a souvent dit). Je suggère un rapprochement
avec la leucophlegmasie (φλέγμα λευκόν) ou anasarque décrite par
Hippocrate (*Aff.* 19) : τὸ σῶμα οἰδέει πᾶν λευκῷ οἰδήματι ;
cette maladie, qui, non traitée dès le début, peut dégénérer en
hydropisie, se produit ὅταν τις ἐκ πυρετῶν πολυχρονίων φλεγ-
ματώδης ὢν ἀκάθαρτος γένηται τρέπηταί τε τὸ φλέγμα αὐτοῦ
ἀνὰ τὰς σάρκας (comparer πολλὴ ἀκαθαρσία ἀναπορεύεται !).
La sérosité s'infiltre dans les chairs de la vieille prostituée qui ne
pratique plus, comme le sable entre dans le navire immobilisé (cf.
l. 2 ἑστάναι).
  208. Je rends ainsi un éventuel jeu de mots sur σκέλος = « jambe »
et σκέλος = μέρος τι τῆς νεώς (Hesychius s.v. ; Alcée connaissait-il
un sens de « couple » pour σκέλος ?) ; la jambette est « une allonge
en arc de cercle reposant sur la lisse d'hourdi et constitutive de la voûte
du bâtiment » (*Nouveau glossaire nautique d'A. Jal, IJK*, Paris, 1995,
s.v. jambette I).

Page 113

  211. Barner (p. 156-157) a bien vu que c'est une erreur de restituer,
avec Lobel, aux l. 30-31 τ[ουσ λε]γομένουσ πε[σ|σουσ κί]γεισ
πάντα λί[θον (sur cette dernière expression, voir Bühler, p. 195, qui
fait état de son désaccord avec Barner) : a) le lien avec ce qui précède
est inconcevable, tant du point de vue du sens que de la syntaxe ;
b) l'expression expliquée devrait précéder et non suivre l'explication ;
c) κινεισ, que ce soit un participe éolien au masculin ou une seconde
personne attique, ne s'insérerait pas dans le contexte. Barner supplée
]γ εἰσ πάντα λι[μένα, « in jeden Hafen ist sie gekommen » (« Dies
könnte man auch erotisch ausdeuten », p. 157 n. 2 : si le rendu est
juste, la signification érotique s'impose).
  212. Le commentateur cite parfois imparfaitement les passages
d'Alcée qui constituent les lemmes de son commentaire ; il est néanmoins probable qu'il s'agisse de strophes alcaïques, ainsi que le suggère la restitution suivante, tirée de Page (p. 193), dans laquelle la
synizèse présentée par σκέλεα [cité σκέλη par le commentateur]
normalise l'hiatus interlinéaire entre les deuxième et troisième vers
de la strophe, où la syllabe finale brève n'est pas attestée (cf. Page,
p. 323) :

ὀ{ν}στείχει, διὰ δὲ σκέλεα
ἤδη κεχώρηκ' <–◡> αὖται
_[πύκν]α τε καὶ θάμ[◡–] δρόμοισαι·
ἀλλ' οὐ ϛ.[..].ων ἔν<ν>εκ[α –◡]ται.

Page 115

214. La forme de ce nom (cf. Barner, *op. cit.* à la fin de la notice,
p. 14-15, que l'on complétera avec Detschew s.v. Αμαρδις) rappelle
l'anthroponyme Smerdis ou Smerdès, nom du meurtrier de Penthilos
(cf. Introduction, p. xvii). L'un et l'autre ont pu être de Mytilène.

Page 116

217. Peut-être « tu t'indignais davantage ».

Page 117

220. Guerre qui entrait dans sa sixième année au moment de la
bataille survenue lors de l'éclipse du 28 mai 585 prétendument prédite
par Thalès (voir *Présocratiques*, p. 85-86 ; F. Richard Stephenson,
Historical Eclipses and Earth's Rotation, Cambridge, 1997, p. 342-
344) et lors de laquelle Astyagès était roi ou commandait les opéra-
tions, tandis que Cyaxarès régnait au début de la guerre (cf. G. Huxley,
GRBS, 6, 1965, p. 201-206 ; Mosshammer, p. 271). Selon Hérodote
(1,74,2-3), la bataille de l'éclipse est le dernier épisode de la guerre
lydo-médique ; la guerre s'est poursuivie, pour au moins neuf ans,
après la bataille de l'éclipse, selon les témoignages de Jérôme et d'Eusèbe : voir Huxley, *op.cit.*, p. 203, mais aussi les conclusions opposées
de Mosshammer, p. 273. Il ne me paraît pas y avoir de rapport entre la
« bataille près du pont » et la guerre lydo-médique : voir l'hypothèse
formulée dans la notice des fr. 306Ae, Ac, Ae bis, ainsi que Huxley,
op.cit., p. 205-206, avec sa remarque : « the papyrus mentions the
'Action at the Bridge' before the outbreak of war between Astyages
and Alyattes : thus the action may not have been part of that war »,
observation en fonction de laquelle on appréciera la proposition, due à
J.A. Davison (*Atti dell' XI Congr. Internaz. di. Papirolog.*, Milan,
1966, p. 104-105), d'identifier la « bataille près du pont » et la bataille
de l'éclipse. « The expression π[ρὸσ] τῆι γεφύρηι is Ionic, but gives
no evidence that the 'Action', παράταξις, took place in Ionia », dit
Huxley. Il mentionne la possibilité que Γεφύρη<ι> soit un toponyme,
ce qui d'après lui expliquerait la conservation de la forme ionienne ;
selon Page (P.Oxy. XXIX, p. 44), cette forme est une simple erreur de
copie.

Page 120

222. La mise en rapport du fr. 306Eb avec le fr. 69 fait difficulté (voir n. 238).

Page 128

232. Rapprocher avec Haslam Athénée 10,425a = Sappho 203a, Σαπφώ τε ἡ καλὴ πολλαχοῦ Λάριχον τὸν ἀδελφὸν ἐπαινεῖ ὡς οἰνοχοοῦντα ἐν τῷ πρυτανείῳ τοῖς Μυτιληναίοις (cf. K. Tümpel, *Philologus*, 49, 1890, p. 718-719), mais non Sappho 99a col. I,7 *LP* = [Alcée] 303Aa,7 Voigt (il s'agit de l'adverbe προτανέως !). La forme προτάνηον, attestée dans les inscriptions (cf. Hodot, p. 74), a pu se trouver chez Alcée et Sappho. La coprésence du groupe « prytanée des Mytiléniens » et du mot Καδμειαι, qui suit, est mystérieuse ; devrait-on la mettre en rapport avec l'union de Cadmos et d'Issè, nymphe éponyme d'Issa = Lesbos (Lycophron, *Alex.* 219-223, avec la scholie : cf. F. Vian, *Les origines de Thèbes*, Paris, 1963, p. 154-155), Issa étant, d'après Diodore de Sicile, 5,81,2, le nom de Lesbos avant que ne s'y établissent les Pélasges ? Noter que, selon Étienne de Byzance s.v. ῞Ισσα = Parthénios fr. 631 *SH*, Issè est une fille de Macar (cf. Ovide, *Mét.* 6,124, *Macareida...Issen*) éponyme d'une ville Issa à Lesbos. Une autre piste pourrait être offerte par la tradition selon laquelle Macar a pour épouse la sphinge thébaine (scholie à Euripide, *Phén.* 26 I p. 251 Schwartz = Lysimaque, *FGrH* 382 F 4) : voir Tümpel, *Philologus*, 48, 1889, p. 118, et Gruppe, p. 296, qui interprétaient le texte de Diodore de Sicile cité n. 233 de telle sorte que Macar(eus) y est présenté comme s'étant lui-même appelé « lion » ; sur les rapports unissant Cadmos, Thèbes et Lesbos, voir les combinaisons ingénieuses de Tümpel, *Philologus*, 49, 1890, p. 720.

233. Confronter Diodore de Sicile 5,82,4, αὐτὸς δ' ὁ Μακαρεὺς ἐν τῇ Λέσβῳ βασιλεύων πρῶτον μὲν νόμον ἔγραψε πολλὰ τῶν κοινῇ συμφερόντων περιέχοντα, ὠνόμασε δὲ αὐτὸν (αὐτὸν Tümpel, *Philologus*, 48, 1889, p. 118 n. 39, à tort, comme le montre notre fragment) λέοντα ἀπὸ τῆς τοῦ ζῴου δυνάμεως καὶ ἀλκῆς θέμενος τὴν προσηγορίαν. Sur les talismans cachés qui assurent la protection des cités, voir Lobeck, *Aglaophamus*, Königsberg, 1829, I, p. 277-282 ; Frazer à Pausanias 8,47,5 (Londres, 1899, IV, p. 433-434) ; A. Mastrocinque, « Gli dei protettori della città », dans *Religione e politica nel mondo antico*, éd. M. Sordi, Milan, 1981, p. 3-21, et surtout le livre de Faraone. Sur le lion de Macar, voir Haslam, P.Oxy. LIII, p. 121, pour qui les φάρμακα, les γράμματα et la loi constituent une rationalisation du talisman, et Faraone (*op. et loc. cit.* dans la notice), qui illustre l'usage consistant à introduire des φάρμακα dans des statues creuses et le phénomène de l'inscription apotropaïque figurant sur la

statue du lion. F. Vian me fait remarquer que les dispositions concernant la condamnation des coupables ne doivent être qu'un article de la loi πολλὰ τῶν κοινῇ συμφερόντων περιέχοντα d'après Diodore. — Pour la mention des Ioniens à la ligne 31, rapprocher ce témoignage de Diodore de Sicile (5,81,4), qui évoque l'établissement de Macareus à Lesbos : ἦν δ' ὁ Μακαρεὺς υἱὸς μὲν Κρινάκου τοῦ Διός, ὥς φησιν Ἡσίοδος (fr. 184 M.-W.) καὶ ἄλλοι τινὲς τῶν ποιητῶν, κατοικῶν δ' ἐν Ὠλένῳ τῆς τότε μὲν Ἰάδος, νῦν δ' Ἀχαΐας καλουμένης. Εἶχε δὲ λαοὺς ἠθροισμένους, τοὺς μὲν Ἴωνας, τοὺς δ' ἐξ ἄλλων ἐθνῶν παντοδάπων συνερρυηκότας (explication appuyée sur le rattachement du mot « Éoliens » à αἰόλος = ποικίλος).

234. Le rapport établi ici entre (Apollon ?) Smintheus et Omestès/Dionysos est obscur. À Lindos, Apollon Smintheus et Dionysos paraissent tous deux liés à l'extermination des souris (cf. Nilsson, *G.F.*, p. 307 ; sur Apollon Smintheus (« the Mouse God »), voir Faraone, p. 128-132) ; il y a lieu de supposer l'existence d'un Dionysos Smintheus (voir Nilsson *ibid.*). Sur le plausible culte d'Apollon Smintheus à Lesbos, voir Shields, p. 1-2 ; Buchholz, p. 201 et 204. On ne sait d'ailleurs s'il faut bien établir un rapport, et lequel, entre la discussion sur Macar et celle portant sur Dionysos Omestès (voir la note suivante) ; sur une base ténue, Gruppe (p. 297 n. 1) établit un lien entre Macar et le culte d'Apollon Smintheus à Chrysè en Mysie. Je rapproche la fonction protectrice et salvatrice accordée au lion de Macar de celle assumée par Apollon et/ou Dionysos exterminateurs des souris, divinités auxquelles le lion n'est d'ailleurs pas étranger (pour Dionysos, rapprocher *H.H.* 7,44 avec la note de Càssola ; pour Apollon, voir H.A. Cahn, *Die Löwen des Apollon, MH*, 7, 1950, p. 185-199). Wilamowitz (*Herakles*, Berlin, 1895², I p. 45 n. 73) met en rapport avec Dionysos de Brèsa (cf. note suivante) le lion de Lesbos tué, selon la scholie à Théocrite 13,6, par Héraklès : il rapproche du lion de Lesbos le lion de Céos (on en trouve sur l'île une représentation monumentale du VIᵉ s.), qui effraya et fit fuir les nymphes appelées Βρῖσαι, nourrices de Dionysos Brisaios d'après Et. Mag. Gen. β 262 II p. 502 = Et. Mag. auct. β 327 II p. 503 = Et. Sym. β 13/27 II p. 502 Lass.-Liv. L'histoire du lion et des nymphes est transmise par un fragment prétendu d'Héraclide du Pont (fr. 9 *FHG* = Aristote, fr. 511 Rose [texte moins complet]) qui cependant la rapporte explicitement à un autre groupe de nymphes que les Βρῖσαι. Sur le lien entre Dionysos, le prétendu lion des *Brisai* et Macar, voir Shields, p. 57-58.

235. Le rôle de Macar est ici obscur ; on dirait qu'il se limite à être un repère chronologique. Cependant, son lien avec Dionysos est attesté : Macar(eus) est le fondateur du sanctuaire de Dionysos sur le promontoire lesbien de Brèsa (Androtion *FGrH* 324 F 56 ; cf. Bechtel, p. 127-128, en ajoutant Hesychius Βρησσαῖος· ὁ Διόνυσος ; Shields, p. 57-59) ; c'est le nom d'un prêtre mytilénien de Dionysos chez Élien (*V.H.*

13,2), qui raconte, au sujet de ce prêtre puni par les dieux, une histoire où on retrouve, dans un autre contexte, les éléments de la cachette et du sacrifice humain (cf. Shields, p. 59). D'autre part, le dernier vers du fr. 130a, avec la scholie, évoque un « mur royal » (d'Héra, selon la scholie) qu'il est tentant de rapprocher du sanctuaire dont il est question aux fr. 129 et 130b : « royal » pourrait renvoyer à Macar roi de Lesbos ; l'attribution à Macar de la fondation de ce sanctuaire, qui joue un rôle si important dans les pièces 129, 130a et 130b, pourrait avoir suscité une bonne partie du développement relatif à Macar chez notre commentateur. Voir encore, sur le rôle de Macar, la note suivante.

Page 129

236. Dans les lignes de la traduction qui précèdent, j'ai suivi l'interprétation de Haslam, P.Oxy. LIII, p. 122-123, la seule à ma connaissance qui tienne compte de toutes les données fournies par les bribes de texte. Je rapprocherais une anecdote de Phanias de Lesbos (!) [*Hist.* fr. 25 Wehrli] rapportée par Plutarque, *Vie de Thémistocle* 13, 2-4 : on amène à Thémistocle, qui sacrifiait, trois jeunes prisonniers de sang royal, très beaux et richement vêtus ; le devin (!) Euphrantidès ἐκέλευσε τῶν νεανίσκων κατάρξασθαι καὶ καθιερεῦσαι πάντας ὠμηστῇ Διονύσῳ προσευξάμενον· οὕτω γὰρ ἅμα σωτηρίαν τε καὶ νίκην ἔσεσθαι τοῖς Ἕλλησιν. Thémistocle se montre récalcitrant, mais les Grecs le contraignent à procéder au sacrifice ; le rôle de Macar serait-il analogue à celui joué par Thémistocle, le rôle d'Omestès à celui d'Euphrantidès ? Dosiades (*FGrH* 458 F 7), auteur de *Cretica*, atteste le sacrifice humain en l'honneur de Dionysos à Lesbos. On a ici l'*aition* de ce sacrifice, dont peut-être Phanias s'est souvenu (D.D. Hughes, qui analyse l'histoire de Phanias dans *Human Sacrifice in Ancient Greece*, Londres-New York, 1991, p. 112-115, ignore malheureusement notre fragment, tout de même que P. Bonnechère, *Le sacrifice humain en Grèce ancienne*, Athènes-Liège, 1994, p. 224 avec n. 201). Sur Dionysos Omestès, voir F. Graf, *Nordionische Kulte*, Vevey, 1985, p. 75-76.

Page 130

238. Rapprochement tentant avec le fr. 306Af et, en raison de la mention d'une somme d'argent apparemment destinée à lever des troupes, avec le fr. 69, mais il est bien difficile d'identifier les talents ici mentionnés (30 au moins) aux 2000 statères lydiens d'électrum évoqués au fr. 69. Admettons qu'il soit question de talents d'argent : qu'un de ces statères d'électrum vale dix statères d'argent phéniciens à 14,52 gr. ou babyloniens à 10,89 gr. (cf. Hultsch, p. 182 et 187), 2000

statères d'électrum équivalent à moins de sept talents (phéniciens ou babyloniens) ! Un statère d'électrum de Cyzique (= neuf statères d'argent babyloniens) représente le salaire d'un mercenaire pour un mois d'après Xénophon, *Anabase* 5,6,23 (voir Hultsch, p. 184-185). On a proposé aux l. 7-8 le supplément με[lγάλην : de fait, la somme représentée par ces talents devait permettre la levée d'une force « considérable ». Par ailleurs, si on rapporte notre fragment au poème 69, la datation des faits qui y sont évoqués profiterait bien peu de l'identification du souverain lydien ici mentionné avec Alyattès : le règne de ce dernier s'étend de 617 à 561 (Mosshammer, p. 263) ; si notre fragment se rapporte, comme il est plausible, à l'activité d'Alcée, Crésus paraît avoir moins de chance qu'Alyattès d'être le souverain lydien en question : il succède à son père sur le trône en 560 d'après la chronologie d'Hérodote. Il est risqué d'invoquer la mention de Crésus au fr. 306Af pour introduire le nom de ce roi dans notre fragment, car, s'il y est question de relations réelles entre Pittacos et Crésus, ne peut être, semble-t-il, concernée qu'une période antérieure à la mort de Pittacos en 578/577, où Crésus, alors apparemment très jeune, n'était pas encore sur le trône (voir l'Introduction p. xv n. 23).

239. Smyth (p. xxvii n. 2) suppose que l'appellation « proème », donnée aux hymnes homériques (Thucydide, 3,104,3, intitule « proème <en l'honneur> d'Apollon » l'*Hymne à Apollon*), est due justement au fait que l'hymne rappelait le style des anciens proèmes ; Càssola (p. xiii) estime que proème est synonyme de composition poétique en général.

240. L'appellation « péan » est due au fait que le poème d'Alcée est un hymne adressé à Apollon. Dans son livre *Paian* (Berlin-New York, 1992), L. Käppel fait des restes du poème d'Alcée le premier de son recueil de péans (p. 357-358) et paraît croire (cf. p. 59) qu'il s'inscrit dans le cadre d'un culte lesbien. En réalité, il ne s'agit pas d'un hymne cultuel (cf. Eisenberger, p. 20 et 46) : le public d'Alcée est ici celui du banquet (cf. l'Introduction, p. xxix). Noter qu'Archiloque (121 West[2]) atteste l'existence du péan lesbien accompagné de l'*aulos*, comme l'était, si l'on combine les témoignages du Pseudo-Plutarque et d'Himerius, le péan entonné par les Delphiens dont il est question chez Alcée.

241. « Alles Detail ist unzuverlässig, passt für den knappen Stil, den wir kennen, gar nicht », selon Wilamowitz (*Pindaros*, Berlin, 1922, p. 81 n. 2).

242. Non l'anniversaire du dieu le 7 du mois de Bysios (février-mars), non les Théoxénia du mois de Théoxénios (mars-avril), mais les Théophania, mentionnées par Hérodote dans un passage (1,51,2) où l'on attend d'ailleurs plutôt qu'il soit question des Théoxénia (cf. Nilsson, *GF*, p. 159 n. 3) ? K. Kerényi, *Dionysos*, Munich-Vienne, 1976, p. 169-170 (= Londres, 1976, p. 205-206) met l'hymne d'Alcée en rap-

port avec les Théophania, comme le proposait déjà O. Crusius (*op. cit.*
dans la notice), qui cependant voulait identifier cette fête avec les
Théoxénia. Kerényi voit dans le fait que le dieu se rend à Delphes la
deuxième année de sa naissance, au terme d'une absence d'un an, le
témoignage de l'existence d'une triétérie primitive qui n'a subsisté
qu'en relation avec Dionysos.

243. En témoignent le chant des oiseaux et l'abondance miracu-
leuse des eaux du Céphise et de Castalie en plein été. Cet enthousiasme
est partagé par les hommes : cf. Procope de Gaza, *Lettres* 16 p. 13
Garzya-Loenertz, ὥσπερ οἱ Δελφοὶ ἐπειδὰν ἐξ Ὑπερβορέων
ἐλθόντος Ἀπόλλωνος τὸ πρὶν σιγῶντες πληρεῖς ἐξαίφνης
γένωνται τοῦ θεοῦ.

Page 133

244. De αὔταισ (datif court) rapprocher, d'un côté, Philostrate, *Im.*
1,26,1 τίκτεται (Hermès) μὲν ἐν κορυφαῖς τοῦ Ὀλύμπου κατ' αὐτὸ
(*sic* Kayser, αὐτοῦ mss.) ἄνω τὸ ἕδος τῶν θεῶν, et, de l'autre, Alcée,
fr. 130b,15 συνόδοισί μ' αὔταισ'. Le datif pluriel de ὅ, ἅ, τό est court
(τοίσ, ταίσ) quand il n'a pas valeur de pronom démonstratif ou relatif
(Lobel, Σ., p. xxxvii ; Hamm, p. 108). Le datif court de l'adjectif pro-
nominal paraît attesté dans notre passage ; 130b,15 συνόδοισί μ'
αὔταισ serait un second exemple s'il s'agissait d'une fin de vers, mais
en réalité les v. 15 et 16 constituent un vers unique, où il faut rétablir
la forme longue élidée αὔταισ'(ι). La forme brève, ainsi que le
remarque Page (p. 208), se trouve ici en fin de vers et elle est précédée
par une forme longue avec laquelle elle s'accorde ; Hamm (p. 148)
suppose que la forme brève a été étendue de l'article à l'adjectif pro-
nominal. On n'a en revanche chez Alcée aucun exemple sûr ou même
plausible de la forme brève pour le substantif ou l'adjectif non prono-
minal : il y a élision en 130b,9 (substantif en milieu de vers) et, sans
doute, en 356 (adjectif et substantif) ; en 333, ἀνθρώποισ au milieu
du vers est une faute certaine. En conséquence, j'écarte, dans notre
passage, la conjecture ἄκραισ (Meineke) ou la variante ἀγναῖσ,
conjecture, me semble-t-il, faite à partir de la leçon fautive αὐγαῖσ, et
il me paraît peu plausible de voir des datifs courts de fin de vers en
λυκαιχμίαισ (130b,10), mot dont l'interprétation comme datif est par
ailleurs problématique (cf. n. 137), et dans la restitution conjecturale
Βαβυλωνίοισ (350b (2),3 ; cf. app. crit.). Chez Sappho, les seuls
exemples à considérer paraissent être l'adjectif substantivé φίλοισ en
44,12 et surtout ἴ]κελοι θέοι[σ en 44,22, tous deux en fin de vers et
dans un poème très épicisant de fond et de forme (voir Lobel, Σ.,
p. xxxviii-xl ; Page, p. 67 ; Hamm, p. 147 et 149 ; Marzullo, p. 154-
155 et 170 ; Bowie, p. 112-114, qui accepte sans discussion suffisante
d'autres exemples douteux).

245. Rapprocher de ces bribes de résumé le texte de la scholie à
l'*Iliade* cité dans Test. *b*. La l. 19 (κλ]οπὴν λαβ[) suggère un lien entre
le vol des vaches et l'échange de la lyre et du bâton (cf. *H.H.* 4,436-438 ;
au v. 437, πεντήκοντα βοῶν ἀντάξια ταῦτα [à savoir la lyre] μέμηλας, il faut lire μέμηΔας en lieu et place de l'incorrect μέμηΛας).

Page 136

249. Restitution et interprétation conjecturales. Je suis l'interprétation de West (*Notes*, p. 5), si ce n'est qu'il rapporte θέων ἰότατι à
θήσει ; après Bergk, il reconnaît dans notre fragment la strophe sap-
phique. Treu (*Maia*, 2, 1949, p. 242-255) voit là les restes d'un hymne
aux Muses ; il est en effet plausible que ὔμμε renvoie aux Muses. Treu
lit τὸ γὰρ θέων ἰότατι ὔμμε λαχόντων ἄφθιτον Ι <ἀν>θήσει (add.
Bekker) γέρασ (« Unvergänglich wird blühn Ehre und Amt derer, die
Euch erlost, wie's die Götter gewollt »), restitution contre laquelle on
verra les objections de Rösler, p. 75-76 n. 117. Treu rapproche le fragment anonyme 1001 *PMG*, φαμὶ ἰοπλοκάμων (noter le *digamma effi-
ciens*) Μοισᾶν εὖ λαχεῖν, dont la ressemblance avec Bacchylide
1,151 Snell-Maehler, εὖ δὲ λαχὼν Χαρίτων, inciterait à l'attribuer à
ce poète. — Treu (*Maia*, 2, 1949, p. 232-255) voit en notre fragment
un témoignage d'Alcée sur sa vocation de poète où se trouve associée
au don des Muses une survie dépassant le cadre spatial et temporel du
cercle auquel la production poétique d'Alcée est destinée. Rösler
(p. 73-77) n'a peut-être pas raison de désolidariser entièrement cette
survie de l'idée d'une survie des poèmes (cf. Introduction, p. xxxv).
C'est dans le même sens que je comprendrais le fr. 55 de Sappho,
témoignage analogue à celui d'Alcée (texte cité n. 369 au fr. 404). Sur
le culte des Muses à Lesbos, voir Shields, p. 69-71, qui commente
Myrsilos *FGrH* 477 F 7.

250. Hiller attribue ce fragment à un hymne à Athéna, ce qui n'est
pas *a priori* vraisemblable ; Crusius rattache ce fr. le fr. 382. Il
semble avoir été question, dans le poème dont cet extrait est tiré, d'une
opération engagée par la faction d'Alcée : de l'emploi de ἔργον, rapprocher 140,15 ; l'appel vraisemblable au concours d'Athéna suggère
une opération armée (cf. 325,1 ; 382). Notre vers était peut-être précédé d'une prière où le poète demandait sa faveur à Zeus en tant que
τέλειος (cf. 200,10-11 ; 361).

251. Traduction incertaine : πέρ peut valoir περί ou ὑπέρ, οἶκος
est susceptible d'avoir plusieurs sens (« maison », « patrie », « patri-
moine », « famille » [Pindare]), ἀτιμία peut signifier le déshonneur
(ou l'acte déshonorant) dont on est l'objet ou que l'on cause à autrui.
Diehl, se fondant, à tort, sur l'attribution du fragment au livre I, le rapporte à un hymne, plus précisément à un hymne à Athéna (?), et renvoie à l'interprétation problématique de Jurenka, *WSt*, 10, 1898,

p. 125, *dixerat poeta, quoniam de* [ὑπέρ] *sua cuique domo deque honoribus ciuilibus* (!) *dimicandum esset, uiris intrepidis opus esse.* Peut-être a-t-on là le reste d'une invective (adressée à Pittacos ?).

252. Mesure pour le grain en usage à Lesbos, sur laquelle on verra Hultsch, p. 561 et 575. Elle a pu valoir 15,32 litres (Hultsch, p. 632).

Page 137

254. Sens indéterminable, vu la diversité des sens possibles de πεδάορος = μετήορος = μετέωρος. Les traductions « in unsrer Mitte den Aufgeblähten » (Treu) ou « high above us » (Edmonds, Campbell) sont sujettes à caution ; Barner (p. 174 n. 2) rapproche le fr. 363 (voir n. 323) et croit qu'il est question de Pittacos. Bergk reconnaît ici et au fr. 377 le *colon* (« lekythion ») entrant dans la composition de *non ebur neque aureum | mea renidet in domo lacunar* (lek ‖ 3ia∧ chez Horace, qui a peut-être considéré comme deux vers ce qui constituait deux *cola* chez Alcée, à savoir lek | 3ia∧) : les métriciens latins disent qu'Alcée a souvent fait usage de cette combinaison (cf. *TM* XX) ; voir Nisbet-Hubbard II, p. 292 (je ne sais pourquoi ils parlent d'hipponactéen).

Page 138

256. Bekker paraît avoir eu raison de séparer *a* et *b*, qui peuvent appartenir au livre VII ou même à un poème unique sans constituer une seule citation, comme le veut Lobel, A., p. 45-46, suivi par Page, p. 273, qui la rapportent à Endymion. Le contexte de *b* paraît être sym-posiaque (est-ce aussi le cas du fr. *a* ?) : rapprocher 38b,5 et 70,3 πεδέχων συμποσίῳ. Selon une hypothèse de Bergk (p. 182 ; cf. app. crit.), il pourrait y être question de la πρόποσις. Sur cette pratique, voir Athénée 11,498c, κυρίως γάρ ἐστι τοῦτο προπίνειν τὸ ἑτέρῳ πρὸ ἑαυτοῦ δοῦναι πιεῖν ; 498d, πληροῦντες γὰρ προέπινον ἀλλήλοις μετὰ προσαγορεύσεως (cf. 10,432d = Critias 6 West[2] ; 11,470f = Théopompos fr. 33 Kassel-Austin, v. 9-11). Malgré G. Din-dorf (*TLG* VI s.v. προπίνω, p. 1815), la note d'Athénée (498c) sur προπίνειν ne me paraît pas exclure que le προπότης goûte à la coupe avant de la destiner à celui qu'il nomme, ainsi que l'implique d'une façon nécessaire le témoignage de Cicéron, *Tusculanes* 1,96, qui donc ne s'oppose pas à celui d'Athénée : « *Propino, inquit* [Théramène], *hoc pulcro Critiae* », *qui in eum fuerat taeterrimus ; Graeci enim in ·conuiuiis solent nominare cui poculum traditur sint. Lusit uir egregius extremo spiritu, cum iam praecordiis conceptam mortem contineret, uereque ei, cui uenenum praebiberat, mortem eam est auguratus quae breui consecuta est.* S'il est bien question dans notre fragment de πρό-ποσις et si σαύτω<ι> est bien un datif (je ne vois pas, en l'état du texte, ce qu'on peut faire d'un génitif), le symposiaste serait lui-même

le destinataire de sa πρόποσις : tellement pressé de vider la coupe, il renverserait la coutume (cf. Critias, *loc. cit.* v. 6-7, προπόσεις ὀρέγειν ἐπιδέξια, καὶ προκαλεῖσθαι | ἐξονομακλήδην ᾧ προπιεῖν ἐθέλει) et se destinerait à lui-même la coupe, y goûtant puis la vidant. Bergk (p. 182) veut que le fr. *b* soit extrait d'un poème érotique et que le destinataire de la πρόποσις soit l'éromène (c'est le φιλοτησίαν κύλικα προπίνειν ; cf. Plaute, *Persa* 775, *hoc mea manu' tuae poclum donat, ut amantem amanti decet*) ; il reste alors à donner un sens au texte transmis σαύτω.

Page 139

259. D'après la présentation du fragment d'Alcée qui lui est attribuée (cf. Test.), le grammairien Zenobius, de l'époque d'Hadrien, paraît penser que δένοσ vaut οὐδένοσ, mais cette opinion est en conflit avec la doctrine ordinaire des grammairiens grecs pour qui δείς équivaut à τίς (Denys de Thrace cité à Test. ; Théodosios *Can.* I p. 205,19-20 et 208,1 Hilg. ; Hérodien, Περὶ μονοσυλλάβ. II p. 903,26-28 Lentz ; on notera l'opposition démocritéenne [fr. B 156 Diels-Kranz] du δέν au μηδέν), et je croirais volontiers que l'opinion de Zenobius a été mal reproduite par l'excerpteur ou que le texte actuel est fautif. Comme δείς ne peut valoir οὐδείς et que la négation contenue dans οὐδένοσ ne peut s'appliquer à δένοσ, il convient d'entendre « et rien ne pourrait naître de quelque chose » (cf. Moorhouse, *CQ*, 12, 1962, p. 235-238). Le fragment d'Alcée n'exprime donc pas, comme on l'a souvent pensé (cf. Treu, p. 192), l'idée philosophique du *nihil ex nihilo*. Porro, *Alceo*, traduit bizarrement « e un niente può venire da un qualcosa ».

Page 140

260. S'il faut bien y restituer le mot πόλιεσ, ce fragment suscite le rapprochement, très conjectural, non pas avec les campagnes victorieuses de Crésus contre les cités ioniennes et éoliennes d'Asie Mineure (Hérodote 1,26-27 ; le règne de Crésus s'étend de 560 à 546 d'après Hérodote), mais avec celles de son père Alyattès contre les cités ioniennes (Hérodote 1,16-22 ; le règne d'Alyattès dure de 617 à 560 selon Hérodote).

261. Il est question du jeu du cottabe (cf. fr. 72 ; Lissarrague, p. 82). L'élève d'Aristote Dicéarque, lui-même sicilien, avait traité de ce jeu, dont Critias (2,1-2 West² = Athénée 2,28b et 15,666b) affirme l'origine sicilienne, dans son traité Περὶ Ἀλκαίου (voir Dicéarque fr. 94-97 Wehrli) : cf. Athénée 15,666b (= Dicéarque fr. 95 Wehrli), Δικαίαρχος (…) ἐν τῷ περὶ Ἀλκαίου καὶ τὴν λατάγην φησὶν εἶναι Σικελικὸν ὄνομα· λατάγη δ᾽ ἐστὶ τὸ ὑπολειπόμενον ἀπὸ τοῦ ἐκποθέντος ποτηρίου ὑγρόν, ὃ συνεστραμμένη τῇ χειρὶ ἄνωθεν

ἐρρίπτουν οἱ παίζοντες εἰς τὸ κοτταβεῖον. Sur l'utilisation de ce jeu en contexte (homéo-)érotique, voir Athénée 10,427d (= Théophraste fr. 118 Wimmer, 570 Fortenbaugh) ; 11,487d = Sophocle fr. 537 Radt ; 15,668 ; Pfeiffer à Callimaque fr. 69 et 227,7 ; Lissarrague, p. 75-82.

Page 141

263. Emploi notable de ποι = που après un relatif qui suit une invocation et introduit une donnée circonscrivant l'activité ou l'existence d'un dieu : rapprocher Anacréon 348,4 *PMG* ; Ananios 1,1 West[2] et peut-être Alcée 382,1. Sur που tempérant une affirmation relative à un dieu, voir Wackernagel, p. 700 ss.

264. Sur le problème posé par le nom du fleuve (Κουάριος/ Κουράλιος/Κωράλιος), voir P.W. Wallace, *Strabo's descriptions of Boiotia*, Heidelberg, 1979, p. 115-116 ; R. Baladié à Strabon, 9,5,17 (Paris, 1996, p. 228), avec les réserves que je formule dans la note 262.

265. La restitution proposée, πεδίω μέδησ, est une synthèse de la leçon ἐπιδεω(ν αυω) du manuscrit A et de la leçon μεδ| [du palimpseste : d'un côté et de l'autre, il y a eu haplographie ; le palimpseste conserve la trace de μέδησ, tandis que A conserve celle de πεδίω sous la forme corrompue επιδεω. Rapprocher Κυλλάνασ ὁ μέδεισ (308,1) et ὁ γᾶσ Σκυθίκασ μέδεισ (354) ; Strabon (Test.) ἐν τῷ πρὸ αὐτῆς πεδίῳ τὸ (…) ἱερὸν ἱδρύσαντο (je vois avec satisfaction que Page *LGS* remarquait « latet πεδίωι, opinor »). Ce temple, identifié par Spyropoulos (voir *BCH*, 98, 1974, p. 643), se trouve dans la plaine du Copaïs, au nord de l'acropole de Coronée (cf. A. Schachter, *op. cit.* dans la notice, p. 117-127 ; R. Baladié à Strabon 9,2,29 [Paris, 1996, p. 102 n. 5]). « Le fait qu'Alcée ait connu ce temple béotien plutôt obscur suggère qu'il avait visité cette partie de la Béotie » écrit P.W. Wallace, *op. et loc. cit.* n. 264.

Page 142

266. La généalogie d'Alcée, sous son aspect allégorique, pourrait exprimer la violence tempêtueuse d'Amour, si on reste dans le cadre de l'épos homérique, où Iris annonce la guerre ou la tempête (*Iliade* 17,548-549 ; voir la note de M.W. Edwards, Cambridge, 1991, à 17,547-552) et Zéphyr est un vent violent (*Iliade* 23,200 ; *Odyssée* 5,295 ; 12,289 ; opposer Hésiode, *Travaux* 594 et *Théogonie* 870-871). Eisenberger (p. 39) oppose joliment la valeur de Zéphyr à celle d'Iris : « Alkaios sah offenbar das Furchterregende und Schreckliche am Eros gerade in der Plötzlichkeit, mit der er den Menschen überfällt, und zugleich in der Schönheit, durch die er ihn fesselt ». Les deux interprétations qui précèdent donnent davantage de sens à δεινότατον

que l'interprétation fondée sur l'association unilatérale d'Iris, Zéphyr et Éros à la fécondité (cf., pour Éros, Théognis 1275-1278) et qui met la généalogie d'Alcée en relation avec la puissance de l'amour au printemps et avec la floraison qui survient à cette saison : voir la citation de l'Et. Mag. et de l'Et. Gud. rapportée dans les Test. Selon Broger (p. 216-218), Iris représente l'arc-en-ciel et Zéphyr le vent qui amène la pluie, et la généalogie du poète repose sur un « Wettererlebnis » (il reste alors à mettre cette expérience en rapport avec Éros !). D'après Plutarque (*Dialogue sur l'amour*, 20 765def-766a ; cf. Test.), des exégètes (οἱ γραμματικοί) voyaient dans la généalogie alcaïque une image comparant l'effet de l'amour à celui de l'arc-en-ciel sur l'oeil (πρὸς τὸ ποικίλον τοῦ παθοῦς καὶ τὸ ἀνθηρὸν γεγονέναι τὴν εἰκασίαν), interprétation développée par un personnage du dialogue de Plutarque. Dans la cosmogonie parodique des *Oiseaux* d'Aristophane (693-703), Éros aux ailes d'or (χρυσόπτερος, épithète d'Iris en *Iliade* 8,398 = 11,185 ; *H.H.* 2,314 ; Nonnos, *Dion.* 31,110, Ἴρις, ἀεξιφύτου Ζεφύρου χρυσόπτερε νύμφη, et ailleurs chez le même auteur) et semblable aux vents tourbillonnants, bourgeonne à partir d'un oeuf ὑπηνέμιον engendré par Nuit (voir *Présocratiques*, p. 27-29 ; N. Dunbar [Oxford, 1995] *ad loc.*). Peut-être la filiation alcaïque à partir d'Iris, qui fait le lien entre le ciel et la terre, rejoint-elle la généalogie de Sappho pour rappeler la position intermédiaire entre ciel et terre d'Éros vu comme pluie-semence (cf. *Présocratiques*, p. 39). F. Lasserre (*La figure d'Éros dans la poésie grecque*, Lausanne, 1946, p. 221) établit un lien entre la filiation à partir de Zéphyr et les ailes d'Eros. Complexe est, en tout cas, la motivation de la généalogie d'Alcée, où se mêlent plusieurs traditions et des angles de vue différents.

268. Chez Jean le Lydien, *De mensibus* 4,154 p. 172 Wünsch, on lit (...) Ἔρωτι, ὃν οἱ μυθικοὶ Ζ<εφύρου τοῦ γί>γαντος (suppl. Hase) εἶναι παῖδα ἀξιοῦσιν, ὥς φησιν Εὔρυτος ὁ Λακεδ<αιμόνιος ὁ μ>ελοποιός (suppl. Hase)· ἄρχεται δὲ οὕτως· ἀγαλμοειδὲς Ἔρως. Contre Bergk (p. 639), d'aucuns ont cru que Εὔρυτος est un fantôme ; Mayer (*ap.* Roscher s.v. Iris, II 1, 323) a suggéré que ce mot n'est que le fruit du déplacement et de la corruption de (καὶ) Ἔριδος (= Ἴριδος, cf. Mayer, 337), qui faisait suite à Ζεφύρου τοῦ γίγαντος. C'est au mépris du texte transmis qu'on écrirait ὁ Ἀλκαῖ<ος ὁ μ>ελοποιός avec Hefermehl (*Studia in Apollod. π. θεῶν*, Berlin, 1905, p. 29-30) ou Mayer (suivi par Treu, p. 150-151). D'autre part, si Jean le Lydien fait allusion à Alcée, comme le veut par exemple Pfeiffer (*Gnomon*, 6, 1930, p. 319), c'est vraisemblablement à notre fragment ; si la citation vient d'Alcée, elle représente sans doute les premiers mots du poème dont est extrait notre fragment. Or, que l'on écrive ἀγλαόμειδες (ou -μμειδες) ou ἀγαλλόμειδες, la citation ne peut représenter le début d'une strophe alcaïque (cf. Page, p. 272 n. 1). La conclusion est que Jean le Lydien ne fait pas allusion à Alcée et que

sa citation ne provient pas d'une composition de ce poète. À la suite de M. Schmidt (*Philologus*, 18, 1863, p. 226), j'observe qu'avec ὁ Λακεδ<αιμόνιος ὁ μ>ελοποιός on attendrait Alcman, qui est désigné par Aelius Aristide citateur d'Alcman fr. 30 *PMGF* comme ὁ Λάκων et par Plutarque citateur du fr. 41 *PMGF* comme ὁ Λακωνικὸς ποιητής. D'autre part, avec la conjecture vraisemblable de Meineke ἀγλαομειδὲς, un hémiépès ouvrirait le poème, ce qui ne serait pas sans appuyer l'attribution à Alcman. Néanmoins il est trop commode d'éliminer cet Eurytos lacédémonien et poète mélique (on connaît un autre lacédémonien de ce nom [Hérodote 7,229]) : peut-être Bergk avait-il raison de croire à l'existence du nôtre.

269. Rapprocher 130b,9 (cf. Mazzarino, p. 65 n. 7). On a cherché à rattacher ce fragment au fr. 307 : ainsi Gallavotti, *Storia*, p. 82, pour qui Héphestion aurait cité le premier exemple de « décasyllabe alcaïque » qui se présentait dans l'édition alexandrine, c'est-à-dire le v. 4 de l'hymne à Apollon ; Snell (p. 72 [travail originellement publié en 1944]) avait déjà exprimé la même idée (« O Herr Apoll, Sohn des grossen Zeus, <der du in Delphi dein Haus hast> und der du am Rande (der Welt) wohnst »), idée qui se heurte à deux objections formulées par K. Latte (*Gnomon*, 25, 1953, p. 349) et laissées sans véritable réponse par Treu (p. 146) : τισ ne s'explique pas, quoi qu'en ait Snell, et ἐσχατιαί seul ne signifie pas « les confins de la terre habitée ». Treu suppose que ἐσχατίαισιν était précisé dans la strophe suivante.

Page 144

273. Début de poème, ainsi que le montre l'imitation très circonscrite d'Horace en *Odes* 1,37,1, *Nunc est bibendum*. La mort du tyran Myrsile (cf. n. 338 au fr. 383) a pour *terminus ante quem* l'élection de Pittacos comme ésymnète (597-596, cf. Mosshammer, p. 251-253). L'hypothèse que la mort de Myrsile marque la fin du premier exil du poète fait difficulté : voir l'Introduction, p. xx-xxi. — Gallavotti (*Mélanges Castiglioni*, I, Florence, 1960, p. 319-329) place nos deux vers en tête du fr. 206 dont le premier vers devient le dernier d'une strophe qui s'ouvre avec notre fragment. Gallavotti appuie sa thèse sur l'identification hasardeuse en πέφεννε/πέφαννε (206,5 ; πέφαννε est la leçon après correction par le scribe lui-même) d'un parfait intransitif de θείνω signifiant « il est mort ». La combinaison est peu vraisemblable.

274. Lobel (Σ., p. xl) appuie sa correction ἀνθρώπῳ sur Théognis, 500, ἀνδρὸς δ' οἶνος ἔδειξε νόον (cf. Eschyle fr. 393 Radt, κάτοπτρον εἴδους χαλκός ἐστ', οἶνος δὲ νοῦ ; Théopompos fr. 33,3 Kassel-Austin, φύσεως κάτοπτρον, dit d'une coupe). Noter avec Page (p. 312) et Gentili (*Polinnia*, p. 209) que δίοπτρον (cf. Somolinos, p. 263) n'est pas κάτοπτρον, « miroir ». Rapprocher

Athénée 10,427f = Périandre Test. 19 Gentili-Prato, Πιττακὸς Περ-
ιάνδρῳ τῷ Κορινθίῳ παρήνει μὴ μεθύσκεσθαι μηδὲ κωμάζειν,
ἵν᾽, ἔφη, μὴ γνωσθῆς οἷος ὢν τυγχάνεις ἀλλ᾽ οὐχ οἷος προσ-
ποιῇ. Buffière, p. 249, suggère que le contexte est érotique (son rapprochement d᾽ *A.P.* 12,135 [Asclépiade], οἶνος ἔρωτος ἔλεγχος
κτλ., manque quelque peu de pertinence : boire en abondance au
banquet y est présenté comme le signe qu'on est amoureux). Voir
fr. 366 avec n. 326.
275. Selon West (*Notes*, p. 5), qui remarque que les allusions aux
saisons introduisent habituellement une invitation à boire (338, 347,
352, 367 [mais ces quatre textes sont spécifiquement cités par Athénée
= *TVA* XIV pour illustrer le fait qu'Alcée boit en toute saison]), cette
séquence serait une indication temporelle valant « ce n'était pas/ce
n'est pas encore l'hiver ». On traduit ἐστύφελιξε par « soulever »,
mais le verbe signifie « frapper » ; peut-être le vers suivant mention-
nait-il le trident avec lequel Poséidon bat les flots et les agite (cf.
Odyssée 5,291-292).

Page 145

278. Même expression avec Zeus pour sujet en *Iliade* 6,234 ;
9,377. La substitution de Typhôs à Zeus est peut-être symptomatique
d'une confusion de leurs attributs à partir d'Hésiode, *Théog.* 846 : voir
West *ad loc.* Sur la conception sous-jacente à cette expression du
trouble mental, voir L.E. Woodbury, *Collected Writings*, Atlanta,
1991, p. 184 n. 34.
279. Ou : « Antandros, la première cité des Lélèges ». Voir n. 52
à fr. 7,5.

Page 146

280. Rapprocher la description de l'hiver dans la campagne de Lesbos chez Longus, 3,3,1-3, ἐξαίφνης (...) ἐπιπεσοῦσα χιὼν πολλὴ
πάσας μὲν ἀπέκλεισε τὰς ὁδούς, πάντας δὲ κατέκλεισε τοὺς
γεωργούς. Λάβροι μὲν οἱ χείμαρροι κατέρρεον, ἐπεπήγει δὲ
κρύσταλλος· τὰ δένδρα ἐῴκει κατακλωμένοις· ἡ γῆ πᾶσα ἀφανὴς
ἦν ὅτι μὴ περὶ πηγάς που καὶ ῥεύματα. Οὔτ᾽ οὖν ἀγέλην τις ἐς
νομὴν ἦγεν, οὔτ᾽ αὐτὸς προῄει τῶν θυρῶν, ἀλλὰ πῦρ καύσαντες
μέγα περὶ ᾠδὰς ἀλεκτρυόνων κτλ. On s'est fondé sur la description
de Longus, non conforme au climat actuel de Lesbos (voir l'édition
Budé de J.-R. Vieillefond, Paris, 1987, p. ccı n. 2), pour montrer que
cet auteur ne connaît pas Lesbos et qu'il n'en est pas originaire, bien
qu'il ne soit tenu à aucun réalisme descriptif (cf. B.D. MacQueen,
*Myth, Rhetoric, and Fiction. A Reading of Longus's Daphnis and
Chloe*, Lincoln/Londres, 1990, p. 192-193). A.M. Scarcella (*Romanzo*

e romanzieri. Note di narratologia greca, Naples, 1993, p. 304) cite, à l'appui de Longus, Vitruve 1,6,1, *quemadmodum in insula Lesbo oppidum Mytilenae magnificenter et eleganter, sed positum non prudenter. In qua civitate auster cum flat, homines aegrotant* ; *cum corus, tussiunt* ; *cum septentrio, restituuntur in salubritatem sed in angiportis et plateis non possunt consistere propter uehementiam frigoris.* Du côté d'Alcée, Bergk (p. 184) risque l'opinion suivante : *ipse Alcaeus exul uidetur Thraciae oram uisitauisse ; huic peregrinationi imprimis aptum fr.* [*nostrum*], *nam hiemis acerrimae descriptio abhorret a patriae insulae caelo.* Le fr. 286a attribue une dureté semblable à l'hiver, également évoqué en 43,3 et peut-être en 58,14 et 77 col. I.

281bis. Sur l'expression insolite καταβάλλειν χειμῶνα, voir Gentili, *Polinnia*, p. 212. Le *LSJ* s.v. καταβάλλω I 1 tire du sens de « renverser, mettre à bas » celui de « confound, defy » ; d'autres entendent « rejette, néglige » ou « chasse », sens non attestés, semble-t-il, pour la période archaïque. «Alcaeus tam figurate dixit κάββαλε τὸν χειμῶνα, quam Horatius *quis aquam temperat* [*Odes* 3, 19, 6]. Ligna foco addere, est honestum opus, et dominis conueniens. Horat. I. Carm. 8. *Dissolue frigus, ligna super foco large reponens*» (P. Hofman Peerlkamp, *Q. Horatii Flacci Carmina*, Amsterdam, 1862², p. 240 ; son interprétation du *quis aquam temperat ignibus* d'Horace est contestable).

Page 147

284. Inspiré d'un dicton : voir Strömberg, p. 49 ; Otto, p. 45-46 ; M. Tziatzi-Papagianni, *Die Sprüche der sieben Weisen. Zwei byzantinische Sammlungen*, Stuttgart-Leipzig, 1994, p. 169-170, et West à Hésiode, *Travaux* 721, εἰ δὲ κακὸν εἴπῃς (variante : εἴποις, cf. le texte transmis d'Alcée εἴ κ' εἴποισ), τάχα κ' αὐτὸς μεῖζον (variante : μείζον') ἀκούσαις (variantes : ἀκούσῃς, ἀκούσεις). Rapprocher par exemple *Iliade* 20,250, ὁπποῖόν κ' εἴπῃσθα ἔπος, τοῖόν κ' ἐπακούσαις (variante : ἐπακούσῃς) ; Sophocle fr. 929,3-4 Radt, φιλεῖ δὲ πολλὴν γλῶσσαν ἐκχέας μάτην | ἄκων ἀκούειν οὓς εἶπεν λόγους ; App. prou. 2,17 I p. 397 (avec la note) = Macarios 3,49 II p. 160 *CPG*, εἰπὼν ἃ θέλεις ἄκουε (ἀντάκουε) καὶ ἃ μὴ θέλεις ; Diogène Laërce 1,69 (Chilon, cf. Tziatzi-Papagianni, *op. et loc. cit.*), γλώττης κρατεῖν, **καὶ μάλιστα ἐν συμποσίῳ**. Μὴ κακολογεῖν τοὺς πλησίον· εἰ δὲ μή, ἀκούσεσθαι ἐφ' οἷς λυπήσεσθαι. Le fr. 358 évoque l'effet négatif de l'excès de boisson sur la parole ; d'un autre côté, *in uino ueritas* (cf. fr. 333, 366). — L'optatif dans la protase est, dans le passage cité d'Hésiode, une variante aussi bonne sinon meilleure que le subjonctif selon West, et c'est le texte transmis chez Alcée, où le subjonctif (cf. *Iliade* 20,250) paraît préférable.

285. La traduction de ce vers par Horace en tête de l'Ode 1,18

montre qu'il est l'*incipit* du poème d'Alcée ; l'étendue exacte de la
dette d'Horace envers Alcée dans cette ode est inconnue, mais l'imitation du poète latin ne peut être que partielle (cf. Nisbet-Hubbard, I,
p. 228).

Page 148

286. Variation sur un proverbe qu'on trouve chez Sappho (fr. 145),
μὴ κίνη χέραδος, et qui peut se rapporter à une tâche d'exécution
problématique : voir Bowra, p. 171 ; Treu, p. 168-169 ; D. Müller,
Handwerk und Sprache, Meisenham am Glan, 1974, p. 95-96. Il me
paraît évident qu'il est préférable de faire porter μὴ βεβάωσ sur ἐργάσιμον (Bowra ; Campbell) plutôt que sur κίνεισ (D. Müller, « wenn
du einen Felsbrocken, einen zu bearbeitenden Stein, nicht sicher
bewegst ») ; le poète énonce la sanction de celui qui prendrait le
contrepied du proverbe μὴ κίνη χέραδοσ et le participe κίνεισ équivaut à une proposition conditionnelle affirmative. Il est d'autre part
inutile de lire avec D. Müller ἔχοισ pour ἔχοι ; l'omission apparente
de τις répond en fait à un idiomatisme, sur lequel on verra Fraenkel à
Eschyle, *Agam.* 71, et West à Hésiode, *Travaux* 12. Καὶ introduit
l'équivalent de l'apodose (Denniston, p. 308), comme cela paraît être
le cas en 58,18 et comme cela peut l'être en 341 (supplément de
Lobel).

288. Les éditeurs qui ont réfléchi à l'interprétation de ce fragment
ont été surpris de voir figurer la réponse (πανέλοπεσ) dans la question
même (« quels sont ces oiseaux ? »), et ont souvent suivi Hotibius (=
L. Dassleben, *Lectiones Aristophaneae*, Berlin, 1808, p. 59) en mettant
un point d'interrogation après οἴδ', à quoi s'oppose la parodie d'Aristophane, *Oiseaux* 1410(-1411), citée dans Test. Ce n'est pas non plus
une solution d'écrire avec Hiller ὄρνιθέσ τινεσ. Je suggère que πανέλοπεσ ne constitue pas la réponse à la question « qui sont ces oiseaux ? »,
mais un élément de la description d'oiseaux sur l'identité desquels le
locuteur est perplexe. Il applique à ces oiseaux le nom du volatile avec
lequel ils présentent, à ses yeux, la plus grande ressemblance. Je cite
une réflexion de Michelangeli (p. 82-83), qui adoptait la ponctuation
d'Hotibius : « Io credo che Alceo parlasse d'una bellissima specie
d'anatra asiatica, detta oggi *anitra mandarina* [= canard mandarin]
(...) frequente nella Cina, nel Giappone e nell'Asia settentrionale ».
D'autre part, je comprends avec Seidler (*RhM*, 3, 1829, p. 220) et
Lobel (*A.*, p. xxxv n. 2) ἀπ' Ὠκεάνω, γᾶσ πειράτων, et n'accepte pas
la correction γᾶσ τ' ἀπὺ de Hecker ; rapprocher *H.H.* 5,227, ναῖε
(Aurore) παρ' Ὠκεανοῖο ῥοῆς ἐπὶ πείρασι γαίης et, sur l'association
de πείρατα γαίης à l'Océan, voir West à Hésiode, *Théogonie*
335. L'Océan entoure la surface circulaire de la terre, dont il marque
donc les limites (cf. *Présocratiques*, p. 10-13 ; West, *The East Face*,

p. 144 ss.). La préposition n'a été exprimée qu'une fois, comme il est normal en cas d'apposition, mais elle se trouve ici placée devant le mot apposé et non devant le mot auquel l'apposition se rapporte : comparer le type bien connu ὡς πρὸς παῖδας ἡμᾶς παιζούσας = πρὸς ἡμᾶς ὡς πρὸς παῖδας παιζούσας (Platon, *République* 545e ; cf. Cobet, *Variae lectiones*, Leyde, 1873, p. 163-166). Les formes πειράτων (i.e. -πε̄ρ-) et ποικιλόδειροι (i.e. -δε̄ρ-) sont des épicismes pour περάτων et ποικιλοδέρων ; de même, τανυσίπτεροι pour τανύπτεροι appartient à la langue épique (Broger, p. 224). De ce fragment on rapprochera Ibycos fr. 317a *PMGF*, avec l'annotation de Davies.

Page 149

290. L'exégèse antique et byzantine explique ἀΐτης par ἐρώμενος ou ἐταῖρος (voir Slater [Berlin-New York, 1986] à Aristophane de Byzance, fr. 408 ; sur le mot, voir Hamm, p. 64 ; Chantraine s.v. ; *Diccionario griego-español*, éd. F.R. Adrados, Madrid, I, 1981, s.v. ; *LSJ, Revised Supplement* s.v. ; Sergent, p. 423). Le sens érotique est certain chez Théocrite 12,14 et Alcman fr. 34 *PMGF* = 183 Calame (il s'agit du féminin ἀΐτις ; voir la note de Calame [Rome, 1983] *ad loc.*), et Aristophane de Byzance (fr. 408 Slater) explique le mot par « éromène ». Hamm (p. 64 et 148) défend ἄϊτα dactylique ; les autres occurrences de ce mot (cf. Holzinger [Leipzig, 1895] à Lycophron 461 et Gow à Théocrite 12,14) laissent attendre une première syllabe brève et une seconde longue (Holzinger pense que chez Lycophron 461, σκύμνον παρ᾽ ἀγκάλαισιν ἀῖτα βράσας, la quantité de l'α indique que le poète a voulu que ἀΐτα renvoie à la fois à une forme béotienne ἀείτας = ἀετός et à ἀῖτας). Peut-être faut-il envisager que, ἄϊτα gardant la prosodie attendue, ···∪–∪–∪x tienne lieu de ···–∪∪–∪x, comme en 130b,12 avec le texte du papyrus, ἄμεινον. La possibilité d'une telle responsion impure est, dans le cas de 130b,12, combattue par Page (p. 206-207) avec autant d'âpreté qu'elle est défendue par Gentili (*Maia*, 1, 1948, p. 63 et 15, 1963, p. 319 n. 3). Selon Wilamowitz (*GV*, p. 235-236 ; cf. Snell, *GM*, p. 47), « die Ueberlieferung zeigt (…), dass dieser so sehr auf Formenstrenge haltende Dichter [Anacréon] den iambischen Dimeter als gleichwertig mit dem Glyconeus gebraucht hat », et de défendre le texte transmis d'Anacréon 361,1 *PMG* et citer 372,2 *PMG* (fragment de deux vers). Sur les cas de responsion impure chez Sappho, voir Page, p. 81. — Des v. 2-4 je rapprocherais *Iliade* 6,264 μή μοι οἶνον ἄειρε μελίφρονα, πότνια μῆτερ (Hector).

291. Pour éviter l'hiatus interlinéaire λαθικάδεα | ἀνθρώποισιν entre une syllabe finale brève et la syllabe longue du mot à initiale vocalique qui suit, et l'emploi d'une forme épique (cf. *Iliade* 22,83, λαθικήδεα) en lieu et place de λαθικάδην, Lobel (Σ., p. LXVIII ; cf.

Page, p. 308) écrit λαθικάδεον. L'emploi de la forme épique et la présence d'un tel hiatus interlinéaire sont défendus et illustrés par Bowie, p. 115-117. Rapprocher l'hiatus intervenant entre les deux composantes du premier distique du fr. 347 (malgré Lobel, Σ., p. LXX, qui en fait un cas d'espèce) et entre les deux premiers vers de strophe alcaïque que sont 72,7 et 8.

Page 150

296. Ἄστρον désigne Sirius (cf. O. Wenskus, *Astronomische Zeitangaben von Homer bis Theophrast*, Stuttgart, 1990, p. 54). Le poète évoque le lever de Sirius (cf. Wenskus, p. 176) ; on rapprochera le commentaire de Proclus à Hésiode, *Travaux* 588-590, I p. 189 Pertusi : καὶ γὰρ οὗτος (Σείριος) τότε τοῦ ἡλίου προανατέλλων ὀξέα σειριάει. Le verbe περιτέλλεται peut représenter ὑπερτέλλεται au sens de ἀνατέλλεται (cf. Hesychius ὑπερτέλλοντες· ἀνατέλλοντες ; on sait qu'en lesbien ὑπέρ est rendu par πέρ/περί). Il est par ailleurs possible d'arriver à la notion du lever par celle de révolution accomplie (lesbien περιτέλλεται au sens de περιτέλλεται et non de ὑπερτέλλεται) qui rend possible le lever : voir Gentili, *Polinnia*, p. 215, et rapprocher Aratos *Phén.* 232, 828 ; Quintus de Smyrne 5,378. — Comparer Théognis 1039-1040, ἄφρονες ἄνθρωποι καὶ νήπιοι, οἵτινες οἶνον | μὴ πίνουσ' ἄστρου καὶ κυνὸς ἀρχομένου, ainsi que l'oracle cité, juste avant le vers 1 de notre fragment (Test. IIα), par Athénée 1,22e d'après Chamailéon (fr. 11 Wehrli, 13 Giordano = oracle n° 414 Parke-Wormell [*The Delphic Oracle*, II, Oxford, 1956], avec le commentaire des éditeurs) : εἴκοσι τὰς πρὸ κυνὸς καὶ εἴκοσι τὰς μετέπειτα | οἴκῳ ἐνὶ σκιερῷ Διονύσῳ χρῆσθαι ἰητρῷ ≅ Hésiode fr. 371 M.-W. *ap.* Pline, *H.N.* 23,43, *meracis potionibus per uiginti dies ante canis ortum totidemque postea suadet Hesiodus uti*.

297. On se gardera bien d'insérer après τέττιξ le fragment 101A de Sappho en suivant une idée de Bergk, Lobel et Page : voir Liberman, *QUCC*, 40, 1992, p. 45-47.

298. Μιαρώταται et λέπτοι paraissent correspondre respectivement à μαχλόταται et ἀφαυρόταται d'Hésiode, *Travaux* 586, où il est question du peu d'appétence des hommes pour le coït en été, en opposition aux femmes (voir les notes de West à *Travaux*, 586 et 587). Μιαρώταται doit donc marquer le sentiment subjectif d'Alcée sur le fait que désigne objectivement chez Hésiode μαχλόταται. Pline l'Ancien (*N.H.* 22,86 : cf. Test. I), ou plutôt sa source, a bien compris les passages d'Hésiode et d'Alcée, si ce n'est qu'il paraît leur attribuer l'opinion que le scolyme dans du vin est aphrodisiaque (conclusion tirée des passages des deux poètes uniquement ?). Sur le scolyme, voir S. Amigues à Théophraste, *Hist. plant.*, 6,4,7 (Paris, 1993, p. 174 n. 23).

Page 155

308. Il est frappant qu'Hérodote (7,117) évoque en des termes très proches de ceux d'Alcée la taille d'un militaire dénommé Ἀρταχαίης, un Achéménide, le plus grand des Perses, regretté à sa mort par Xerxès : ἀπὸ γὰρ πέντε πηχέων βασιληΐων ἀπέλειπε τέσσερας δακτύλους (4 doigts = 1 main) ; cela fait 2,537 m. (Hultsch, p. 475 n. 2), et se rapproche de la taille typique du géant, 5 coudées (cf. Diels, *Hermes*, 22, 1887, p. 425, qui rapproche Pseudo-Scylax 112 ; Philostrate, *Vie d'Apollonios de Tyane* 2,4), c'est-à-dire, en comptant 5 coudées dites moyennes (cf. Hultsch, p. 46), à peu près 2,35 m. Le même Diels suggère que le premier vers de notre fragment a inspiré Thucydide 1,69,4, τόν τε γὰρ Μῆδον (Xerxès) αὐτοὶ ἴσμεν ἐκ περάτων γῆς πρότερον ἐπὶ τὴν Πελοπόννησον ἐλθόντα, mais il y a plutôt là une rencontre.

309. Je traduis la leçon transmise πυκινὸν. Diehl rapproche inadéquatement *Iliade* 16,212, ὅτε τοῖχον ἀνὴρ ἀράρῃ πυκινοῖσι λίθοισιν, où πυκινοῖσι signifie « joints d'une façon compacte », tandis que dans le passage d'Alcée πυκινός indiquerait la compacité ou la solidité du pion (cf. *LSJ* s.v. πυκνός I). Mais une telle notation ne paraît guère vraisemblable, et le texte semble être ici fautif.

310. Ce pion, appelé βασιλεύς, était, dans le jeu dit πεσσεία, celui que déplaçait seulement dans la dernière extrémité le joueur qui disposait de cinq pions placés sur cinq « lignes », la ligne sacrée étant la ligne centrale (voir Gow à Théocrite 6,18 ; Radt à Sophocle fr. 429 ; A. Porro, *Mélanges Tarditi*, Milan, 1995, p. 358-360, et surtout Bühler, p. 194 — la ἱερὰ γραμμή est introduite dans l'exégèse du difficile passage de Sophocle, *Ajax* 475-476, par Jebb *ad loc.* (Cambridge, 1896) et Lloyd-Jones / Wilson, *Sophocles. Second Thoughts*, Göttingen, 1997, p. 19-20). Pour l'emploi de l'adjectif ἱερός, rapprocher Pollux 1,93, ἄγκυρα ἱερά, ἢ χωρὶς ἀνάγκης οὐ χρῶνται et voir Chadwick, p. 159-160. Analogue à la métaphore du pion est celle de l'ancre dans les expressions du type χαλάσω τὴν ἱερὰν ἄγκυραν (voir *CPG* I, p. 256). La métaphore du pion est utilisée dans un contexte politique par Cicéron, *Lettres à Atticus*, 4,8a,4, *De eo, quod me mones, ut et* πολιτικῶς *me geram et* τὴν ἔσω γραμμὴν *teneam* (i.e. *mones ne...*τὸν ἀφ᾽ ἱερᾶς *moueam*), *ita faciam. Sed opus est maiore prudentia*. Notre fragment est sans doute relatif à Pittacos, qui serait passé par une situation instable (cf. notice du fr. 141) avant de connaître un succès obtenu par une manœuvre que le poète présente comme un « coup de poker ».

Page 156

312. Je n'ai pas retenu la leçon, traditionnellement adoptée avant Wilamowitz (p. 88 n.) et Diehl, Ἀχίλλευ ὀ, qu'on y voie un hiatus (la

première syllabe reste alors longue) ou bien une *correptio epica* (la première syllabe devient alors brève). La leçon Ἄρευ ὁ du fragment 401F n'est rien moins que sûre. L'hiatus du fr. 393 est, si le texte est correct, d'une nature spéciale et ne saurait servir de comparaison : voir Wilamowitz, p. 88 n., et *GV*, p. 99 n. 4 ; les poètes éoliens évitent l'hiatus, comme le constate West, *Metre*, p. 15. La *correptio epica* de καί se trouve au fr. 366 et peut-être au fr. 391,1 (cf. Lobel, Σ., p. LX ; Marzullo, p. 72 ss. ; Bowie, p. 134-135) ; selon Wilamowitz (p. 88 n.), « das ευ würde niemand verkürzt haben », mais cf. *A.P.*, 9.518,1 [Alcée de Messine] Μακύνου τείχη, Ζεῦ Ὀλύμπιε. Certes, l'ouverture du fr. 308, Χαῖρε Κυλλάνασ ὁ μέδεισ, et l'emploi typiquement hymnique d'une relative, dépendante d'un vocatif, avec la deuxième personne du verbe μέδω (fr. 325,2 ; Sophocle, *Antig.* 1119, et fr. 371,2 Radt ; Hérondas 4,1, χαίροις ἄναξ Παίηον ὃς μέδεις Τρίκκης) inviteraient à voir dans notre passage une invocation à Achille, avec H. Hommel, *Der Gott Achilleus*, Heidelberg, 1980, p. 11, qui lit Ἀχίλλευ et voit là un hymne au dieu Achille dans le cadre du culte de ce dernier dans la région du cap Sigée (cf. Shields, p. 78 ; Alcée l'a fréquentée : cf. *TVA* VI et fr. 401B). Ἀχίλλευσ pourrait être un cas d'emploi du nominatif pour le vocatif : voir Fraenkel à Eschyle, *Agam.* 1072, qui note le vocatif Ἀιδωνεύς chez Eschyle (*Perses*, 649-650) ; des cas de nature diverse sont énumérés par West à Hésiode, *Théog.* 964. Néanmoins le tour Ἀχίλλευσ ὁ μέδεισ pourrait bien, sans aucunement impliquer une invocation, rendre la formule Ἀχιλλεὺς (Λευκῆς) μεδέων qu'on trouve (au datif) dans deux inscriptions d'Olbia du Pont (n° 48b et 49 dans L. Dubois, *Inscriptions grecques dialectales d'Olbia du Pont*, Genève, 1996). — Sur le culte d'Achille en Mer Noire, voir Hommel, *op.cit.*, p. 9-13 en particulier, et L. Dubois, *op. cit.*, p. 95-100. D'après Dubois (p. 95), le lieu de culte le plus ancien de cet Achille, appelé plus tard Ποντάρχης, est l'île de Leukè (l'auteur évoque les ruines disparues d'un temple d'où proviennent des poteries du VIᵉ s.), où Thétis transporta le corps d'Achille, ainsi qu'il était raconté dans le poème cyclique de l'*Éthiopide* selon le résumé de Proclus (*PEG* p. 69).

Page 159

318. Début et fin d'un griphe en forme de poème ; l'énigme est, comme on sait (cf. Pollux 6,107 ; Cléarque fr. 86 Wehrli chez Athénée 10,448c), une pièce importante de l'activité symposiaque ; notre énigme est omise dans le recueil de W. Schultz, *Rätsel aus dem hellenischen Kulturkreise*, Leipzig, 1909. Il y avait dans l'Antiquité hésitation entre les leçons χέλυσ (« lyre ») et λέπασ (« patelle »). Λέπασ convient à la description donnée par Alcée et est la solution du griphe, mais, comme la solution du griphe n'est jamais donnée dans le griphe lui-même, il faut, avec Wilamowitz (*Textgeschichte*, p. 74-76) et West

(*Notes*, p. 6) adopter la leçon χέλυσ et voir que la périphrase ἁ θαλασσία χέλυσ fait partie du griphe : la leçon λέπασ ne constitue qu'une réponse substituée à cette indication. En effet, ἁ θαλασσία χέλυσ met sur la piste de la réponse, d'une façon dont la solution fait pleinement apparaître après coup la pertinence : « lyre de la mer » = objet marin pouvant servir à produire un son quand on souffle dedans. W.J. Slater à Aristophane de Byzance fr. 367 (Berlin/New York, 1986, p. 132-133) et Porro, p. 8-10, qui objecte à tort qu'on ne peut pas produire un son en soufflant dans un coquillage univalve, n'ont pas compris l'énigme. Le fragment d'Alcée est cité par Athénée d'après un traité de Callias de Mytilène sur la patelle chez Alcée (voir d'autres exemples de tels traités chez Nauck, p. 274, dont le traité d'Héphestion Περὶ τοῦ παρὰ Ἀνακρέοντι λυγίνου στεφάνου [Athénée 15,673e]). Callias mentionnait la leçon adoptée par Aristophane de Byzance, χέλυσ, et la critique que ce dernier, apparemment dans son traité Περὶ τῆς ἀχνυμένης σκυτάλης, adressait à Dicéarque, lequel lisait aussi χέλυσ mais comprenait que la solution du griphe était λέπασ (ὁ δὲ Ἀριστοφάνης...φησιν οὐκ εὖ Δικαίαρχον ἐκδεξάμενον λέγειν τὰς λέπαδας = « Aristophane dit que Dicéarque a mal interprété la leçon χέλυσ [ou « a eu tort d'accepter la leçon χέλυς »] en la rapportant aux patelles ») et expliquait que les enfants font de la musique en soufflant dans les patelles. On ignore comment Aristophane comprenait lui-même l'énigme. Rapprocher l'énigme de Théognis, 1229-1230 = Athénée 10,457ab (énigme n° 37 chez Schultz), ἤδη γάρ με κέκληκε θαλάσσιος οἴκαδε νεκρός, | τεθνηκὼς ζωῷ φθεγγόμενος στόματι. — West voit dans χαύνως φρένασ un jeu de mots (« you evacuate boys' wits ») et compare *adesp. eleg.* 19 West[2], ἀνδρὶ μὲν αὐλητῆρι θεοὶ νόον οὐκ ἐνέφυσαν, | ἀλλ᾽ ἅμα τῷ φυσῆν χὠ νόος ἐκπέταται (texte fautif, lire εὖ γ᾽ἐνέφυσαν ?). Sur la conception qui est à la base de ce jeu de mots, voir Onians, p. 38.

Page 160

319. D'après Andron d'Éphèse (Diogène Laërce 1,30 = fr. 1 *FGH* II p. 347 ; scholie à Pindare *Isthm.* 2,17 III p. 216 Drach. = fr. 2 *ibid.*), les Argiens auraient décerné la palme de la sagesse dans le monde grec au Spartiate Aristodémos, qui aurait été un des sept Sages de la Grèce, parmi lesquels effectivement certains le rangeaient, au témoignage de Dicéarque (fr. 32 Wehrli) cité par Diogène Laerce (1,41). Voir sur Aristodémos et son mot, M. Nafissi, *La nascita del kosmos. Studi sulla storia e la società di Sparta*, Naples, 1991, p. 345.

320. Mis par P.A. Bernardini (*Mélanges F.M. Pontani*, Padoue, 1984, p. 93-104) en relation avec la perte de ses biens par Alcée lors d'un exil ; Mazzarino (p. 47 n. 1) établissait un lien avec la perception des 2000 statères du fr. 69. Bowra (p. 154-155) voit ici la constatation

amère que la réalité ne correspond pas à l'idéal aristocratique, « dès que des hommes de basse naissance confisquèrent les biens d'hommes de haute naissance ». Rapprocher Théognis 1117-1118, et voir West à Hésiode, *Travaux* 313 ; tout différent est le sens de *Travaux*, 686, χρήματα γὰρ ψυχὴ πέλεται δειλοῖσι βροτοῖσιν, ainsi que le signale West. Patente est la possibilité d'un parallélisme de situation entre Alcée et Aristodémos, qui s'est exprimé alors qu'il était, d'après Pindare (*Isthm.* 2,11), κτεάνων θ' ἅμα λειφθεὶς καὶ φίλων (cf. Alcée 130a,1 ; 130b,1-12 ; 148,5) — Bergk ne voulait-il pas substituer τὠλκαίου à τὠργείου [sc. ῥῆμα] chez Pindare, *loc. cit.*, 9, attribuant ainsi à Alcée un mot que ce même auteur attribue à Aristodémos ?

Page 161

323. Rapprocher Sophocle, *Oedipe Roi* 914, ὑψοῦ γὰρ αἴρει θυμόν, où, selon F. Ellendt (*Lexicon Sophocleum*, Berlin, 1872², s.v., p. 327), se trouve exprimée l'idée qu'Oedipe est suspendu entre l'espoir et la crainte, tandis que chez Alcée ἀέρρει νόον indique un mouvement d'exaltation présomptueuse : comparer Simonide (?) chez Thucydide 6,59 = *Griechische Vers-Inschriften* (W. Peek) I, 539,3-4, πατρός τε καὶ ἀνδρὸς ἀδελφῶν τ' οὖσα τυράννων | παίδων τ' οὐκ ἤρθη νοῦν ἐς ἀτασθαλίην ; Platon, *République* 6 494d, ὑψηλὸν ἐξαρεῖν αὐτὸν σχηματισμοῦ καὶ φρονήματος κενοῦ ἄνευ νοῦ ἐμπιμπλάμενον, et également Théognis 630, πολλῶν δ'ἐξαίρει (ἥβη) θυμὸν ἐς ἀμπλακίην, avec les observations de West, *The East Face*, p. 233. Rapprocher peut-être fr. 5,5-6 et voir n. 254 à fr. 315.

Page 163

326. *Incipit* du poème ; Alcée reprend un proverbe, ce qui explique la forme elliptique de l'expression (cf. Ἄτλας τὸν οὐράνον ; ὁ Κρῆς τὴν θάλατταν [401J] ; ὁ νεβρὸς τὸν λέοντα etc.). Bien qu'on y ait vu par la suite le substantif abstrait ἀλήθεια, ἀλάθεα doit être chez Alcée un neutre pluriel (Hoffmann, p. 181 ; Lobel, A., p. LV) ou un accusatif singulier (cf. 112,25 ; 346,3) qui serait clair si l'on disposait de l'énoncé complet (οἶνος καὶ ἀληθῆ ποιεῖ ἄνθρωπον ou οἶνος καὶ ἀληθέα μυθεῖται par exemple). Sont à rapprocher la paraphrase de Théocrite (29,2) κἄμμε χρὴ μεθύοντας ἀλάθεας ἔμμεναι (cf. Éphippos fr. 25 Kassel-Austin), et le passage du *Banquet* qui a motivé la citation d'Alcée chez le scholiaste, à savoir τὸ λεγόμενον οἶνος ἄνευ τε παίδων καὶ μετὰ παίδων ἦν ἀληθής, confronté à Pausanias l'Atticiste o 10 Erbse, οἶνος ἄνευ παίδων· δύο παροιμίαι· ἡ μὲν· οἶνος καὶ ἀλήθεια, ἡ δέ· οἶνος καὶ παῖδες ἀληθεῖς. Le fait que Théocrite ait placé le vers d'Alcée en tête d'un παιδικόν éolien composé en gl²ᵈ invite à penser que le contexte du fragment d'Alcée est aussi érotique (cf. MacLachlan

ap. Gerber, p. 144) ; on n'a pas assez remarqué que Théocrite ne reprend pas seulement le proverbe, mais le vers d'Alcée qui le contient, ainsi que l'indique la présence de ὦ φίλε παῖ. Gow, p. 504, considère que Théocrite, 29 est « presumably an imitation of Alcaeus » : voir là-dessus les réserves de Bowra, p. 163-164, et de Vetta, *QUCC*, 39, 1982, p. 9. Il ne me paraît ni assuré ni même probable que le poème d'Alcée ait été écrit dans le même mètre que celui de Théocrite (Voigt propose gl²ᵈ ou pher³ᵈ). La formulation du scholiaste, qui dit en parlant du proverbe ἔστι δὲ ᾄσματος ᾽Αλκαίου ἡ ἀρχή, donne à penser qu'il cite le vers entier. Sur le proverbe lui-même, voir Gow à Théocrite 29,1 et Nisbet-Hubbard à Horace, *Odes* 1,18,16. — Selon J. Bremmer (*Sympotica*, p. 137), l'adresse au παῖς s'explique par l'enseignement que reçoivent dans le *symposion* les jeunes garçons qui y sont serviteurs. Rösler, dans *In vino veritas*, edd. O. Murray et M. Tecusan, Oxford, 1995, p. 106-112, trouve que dans notre fragment s'exprime l'éthique du banquet comme lieu de parole vraie où le poète joue le rôle de « maître de vérité ».

Page 164

328. Début de poème, conformément à la pratique de la citation chez Héphestion. Sur ce fragment comme témoignage de poésie homéoérotique, voir Gentili, *Polinnia*, p. 219-220 ; M. Vetta, *QUCC*, 39, 1982, p. 8. L'adjectif χαρίεις qualifie globalement une personne pour la première fois chez Hésiode, *Théogonie* 247 (cf. J. Latacz, *Zur Wortfeld « Freude » in der Sprache Homers*, Heidelberg, 1966, p. 99). Χαρίεντα renvoie au charme émanant de la beauté physique ; la mention de ce charme suppose chez le locuteur un intérêt amoureux pour celui qui le possède : voir Théognis, 1319-1322, avec les observations de B. MacLachlan, *The Age of Grace. Charis in Early Greek Poetry*, Princeton, 1993, p. 67-72. Vetta rapproche Théognis, 1263-1266, ὦ παῖ (...) Ι οὐδέ τις ἀντ' ἀγαθῶν ἐστι χάρις παρὰ σοί· Ι οὐδέν πώ μ' ὤνησας, mais ὤνησας s'entend ici d'un octroi de faveurs auquel il serait exagéré de voir une allusion en συμποσίας ὄνασιν (pour ὄνασις = « enjoyment », voir Headlam à Hérondas 3,2). Après tout, la présence de Ménon au banquet peut être en elle-même source de satisfaction pour le poète sur qui la χάρις irradiée par le garçon exercera ses effets : rapprocher, avec le commentaire de MacLachlan (*op. cit.*, p. 65-66), Sappho fr. 138 dans un chapitre d'Athénée (13,564) consacré à la place du regard dans l'amour : καὶ ἡ Σαπφὼ δὲ πρὸς τὸν ὑπερβαλλόντως θαυμαζόμενον τὴν μορφὴν καὶ καλὸν εἶναι νομιζόμενόν φησι· στᾶθι †κἄντα† φίλος (Ι) καὶ τὰν ἐπ' ὄσσοισ᾽ ὀμπέτασον χάριν (reconnaître deux vers appartenant à une strophe alcaïque [cf. Introduction, p. xcɪ] et lire στᾶθί μ(οι) [μ(οι) Fick] ἄντα <φίλαι> φίλος ?). Être assis en face d'un garçon χαρίεις est une position appropriée à la perception de son charme : φαίνεταί μοι

κῆνος ἶσος θέοισιν | ἔμμεν' ὤνηρ, ὄττις ἐνάντιός | τοι ἰσδάνει
(Sappho fr. 31,1-3). Or pour un Alcée, le banquet est le lieu privilégié
du « être assis à côté de » : outre notre fragment, rapprocher peut-être
le fr. 376 (avec n. 333).

329. Rapporté par Page (p. 313) au fait que « au fur et à mesure
que le πίθος se vide, le vin, exposé, tourne au vinaigre » (voir Gow à
Théocrite 10,13). Mentionnons la théorie des Anciens selon laquelle le
vin le meilleur est celui du milieu de la jarre, celui du début étant gâté
par l'exposition à l'air et celui du fond par la lie (voir West à Hésiode,
Travaux 368-369). Alcée pourrait opposer simplement le bon vin à la
piquette (ὄξος, ὀξίνης), sans qu'il s'agisse d'un vin puisé à la même
jarre. S'écartant, semble-t-il, de l'interprétation littérale et du contexte
de l'original, Athénée interprète métaphoriquement le fragment dans le
sens d'une opposition de la douceur du vin bu modérément et de la
violence créée par l'abus de boisson.

Page 166

331. *Incipit* d'un παρακλαυσίθυρον ou sérénade (cf. Nisbet-Hubbard, I, p. 290) adressé ou à la « donna amata » (Gentili, *Polinnia*,
p. 219 ; cf. *TVA* XXIII) ou à un éromène (cf. Degani-Burzacchini,
p. 240), ou à un simple ami, ce qui est possible (voir Headlam, p. 82)
— le poème pouvait d'ailleurs être une composition dépourvue de
toute référence à la personne d'Alcée, le poète faisant parler un personnage indéterminé dans une scène typique. La sérénade est l'abou-
tissement du κῶμος qui suit le banquet (voir Gow à Théocrite 3, p. 64 ;
Lissarrague, p. 128-129) : rapprocher peut-être le fr. 160. De l'expression δέξαι με κωμάσδοντα, je rapproche le passage métaphorique de
Pindare, *Olymp.* 6,98-99, Ἀγησία δέξαιτο (Ἱέρων) κῶμον |
οἴκοθεν οἴκαδ' ἀπὸ Στυμφαλίων τειχέων ποτινισσόμενον (cf.
Olymp. 4,9 ; *Pyth.* 5,22). Noter l'existence d'un proverbe ἀκλητὶ
κωμάζουσιν ἐς φίλων φίλοι (43a Spyridonidou).

332. Rangé par Diehl parmi les ἐρωτικά ! Δέω = homérique δήω
est un présent à sens futur (cf. Schwyzer, p. 780 ; Hamm, p. 145 ;
Chantraine s.v. δήω).

333. Doit sonner comme un reproche ; voir fr. 383 avec la note.
Selon G. Burzacchini (*Gnomon*, 54, 1982, p. 117 n. 5), « è risaputa la
connotazione erotica del »sedere accanto« (voir n. 328 au fr. 368).

334. Est-il question du vin (cf. 335,3 ; 346,3 ; 358,1-2) et le poète
s'adresse-t-il à Dionysos (cf. le *Liberum...canebat* d'Horace = fr. 430) ?

Page 168

338. Fragment sibyllin et dont le texte est mal assuré. Je suis
étonné des doutes de Lobel-Page et Voigt sur le génitif en -η Διννο-

μένη, pourtant attesté dans les inscriptions éoliennes d'Asie du VIᵉ au IIᵉ s. av. J.-C. (cf. Hodot, p. 121-122). On devine bien que Dinnoménès est un ennemi d'Alcée (cf. fr. 376). On a voulu reconnaître non sans arbitraire dans (τ')υρρακήω la mention de Pittacos, fils d'Hyrrhas (cf. Ahrens, *RhM*, 6, 1839, p. 353-359 ; Hamm, p. 58 n. 40 ; Gallavotti, *BPEC*, 18, 1970, p. 26-27 ; Gow-Page, p. 205) ; il paraît plus raisonnable d'y voir avec Hoffmann (p. 189) un adjectif patronymique (> Τύρρακοσ, cf. Hodot, p. 221-223) qui se rapporte à Dinnoménès, ce qui peut-être n'interdit pas à Τυρρακήω d'évoquer aussi le fils d'Hyrrhas, Pittacos, par jeu de mots (fils de X / séide de Pittacos). Wilamowitz (*Kl.* II, p. 138) voit en Τύρρακος un nom thrace, comme Φίττακος (Mazzarino, p. 46 ; Detschew, p. 371). Il convient de rappeler ici que Diogène Laërce (1,76) cite, en invoquant l'autorité de Pamphila (*FGrH* III 521 F 3), un fils de Pittacos nommé Τυρραῖος. Quant à Μυρσινήωι, Lobel, A. (p. ʟxxxvi n. 1), a pensé à un « temple grove or something of the sort », mais le mot attendu serait μυρσινῶνι (conjecture de Hermann) ; il est bien sûr tentant de songer à un *hèrôon* de Myrsile et d'écrire Μυρσιλήωι. L'objection de R. Laqueur, *RE* 16, 1147 s.v. Myrsilos, pour qui cette hypothèse est exclue à cause de l'assassinat présumé de Myrsile (cf. fr. 157 avec n. 148) et de la victoire de ses adversaires, me paraît avoir une portée bien limitée. Comme il y a eu un Πιττακεῖον, il a pu y avoir un Μυρσιλεῖον, construit non sans le consentement de Pittacos, qui paraît avoir partagé le pouvoir avec Myrsile. Mazzarino (p. 69 n. 3 = A.M. Cirio, *RCCM*, 37, 1995, p. 180) suppose que le Myrsile en question pourrait être un héros ascendant du Myrsile rendu célèbre par Alcée. Sergent, p. 567, pense que si Dinnoménès est l'éromène du buveur mentionné au fr. 376, le fr. 383 pourrait faire allusion « à son tout récent habit militaire, déposé, rituellement, dans un local consacré à un héros », en l'occurrence Myrtilos, le cocher de Pélops (étroits sont les liens de ce dernier avec Lesbos : voir Tümpel *ap.* Roscher s.v. Myrtilos, II 2, 3316-3318).

Page 169

340. Le préverbe ἐπι- peut indiquer la direction ou l'hostilité. Une suite de six syllabes longues est étonnante : il y a sans doute *correptio Attica* dans -πῐπλ-, de sorte que le vers dont est tiré ce fragment peut être ia gl. Pour la *correptio*, cf. fr. 249,9 ; 332,1, et voir en général Marzullo, p. 96 ; B. Gentili, *Sileno*, 10, 1984, p. 243 ; Lobel, Σ., p. xʟv, veut que le cas de notre passage soit douteux.

341. Second vers — ce qui suppose un premier vers d'un type différent (car autrement Héphestion aurait cité l'*incipit*) et interdit de rapprocher le mètre du poème 70 — d'un hymne à Zeus d'après Snell (p. 71 ; cf. Treu, p. 152) : voir les objections d'Eisenberger (p. 41-42) contre une

telle attribution. Il pourrait en fait s'agir d'un hymne à Dionysos (cf. fr. 349) : rapprocher *H.H.* 26 (à Dion.), 3-5, ὃν τρέφον ἠΰκομοι νύμφαι, παρὰ πατρὸς ἄνακτος Ι δεξάμεναι κόλποισι καὶ ἐνδυκέως ἀτίταλλον, Ι Νύσης ἐν γυάλοις (cf. G. Chrétien, *Nonnos, Dion.*, t. IV, Paris, 1985, p. 11-18). À παρὰ πατρὸς ἄνακτος semble correspondre chez Alcée le datif Κρόνωι, traditionnellement mal interprété (mais cf. Jurenka, *WSt* 10, 1898, p. 133-134) : avec δέχομαι le datif convient aussi bien que le génitif (cf. Chantraine, *Grammaire homérique*, II, Paris, 1963², p. 73-74), qu'il est inutile de rétablir ici. Une correction de Bergk (n° 6, p. 150) à Ménandre le Rhéteur (voir le fr. 449A), τινὲς καὶ Διονύσου γόνας ὕμνησαν, καὶ Ἀπόλλωνος ἕτεροι, καὶ Ἀλκαῖος Ἡφαίστου (ὡς Ἀλκαῖος, καὶ Ἡφαίστου Bergk) καὶ πάλιν Ἑρμοῦ, ferait de ce texte, selon le voeu de cet érudit, un témoignage relatif aux hymnes d'Alcée célébrant la naissance non seulement d'Héphaistos (fr. 449A) et d'Hermès (308c), mais aussi d'Apollon (cf. fr. 307b¹) et de Dionysos (cf. ce fragment-ci plutôt que le fr. 349 ?).

342. Le contenu précis du poème dont on a ici l'*incipit*, inspiré de l'*Iliade* (2,768-769 ; 17,279-280), échappe : voir Eisenberger, p. 42-43 ; Meyerhoff, p. 13 n. 82. Schulze (p. 351), Reitzenstein (p. 16-17) et Smyth (p. 485) pensent que le poème d'Alcée est la source de la scolie παῖ Τελαμῶνος Αἶαν αἰχμητά, λέγουσί σε Ι ἐς Τροῖαν ἄριστον ἐλθεῖν Δαναῶν μετ' Ἀχιλλέα (*carm. conu.* 898 *PMG* = fr. 15 Fabbro), présentée par les autorités qui la citent comme proverbiale (cf. l'expression ἄδειν Τελαμῶνος : voir Van der Valk à Eustathe, *Il.* 285,2 I p. 438 ; Fabbro, p. 163). On la rattache à Pisistrate qu'elle glorifierait en célébrant un de ses ancêtres (cf. Fabbro, p. 162). Bergk s'appuie sur cette scolie pour comprendre Αἶαν (voc.), τὸν (relatif)...Ι<φαῖσιν κτλ.> (cf. Lobel, Λ., p. LXXX n. 1). On peut faire dépendre d'un verbe déclaratif soit tout l'*incipit* (auquel cas τὸν est un article) soit seulement τὸν - Ἀχίλλεα (τὸν est alors un relatif).

Page 170

343. Fragment attribué à Alcée par Et. Gen. p. 34 Calame, Et. Mag. 521,36 et Et. Gud. 330,16. Je suis Matthiae et d'autres, et attribue le fragment au poète comique (II p. 833 Meineke = fr. 35 Kock, Kassel-Austin) : μὴ μέγαν περὶ κνάφον περιστ(ε)ίχειν ἕνα κύκλον. Ce qu'on entrevoit du mètre et du style de ce fragment fait plutôt penser au drame qu'à la lyrique éolienne. Περιστ(ε)ίχειν est très suspect et ἕνα κύκλον est certainement corrompu. Περιστρέφειν ἀνὰ κύκλον de Blomfield est une correction séduisante : rapprocher avec lui Hesychius κνάφου δίκην· ὅταν ἐν κύκλῳ οἱ κναφεῖς περιέλκωσι τὰ ἱμάτια περὶ τὸν λεγόμενον κνάφον ; Pollux 10,135, καὶ κνάφος, καὶ ἶπος τὸ πιέζον τὰς ἐσθῆτας ἐν τῷ γναφείῳ (...) καὶ περιστροφίδα δ' ἂν εἴποις τὸ ξύλον τὸ τὸν ἶπον περιστρέφον. Bien

qu'Alcée le lyrique ait, dans un contexte lacunaire qui ne permet pas de déterminer son sens exact, le mot περιστροφίδα (fr. 143,8 avec n. 143), le contenu et le ton du présent fragment peuvent être appropriés à la comédie (expression figurée pour exprimer l'idée de torture ou de tourment ? Voir Headlam à Hérondas 4,78, en rapprochant l'expression proverbiale ἐπὶ κνάφον ἕλκων = διαφθείρων [Append. prouu. n° 81, I p. 410 *CPG*]).

345. Voir, sur cet extrait, Barner, p. 79 ; Rösler, p. 104 n. 178 et p. 185 n. 181 ; Pippin-Burnett, p. 118 n. 39 et p. 176 ; G. Tarditi, *Studi di poesia greca e latina*, Milan, 1998, p. 267.

Page 171

346. Rapprocher la fausseté reprochée par Alcée à Pittacos (129,22 ss.), et les vers attribués à Pittacos (Diogène Laërce 1,78 = Lobo fr. 524 *SH* = Pittacos Test. 3 Gentili-Prato), πιστὸν γὰρ οὐδὲν γλῶσσα διὰ στόματος | λαλεῖ διχόμυθον ἔχουσα (ἔχουσι Bergk) καρδίη νόημα.

347. Proverbial ; relatif à une colère entêtée (cf. Headlam, p. 157). La truie symbolise bêtise et violence entêtées : voir les proverbes rassemblés dans *LSJ* s.v. ὗς I 3 ; J. Taillardat, *Les images d'Aristophane*, Paris, 1962, p. 254.

Page 172

350. Du mot ἄρκοσ rapprocher Hesychius ἄρκος· ἄρκεσμα. βοήθεια. Les autorités qui citent notre fragment font venir ἄρκος = ἄρκεσμα de ἄρκτος par suite d'une fausse étymologie selon laquelle ἄρκτος (« ours ») serait lié à ἀρκέω. La restitution du fragment est incertaine. On peut songer à τὸν χαλίννων ἄρκοσ ἔσσησ (« tu te vêtiras des freins protecteurs ») ou {τὸν} χαλίννων ἄρκοσ ἔσση (« tu seras revêtu... ») ; pour la forme éolienne χάλιννοσ, voir Meister, p. 145 ; rapprocher en général Anacréon 417,3 *PMG*, ἴσθι τοι, καλῶς μὲν ἄν τοι τὸν χαλινὸν ἐμβάλοιμι (sens figuré : la cavale est une femme [cf. Théognis 257-260 ; comparaison du παῖς avec un cheval aux v. 1249-1252 : voir Calame, *Éros*, p. 39-40]). En tout cas, χαλίννων ἄρκοσ (Schneidewin) est séduisant. Bergk a suggéré τὼν χάλιν ἄρκοσ ἔθηκε (« il a fait du vin pur un secours contre cela »). Noter la variante ἄρκοσ pour ἔρκοσ en 140,9.

351. Rapprocher *Odyssée* 9,449, τέρεν' ἄνθεα ποίης = *inc. auct.* 16,3 *LP*, Voigt (en fait Sappho, cf. l'Introduction, p. xcv), ποίας τέρεν ἄνθος ; Eschyle, *Suppliantes* 998, τέρειν' ὀπώρα δ' εὐφύλακτος οὐδαμῶς (avec la note de Friis Johansen-Whittle [Copenhague, 1980]) ; Pindare, *Ném.* 5,6, οὔπω γένυσι φαίνων τερείναν ματέρ' οἰνάνθας ὀπώραν. Ἄνθος paraît ne pas avoir un sens figuré dans le fragment d'Alcée : opposer Pindare, *loc.cit.* ; Hésiode, *Théog.* 988,

τέρεν ἄνθος ἔχοντ᾽ ἐρικύδεος ἥβης, les parallèles cités par West *ad loc.* et peut-être Alcée 39a,10 (app. crit.) et 299,3 ; ces passages expliquent que Hartung et Bergk aient rangé le fragment parmi les ἐρωτικά.

352. Τετραβαρήων est une *uox nihili*. Il ne peut signifier « quatre fois plus pesant », malgré Treu (*Mélanges Sommer*, Wiesbaden, 1955, p. 221-223, cf. son édition, p. 175-176), qui fonde là-dessus l'hypothèse que le poète évoque le mur dont Sémiramis entoura Babylone. Τετραβαρήων ne peut que signifier « qui a quatre βάρος ». Très séduisante est la conjecture de Bergk τετραμαρήων (la confusion β/μ est courante en minuscule) : μάρη vaut παλαστή (cf. *IG* XII2 11,15 [Mytilène], τετραπαλαίστους) ; or l'usage de πλίνθοι τετράδωροι (= τετραπάλαιστοι) est attesté (Pline *H.N.* 35,171 = Vitruve, 2,3,3), cf. *Corpus glossar. Latin.* II p. 515, *laterculus. tetrapaleston.* La forme ne fait pas difficulté : on attendrait -μαρέων, mais cf. 423 τεμένηος et Schulze, p. 430 n. 3 ainsi que Hamm, p. 157 ; sans allongement métrique ces formes étaient inutilisables par le poète. Τετρα- n'est pas assuré ; le cardinal πέσυρες est attesté par les grammairiens et une inscription (Hodot, p. 152) ; on attendrait plutôt πετρα- (cf. Blümel, p. 274) ou πετρο- (cf. Blümel, p. 52 et 272), mais τετρα- peut être un épicisme (cf. homérique τετράγωνος etc.). Il est question de la construction de murs en brique dans l'inscription de Mytilène *IG* XII2 10 : inutile d'aller jusqu'à Babylone avec Treu.

Page 173

353. Rapprocher la martiale ode d'Horace (3,2) en strophes alcaïques qui contient le célèbre *Dulce et decorum est pro patria mori.* Horace pourrait avoir repris la mesure du poème d'Alcée. On a là un des rares exemples archaïques de l'infinitif avec l'article : voir West à Hésiode, *Travaux* 314 ; l'exemple le plus ancien pourrait être *Odyssée* 20,52 (voir la note de J. Russo [Oxford, 1992] *ad loc.*).

354. Formules traditionnelles de l'invitation à boire (Rösler, p. 265 avec n. 359 ; Lissarrague, p. 59-65) qu'on retrouve dans les inscriptions vasculaires (cf. pour *a*, P. Kretschmer, *Die griechischen Vaseninschriften*, Gütersloh, 1894, p. 82, 86, 195-196 ; pour *b*, *SGDI* 1377 συπο = σύμπω). Rapprocher la scolie 902 *PMG*, σύν μοι πῖνε συνήβα συνέρα κτλ. « Il bere è per Alceo anzitutto una funzione della vita comunitaria di uomini legati, nell'eteria, da un'unità di intenti. Per lui significa sempre : bere insieme agli amici », dit Trumpf (*Poesia e simposio*, p. 46), qui cite la remarque de Snell (*Dichtung und Gesellschaft*, Hambourg, 1965, p. 71 n. 22) selon laquelle les composés en συν- se rencontrent pour la première fois chez Alcée, ce qui est faux (on en lit déjà chez Homère, Hésiode, Archiloque). La fréquence de ces composés chez Alcée est du moins significative.

252   NOTES COMPLÉMENTAIRES

355. On lit chez Athénée, 3,73e (περὶ σικυοῦ) : Ἀττικοὶ μὲν οὖν ἀεὶ τρισυλλάβως, Ἀλκαῖος δὲ 'δάκη' φησὶ 'τῶν σικύων' ἀπὸ εὐθείας τῆς σίκυς ὡς στάχυς, στάχυος (rapprocher Eustath. à *Il.* 291,37 I p. 450 Van der Valk, σικυοί, οὓς οἱ παλαιοὶ καὶ σικύους παροξυτόνως ἔγραψαν καὶ σίκυας ὡς νέκυας). Welcker (p. 144) et B. Marzullo (*Gnomon*, 50, 1978, p. 715 n. 14) ont vu qu'il était question du poète comique (fr. 36 Kassel-Austin), car Athénée cite Alcée « per una sua particolarità nell'ambito dell'attico ». S'il s'agissait du poète éolien, σικύων, pouvant être le génitif tant de σικυός que de σίκυς, serait ambigu et ne prouverait pas l'emploi par ce poète de la forme σίκυς ; par suite, le maintien de l'attribution à Alcée entraîne la correction de la citation (de là le τῶ σίκυος de Lobel). L'attribution au poète lyrique, qui se ferait au prix d'un cumul d'arbitraire, doit donc être repoussée.

Page 174

356. La restitution du premier vers est incertaine : l'opposition entre le sort d'Alcée et celui de ses armes a un parallèle chez Archiloque 5,3 West[2] (αὐτὸν δ᾽ ἐξεσάωσα) ; χύταν (cf. *LSJ* s.v. χέω II 4) correspond à ὅπλα ῥίψαντα de Strabon et s'applique sans difficulté à ἀλέκτοριν, correction de Casaubon dans son édition de Strabon (Paris, 1620, p. 226), acceptée et réinterprétée (Casaubon y voyait un adjectif) par Blomfield (p. 438), puis négligée par les critiques au profit de conjectures souvent fantaisistes et dépourvues de vraisemblance paléographique : cf. Et. Mag. auct. α 792 I p. 267-269 Lass.-Liv., ἀλεκτορίς· ἡ ὄρνις· καὶ ἡ ἀπὸ τῆς κεφαλῆς τρεφομένη θρίξ. Καὶ ἀλεκτρύονα ἔλεγον τὴν θήλειαν ὄρνιν, καὶ τὸν λόφον τῆς περικεφαλαίας. Le texte χύταν δ᾽ ἀλέκτοριν reste au plus près du texte transmis et me paraît rendre un sens impeccable. Pour le plumet, rapprocher 140,5 et 388 avec, pour ce dernier fragment, les observations de Mazzarino, p. 277, et de Bettalli, p. 110. — Le libellé du message rappelle *Iliade* 18,20-21, κεῖται Πάτροκλος· νέκυος δὲ δὴ ἀμφιμάχονται | γυμνοῦ· ἀτὰρ τάγε τεύχε᾽ ἔχει κορυθαίολος Ἕκτωρ.

Page 175

360. Je traduis φόβοσ δαῖκτηρ, que l'on peut rapprocher d'Eschyle, *Sept contre Thèbes* 916 ss., δαϊκτὴρ γόος (...) δαΐόφρων et de *Prométhée* 181, διάτορος φόβος. Cependant δαῖκτηρ est une correction de la leçon transmise διακτὴρ et, même si on accepte cette restitution, le texte φόβοσ δαῖκτηρ n'est rien moins que garanti. Δαῖκτηρ pourrait qualifier Arès, par exemple dans un texte Ἄρευ φόβ<ερ>οσ δαῖκτηρ (sur le nominatif, avec ou sans article, apposé au vocatif, voir Schwyzer II, p. 63-64 ; Càssola à *H.H.* 2,54, qui cite le v. 75, Ῥείης ἠϋκόμου θυγάτηρ, Δήμητερ ἄνασσα) ; pour la spécificité que peut

avoir δαϊκτήρ vis-à-vis de δαῖκτωρ (Eschyle, *Suppl.* 798-799, δαῖκ-τορος...γάμου), voir É. Benveniste, *Noms d'agent et noms d'action en indo-européen*, Paris, 1948, p. 41 et *passim*. F. Vian préférerait partir de la leçon avant correction δι ὁ φόβοσ : la correction ὁ φόβοσ serait une conjecture malheureuse visant à éliminer un δι absurde qui garderait la trace de la leçon originale, peut-être δαῖφοβοσ de Bergk. Comparant διάκτωρ et διάκτορος, Vian pense qu'on pourrait défendre le texte transmis διακτὴρ (διάκτηρ chez Alcée) ; il comprendrait ainsi le texte Ἄρευ δαῖφοβοσ διάκτηρ (hipponactéen) : « ὁ Arès, scigneur/ministre qui jettes la panique dans le combat ». Mentionnons les épithètes φρικτοπολέμονας φοβοδιάκτορας, employées à propos de démons dans un papyrus magique du IIIᵉ s. ap. J.-C. (P. Lond. 121, l. 135 dans Kenyon, *Greek Papyri in the British Museum*, I, Londres, 1893, p. 95).

Page 176

361. Fragment cité anonymement avant un extrait dont on sait, par recoupement avec un autre auteur qui le cite, qu'il est de Sappho (fr. 37,2-3), ce qui n'est pas déterminant pour l'attribution du présent fragment. Les arguments de critique interne développés par E. Cavallini (*MCr*, 13/14, 1978-1979, p. 113-117) en faveur de l'attribution à Alcée ne me convainquent pas ; il me paraît impossible de décider si le comparant est, comme le veut Cavallini, des hommes désarçonnés par un héros invincible (cf. *Iliade* 15,690-694 ; 16,582-585 ; *Odyssée* 22,302-309 ; Sophocle, *Ajax* 169-171), ce qui favoriserait selon elle une attribution à Alcée, ou s'il s'agit de jeunes filles (cf. Alcman fr. 157 Calame = 82 *PMGF*, avec le commentaire de Calame). Le mètre ne constitue pas en soi une objection à l'attribution à Sappho (voir l'Introduction, p. XCI), mais, comme Alcée a composé beaucoup de poèmes en strophes alcaïques et Sappho apparemment beaucoup moins, j'accepte dubitativement l'attribution à Alcée de ce fragment anonyme d'un poème en strophe alcaïque.

363. L'attribution à Alcée est incertaine : la mention de ce proverbe est ailleurs attribuée à Alcman (fr. 164a *PMGF*) et la confusion entre les noms des deux poètes est facile et attestée. Sur les problèmes d'attribution et le proverbe lui-même, voir Bühler, p. 148-153.

Page 177

365. Malgré l'analyse métrique d'Héphestion (cf. Test.), qui suppose τρῑβ-, le vocable τριβωλέτηρ (<τριβολωλέτηρ : cf. Hamm, p. 63, d'après une explication de Bergk) signifie « dévastateur de τρί-βολος » ; l'explication de Choiroboscos (cf. Test.) ἔστι δὲ εἶδος ἀκάνθης se rapporte à τρίβολος et non à τριβωλέτηρ (cf. Hesychius

254 NOTES COMPLÉMENTAIRES

τρίβολοι· ἀκάνθης εἶδος). Bergk (p. 163) rapproche Dioscoride 4,15,2, οἱ δὲ περὶ τὸν Στρυμόνα ποταμὸν Θρᾷκες (…) τὸν (…) κάρπον (τριβόλου) ὄντα γλυκὺν καὶ τρόφιμον σιτοποιοῦσι, χρώμενοι αὐτῷ ἀντὶ ἄρτου (cf. Théophraste, *Hist. plant.* 4,9,1), ainsi qu'Artémidore, *Onirocr.* 2,25 p. 144 Pack (seul manuscrit : V), ταύτης (δρυὸς) γὰρ τὸν κάρπον ἤσθιον οἱ Ἀρκάδες. Καὶ ὁ Ἀρχαῖός (Ἀλκαῖος Reiske) φησιν (Alcée fr. 91 Bergk, voir *infra*)· Ἄρκαδες ἔσσαν (ἦσαν Bergk) βαλανηφάγοι. Ces rapprochements lui permettent de faire de notre fragment une insulte d'Alcée à Pittacos : *cum ipse tribuli fructus comedas, non amplius Arcades culpandi sunt, quod iuglandibus uescantur* (il est néanmoins préférable de comprendre « <mais ce n'est pas outrageant pour toi d'être un mangeur de macres> puisque ce n'est pas outrageant pour les Arcadiens <de manger des glands> : sur γάρ elliptique, voir Denniston, p. 65-66). G. Perrotta (*A&R*, 4, 1936, p. 226 n. 7) y a vu une allusion à l'origine thrace de Pittacos. L'hypothèse de l'invective adressée à Pittacos est très vraisemblable. Bergk pense que la prétendue citation d'Alcée (selon une correction de Reiske) présente dans le seul manuscrit V d'Artémidore, écrit par M. Apostolios, n'est qu'une allusion à notre fragment (Ἀλκαῖός φησιν <ὅτι> Ἀρκάδες ἦσαν βαλανηφάγοι), mais il vaut mieux, avec Lobel (A., p. 73), lire ὁ ἀρχαῖος <χρησμός> φησιν et rapporter la citation à l'oracle delphique cité par Hérodote 1,66,2 (n° 31 Parke-Wormell, Q 88 Fontenrose), v. 2 πολλοὶ ἐν Ἀρκαδίῃ βαλανηφάγοι ἄνδρες ἔασιν. De toute façon, il est très probable qu'il ait été question dans notre fragment des Arcadiens en tant que glandivores ; Bergk propose le supplément λώβα | φάγην βαλάνοισ. Snell (*ap.* Voigt) suppose que notre fragment n'est pas un *incipit* ; si tel est le cas, alors la pratique d'Héphestion consistant à citer, dans le recueil qu'il utilise, le premier des vers qui corresponde au type qu'il recherche, permet de savoir que le vers dans lequel est composé ce fragment n'était pas employé κατὰ δίστιχον dans le poème complet.

Page 180

368. Attribué en général au poète comique Alcée (fr. 31 Kock, 37 Kassel-Austin ; voir O. Ribbeck, *Alazon. Ein Beitrag zur antiken Ethologie und zur Kenntnis der griechisch-römischen Komödie*, Leipzig, 1882, p. 76-77 avec un curieux essai d'étymologie ; W. Burkert, *RhM*, 105, 1962, p. 51 n. 74, selon lequel ἀλαζών a qualifié « ursprünglich vor allem den 'Wandernden' Bettelpriester und Seher »). Chantraine (s.v.) estime d'après Bonfante (*Scritti scelti*, I, Turin, 1986, p. 125-126) que le nom commun peut être tiré du nom de tribu thrace Ἀλαζῶνες (Hérodote 4,17 et 52 ; voir, pour l'orthographe du mot, A. Corcella, *BollClass*, 15, 1994, p. 91-99) et pense que ἀλαζών au sens de *erro* est un jeu de mot du poète comique. Néanmoins on ima-

gine bien Alcée employer ce mot à son propre sujet dans une plainte relative à sa situation d'exilé (cf. fr. 130b). S. West (*ap.* M.L. West, *ZPE*, 102, 1994, p. 2 n. 8 ; cf. West, *The East Face*, p. 496 n. 3) suggère pour ἀλαζών une dérivation à partir d'un mot d'emprunt utilisé en accadien, *aluzinnu*, et désignant une sorte de bouffon.

Page 181

370. On attend, pour *a*, le sens de « frisson précédant la fièvre », et pour *b* celui de « cauchemar », à moins 1) que les témoignages très confus des lexicographes ne doivent être rapportés à un seul et même mot ; 2) que ne soit ancienne la confusion entre ἠπίαλος « frisson précédant la fièvre », et ἐφιάλτης/ἐπιάλτης, « démon qui visite les gens pendant leur sommeil », « cauchemar », confusion d'où pourrait résulter le doublet ἐπίαλος (cf. Chantraine à ἐφιάλτης et ἠπίαλος). La notice d'Eustathe à laquelle on doit le fr. *b* suppose une confusion entre deux sens de ἐφιάλτης / ἐπιάλτης, «cauchemar» et «mal d'estomac» (cf. Souda, E 3909, Ἐφιάλτης. ὁ λεγόμενος παρὰ πολλοῖς βαβουτζικάριος. ἡ εἰς τὴν κεφαλὴν ἀκατρέχουσα ἀναθυμίασις ἐξ ἀδηφαγίας καὶ ἀπεψίας παρὰ ἰατροῖς ἐφιάλτης λέγεται). Sur ἠπίαλος, « frisson précédant la fièvre », voir Aristophane fr. 346 Kassel-Austin avec l'annotation des éditeurs et la citation d'un passage du traité de Galien Περὶ τῶν ἰατρικῶν ὀνομάτων relatif à ce mot et conservé dans une version arabe traduite du syriaque (cf. L. Canfora dans *Spazio letterario*, p. 158-160).

Page 183

372. Les Κήτειοι sont un peuple mentionné dans l'*Odyssée* (11,521, avec la note de Heubeck, Oxford, 1989) et dont l'identité était déjà mystérieuse pour les Anciens (cf. Strabon 13,1,70). Le lien plusieurs fois établi entre ce mot et le nom du pays de Hatti, « séduisant » selon Heubeck, *op. et loc. cit.*, fait l'objet d'une mention peu enthousiaste de la part de l'orientaliste A. Kammenhuber (dans *Altkleinasiatische Sprachen. Handbuch der Orientalistik* éd. B. Spuler, I 2, Leyde-Cologne, 1969, p. 127). L'*Odyssée*, *loc. cit.*, mentionne des Cétéiens compagnons d'Eurypyle, fils de Télèphe, roi de Mysie (Hésiode fr. 165,8 M.-W.). Le scholiaste de l'*Odyssée* (cf. Test.) identifie Cétéiens et Mysiens ; de fait, le fleuve censément éponyme Κήτειος est un affluent du Caïcos, qui coule devant Pergame, en Mysie (cf. Hesychius Κήτειοι· γένος Μυσῶν· ἀπὸ τοῦ παραρέοντος ποταμοῦ Κήτεος. ἢ μεγάλοι ; Strabon, 13,1,70 ; Pline, *N.H.* 5,126). Le scholiaste de l'*Odyssée* veut qu'Alcée ait employé « Cétéien » pour « Mysien » (substantif, non adjectif). Peut-être était-il question chez Alcée de l'expédition réclamée à Oreste et à ses des-

cendants par un oracle de la Pythie leur enjoignant ἐπὶ τὸν ἔσχατον Μυσῶν πλεῖν et qui devait donner lieu à une ou plutôt plusieurs expressions proverbiales très connues (*Append. prou.* 2,85 I p. 411 *CPG* avec la note ; Diogénianos 2,47 II p. 25 ; Grégoire de Chypre 2,77 II p. 80 ; Macarios 6,3 II p. 189 ; Apostolos 8,1 II p. 423 *CPG* ; Hesychius s.v. ἔσχατος Μυσῶν ; Pausanias l'Atticiste ε 58 Erbse) : voir Démon, *FGrH* 327 F 17, avec le commentaire de Jacoby (IIIb Suppl. vol. I, p. 214). Cette expédition est la fameuse migration éolienne vers Lesbos et l'Asie Mineure entreprise sous la direction de Penthile (voir n. 367 au fr. 401N). Démon signale aussi la version selon laquelle l'oracle de la Pythie avait été rendu à Télèphe parti à la recherche de ses parents.

373. C'est le nom non seulement du frère d'Alcée, mais de son père, d'après la brillante correction de J. Labarbe (*AC*, 37, 1968, p. 456-460) Ἀλκαῖος πατέρος Κίκιος au v. 4 de l'épigramme sur les neuf lyriques (cf. *TVA* XLI), suivie d'une correction identique effectuée par L. Lehnus (*Maia*, 36, 1984, p. 13-14) en *A.P.* 9,571,6 (= *TVA* XL), Ἀλκαῖος Κίκιος Λέσβιος. On notera la fausse quantité Κῖκιος dans les deux épigrammes précitées, en opposition à l'éventuel supplément de fr. 112,26 (voir n. 124 *ad loc.*) ; cette fausse quantité est supposée par l'accentuation Κίκις des lexicographes et grammairiens. Κῖκις est en rapport avec κῖκυς « force » (cf. Bechtel, *Historisch. Personennam. des Griech.*, Halle, 1917, p. 487 ; Detschew, p. 245). Labarbe remarque que le père d'Alcée semble avoir voulu exalter l'idée de force dans les noms qu'il a donnés à ses fils Kikis, Antiménidas, Alcée.

Page 184

374. Évoqué comme annonçant le printemps : cf. Hésiode, *Travaux* 485-486, ἦμος κόκκυξ κοκκύζει δρυὸς ἐν πετάλοισιν | τὸ πρῶτον, τέρπει δὲ βροτοὺς ἐπ' ἀπείρονα γαῖαν ? Voir le fr. 367 et la note 275 au fr. 334.

375. Il s'agit d'une citation d'Athénée, 11,478b, τὰ μόνωτα ποτήρια κότυλοι, ὧν καὶ Ἀλκαῖος μνημονεύει, que Welcker (p. 141) a attribuée au poète comique (fr. 39 Kock, Kassel-Austin), sans donner de raison, mais avec une très grande probabilité. En effet, dans le chapitre (11,56) qu'il consacre à ces coupes, Athénée n'évoque comme témoins que des auteurs attiques (Ion de Chios, Hermippe, Platon le comique, Aristophane) dont le premier nommé, Alcée, doit donc être le poète comique. Athénée évoque encore brièvement ces coupes au chapitre 57 et ajoute à la mention d'Hermippe celle de Cratès. Lobel-Page et Voigt, entre autres, suivent F. Orsini dans l'attribution du fragment au lyrique Alcée.

376. « So würde das Sprichwort κύματα μετρεῖν [cf. Theocrit. 16,60] dem Lyriker, da er Sprichwörter liebte, wohl zustehn : und viel-

leicht bezog sich darauf die Glosse » (Welcker, p. 143). On a aussi le proverbe ψάμμον μετρεῖς (17c Spyridonidou, p. 161-163).

Page 185

377. Texte incertain. Anthroponyme masculin d'une racine indo-européenne signifiant « homme » (voir Detschew, p. 328 s.v. Νάρις ; comparer sabin *Nero*) ?
378. Cf. fr. 433.

Page 187

380. Selon le citateur de notre fragment, « certains » pensent que le *phoinix*, instrument de musique, représente le même objet que la *magadis*, dont l'identité était déjà un objet de controverse chez les exégètes anciens (cf. Athénée 14,634c-637b), les Modernes n'en sachant pas davantage (cf. West, *Music*, p. 72-73 ; Anderson, p. 178). West (*op. cit.*, p. 59 avec n. 50) pense que le *phoinix* est un type de lyre ; certains Anciens voyaient en la *magadis* un type de harpe. Dans la perspective où c'est le mot *magadis* qui est attribué à Alcée, deux témoignages sont notables : d'après Euphorion Περὶ Ἰσθμίων (fr. 180 van Groningen) chez Athénée 4,182f et 14,635ab, cet instrument ancien (παλαιόν) aurait été transformé et appelé par la suite *sambukè* (sorte de harpe ? cf. West, *op.cit.*, p. 75-77), et aurait joué un rôle assez important à Mytilène pour que le statuaire ancien (ἀρχαῖος) Lesbothémis y représente l'une des Muses tenant une *sambukè* ; d'autre part, Ménaichmos, dans son Περὶ τεχνιτῶν (d'après Athénée 14,635b et e = *FGrH* 131 F 4), attribue à Sappho (fr. 247) l'invention de la *pektis*, sorte de harpe (West, *op.cit.*, p. 71-74 ; *CQ*, 47, 1997, p. 48-50) à laquelle il identifie la *magadis*.
381. Allusion au fr. 325.
382. Cette mention d'Onchestos pouvait se trouver dans un des poèmes dont sont tirés les fr. 307, 308 ou 325, ainsi que l'observe Page, p. 254 (cf. Barner, *Hermes*, 95, 1967, p. 24). On n'a pas envisagé — je m'en étonne — qu'Alcée ait mentionné Onchestos relativement au temple qu'y possède Poséidon (dans un hymne à ce dieu ?), car l'allusion de Strabon suit la mention de ce temple (9,2,33 ; cf. *Iliade* 2,506 ; *H.H.* 3,230 ; A. Schachter, *Cults of Boiotia*, 2, Londres, 1986, p. 207-221). À propos du reproche fait à Alcée par Strabon, P.W. Wallace, *Strabo's Descriptions of Boiotia*, Heidelberg, 1979, p. 136, écrit : « Alcaeus was correct in placing Onchestos on the extremities of Mt Helikon, for the hills along the south side of the Kopaic Basin are all foothills of Helikon. From the peak of the mountain, however, Onkhestos was indeed 12 km distant ». Le poète a dû visiter l'endroit. Comme au temple d'Athéna Itonienne (fr. 325), il y avait un festival au temple

de Poséidon à Onchestos : Pindare les mentionne tous deux en *Parth.*
2,46-47 Maehler.

Page 189

385. Sur les allusions à Alcée, voir Nisbet-Hubbard *ad loc.*, p. 361-
364. Malgré Rösler, p. 233, et Liberman, *RPh*, 62, 1988, p. 297 n. 28,
elles peuvent être considérées comme vagues, en tout cas jusqu'aux
vers 11-12, où elles prennent un tour précis. Une faute extraordinaire,
et qui constitue un témoignage inattendu du lien unissant Alcée et
Lycos, a gâté la scholie à Pindare, *Olymp.* 1,15 I p. 346 Drach., καὶ
Ἀλκαῖος (fr. 58 Bergk)· οὐκ ἐγὼ Λύκον ἐν Μούσαις ἀλέγω, pour
καὶ Ἀλκμὰν (fr. 1,2 *PMGF*)· οὐκ ἐγὼ]ν Λύκαισον ἐν καμοῦσιν
ἀλέγω. Le *canebat | et Lycum* évoque le v. 5 du fr. 39a (voir n. 68 *ad
loc.*).

386. Malgré Pease (Cambridge Mass., 1955) dans sa note au passage de Cicéron, une attribution au philosophe épicurien Ἄλκιος/
Ἀλκαῖος n'est pas à considérer : rapprocher *TVA* XXI. J.E.B. Mayor
(édition du *De natura deorum*, Oxford, 1880, *ad loc.*) veut que *naeuos
in articulo pueri delectat* soit un fragment d'hexamètre dont la suite a
été modifiée par Cicéron. Ce dernier évoque, après le passage relatif à
Alcée, l'exemple de Quintus Catulus épris de Roscius affecté d'un fort
strabisme, et cite des vers du premier qui attestent sa passion pour le
second ; le *naeuos in articulo pueri delectat* joue dans l'exemple d'Alcée le rôle dévolu aux vers de Roscius dans l'exemple de ce dernier :
de là peut-être la forme poétique de cette séquence. Noter qu'il semble
y avoir eu en latin une expression proverbiale telle que *naeuus in egre-
gio/pulchro corpore* (cf. *Nachträge zu A. Otto, Sprichwörter...*, éd. R.
Häussler, Hildesheim, 1968, p. 255 s.v. *naeuus*, en ajoutant Lucilius
546 Marx ≅ Sénèque, *De uita beata* 27,4 ; Ovide, *Tristes* 5,13,14 ;
Dion Cassius 80,9 τὴν Παῦλαν ὡς καὶ κηλῖδά τινα περὶ τὸ σῶμα
ἔχουσαν ἀποπέμψας) ; *lumen* fait jeu de mot avec *naeuus*. À *naeuus*
a pu correspondre le grec κηλίς, à *articulus* καρπός ; *pueri* rappelle
παῖς (cf. 39a,5 ; 306Ab, l. 25). Rapprocher Fronton, *Epistulae ad
Antonin. imp. et inuic.*, 1,2 p. 89 Van den Hout, *ut quisque amore
quemquam deperit, eius etiam naeuolos sauiatur* ; sur l'importance du
poignet, voir *Iliade* 18,594 = *H.H.* 3,196 ; 24,671 ; *Odyssée* 18,258 ;
24,398. Pease imagine que le *puer* en question est le Lycos du fr. 430,
mais il y a eu d'autres favoris (cf. Ménon, fr. 368 ; un certain *-mos*
fr. 306Ab l. 8). Toutefois si d'aventure Pease avait raison, le jeu de
mot *lumen/naeuus* pourrait se doubler de l'allusion à une étymologie
présumée de Lycos le liant à *lux*, λευκός. Sur la pédérastie dans la
poésie d'Alcée, voir *TVA* XXI-XXII ; Bowra, p. 163-164 ; Buffière,
p. 246-249 ; Vetta, p. XXXIX-XLII, et dans *QUCC*, 39, 1982, p. 7-20 ;
Rösler, p. 244-245 n. 321 ; C. Kugelmeier, *Reflexe früher und zeit-
genössischer Lyrik in der alten attischen Komödie*, Stuttgart/Leipzig,

1996, p. 291-293 (il considère les fr. 374 et 376 comme érotiques), et les réflexions de F. Lasserre dans son essai « Les ἐρωτικά d'Anacréon », *Mélanges B. Gentili*, I, Rome, 1993, p. 365-375.

Page 190

387. Séjour associé à un exil d'Alcée par Mazzarino (p. 66 ; voir aussi *Oriente*, p. 151), qui veut qu'il s'agisse du second (affirmation gratuite). Le mercenariat grec en Égypte est bien attesté : voir Bettalli, p. 53-73, qui suppose (p. 72) qu'Alcée a visité l'Égypte en tant que mercenaire. A. Aloni (*DArch*, 1, 1983, p. 34) suppose un mercenariat de la faction d'Alcée aux côtés des Babyloniens contre l'Égypte et la Palestine (cf. fr. 350). Charaxos, le frère de Sappho, importait du vin à Naucratis (Strabon 17,1,33 ≈ Athénée 13,596bc = Sappho 254 Voigt, 202 *LP*), importante colonie grecque en Égypte située dans le delta sur un des bras du Nil (cf. T.F.R.G. Braun dans *The Cambridge Ancient History*[2], III 3, Cambridge, 1982, p. 37-44). — Une conjecture de Jacoby consistant à substituer, dans un fragment de Posidonius (222 Kidd) chez Strabon 17,1,5, παρ' Ἀλκαίου à παρ' ἄλλου fait d'Alcée, qui s'inspirerait lui-même d'*Odyssée* 4,581, la source de l'opinion, reprise par Aristote et Callisthène, du philosophe présocratique Thrasyalkès de Thasos selon laquelle la crue estivale du Nil est due aux pluies d'été : voir, sur cette conjecture, le commentaire sceptique d'I. G. Kidd, *Posidonius*. Vol. II (ii), Cambridge, 1988, p. 798.

388. Dans la langue d'Alcée μετέωρος se dit πεδάορος (cf. fr. 315). Témoignage à rapprocher peut-être du fr. 401 O d'après la scholie à Aristoph., *Cavaliers* 361, p. 90 Koster = Souda Λ 8, κέχηνε (…) αὐτοῦ (λάβρακος) τὸ στόμα καὶ ἀθρόως καὶ λάβρως τὸ δέλεαρ καταπίνει. Le poisson est connu pour sa voracité (Élien, *N.A.* 1,30), et les bars de Milet, qui arrivent en abondance dans les eaux de cette cité, sont proverbiaux (cf. Souda *loc.cit.*). Selon Welcker (p. 135-136), le bar « *extans supra summas aquas, uel suspensus et erectus animo insidias undique cauens* diente wahrscheinlich auch zum Bilde politischer Lage und Haltung ». Edmonds suggère qu'Alcée avait comparé Pittacos au bar.

389. Texte corrompu. La leçon μήτε ἄνδρα φησὶν Ἀλκαῖος διαφυγεῖν μήτε γυναῖκα (« les désirs que, selon Alcée, ni l'homme ni la femme ne fuient »), que Lobel-Page et Voigt impriment, risque de n'être que la réfection d'un texte corrompu à partir de l'anecdote relative à Sophocle (la conjecture de J. Defradas mentionnée dans l'apparat de l'édition Budé, μήτε ἄνδρα φησὶν Ἀλκαῖος μήτε γυναῖκα, est impossible, car elle suppose la reprise, dans un emploi transitif, de l'intransitif συνεκλείπειν). Wilamowitz (*Kl.* III p. 169-170) note le peu d'à-propos, dans le contexte, d'une citation signifiant « ni l'homme ni la femme n'échappent aux désirs » et attribue à Alcée l'expression de l'idée suivante : « Selbst wenn sie das Böse ist, es macht Pläsir, wenn man es ist ». On peut se demander si on n'a pas là une citation du poète

comique (Kaibel *ap.* Wilamowitz). Si ἐπιθυμίας a fait partie de la citation, on notera que l'emploi par le lyrique de ce pluriel « philosophique »
d'un mot qui d'ailleurs n'apparaît pas avant Hérodote n'est pas particulièrement vraisemblable. Il reste qu'Alcée le lyrique s'est intéressé aux
sexualités masculine et féminine : rapprocher 347,4-5 avec n. 298.

390. Cf. Pindare fr. 106,4 Maehler, Σκύριαι δ' ἐς ἄμελξιν γλά-
γεος αἶγες ἐξοχώταται (énumération de « spécialités » de diverses
régions ; mètre du fragment éolien).

Page 191

391. Le sens est indubitable (cf. ἐκ τοῦ σκότεος τοξεύων,
Sophron fr. 90 Kaibel), mais la restitution du mot rendu par « ténèbre »
incertaine ; j'opterais pour la variante ζόφου, estimant que ψόγου a
été amené par ψέγουσι et que la variante (?) σκότου est une banali-
sation ou une glose de ζόφου (cf. Cyrille chez Hesychius ζ 183 ζόφος·
σκότος) substituée à ce mot. Alcée a le mot ζοφοδορπίδα(ι)ς (429f).

392. Il s'agit de montrer la diminution progressive de la durée de
l'année à partir de la baisse de la consommation annuelle d'huile dans
la lampe au feu perpétuel du temple de Zeus Ammon.

393. Cf. Lucien, *Hermotimos* 55, ὁ μὲν τὸ ὅλον εἰδὼς εἰδείη ἂν
καὶ τὸ μέρος, ὁ δὲ μόνον τὸ μέρος οὐκέτι καὶ τὸ ὅλον. Οὕτω καί
μοι τόδε ἀπόκριναι, ὁ Φειδίας ἄν ποτε ἰδὼν ὄνυχα λέοντος, ἔγνω
ἂν ὅτι λέοντός ἐστιν εἰ μὴ ἑωράκει ποτὲ λέοντα ὅλον ;

Page 192

395. C'est au-dessous de cette source que les Argonautes ont laissé
leur première pierre-amarre, qui fut consacrée en offrande, conformément
à un oracle d'Apollon, dans le temple d'Athéna protectrice de Jason, par
les Ioniens qui quittèrent l'Attique avec Nélée fils de Codros pour fonder
des colonies — dont Milet — et occupèrent la Carie et la Phrygie
(Apollonios de Rhodes, 1,957-960, avec la scholie au v. 959, p. 84
Wendel). Ces faits, auxquels Callimaque a fait allusion dans les *Aetia*
(fr. 109 Pfeiffer avec la note de ce dernier ; voir aussi F. Vian, édition des
Argonautiques d'Apollonios, Chant I, Paris, 1974, p. 29-30) formaient-ils
le cadre de la mention de la « Source de l'Ours » chez Alcée ?

396. Voir là-dessus Welcker, p. 144 ; Eisenberger, p. 74-76 ; F.
Vian, édition des *Arg.* d'Apollonios, Chant IV, Paris, 1981, p. 29 ;
West à Hésiode, *Théog.* 185, et dans *The Hesiodic Catalogue of
Women*, Oxford, 1985, p. 103 ; Meyerhoff, p. 15-16.

Page 193

397. Par ὡς λεγομένου κατὰ κοινὸν αὐτοῦ, le commentateur me
paraît opposer, à l'interprétation restrictive qu'il vient de donner en

rapportant le proverbe aux hommes âgés, l'interprétation générale qu'il attribue à Alcée (chez tout homme, quel que soit son âge, le ressentiment est ce qui disparaît en dernier).

398. Voir Eisenberger, p. 76-77, qui, entre autres, imagine qu'Alcée, toujours en butte à de nouveaux adversaires, rapprochait sa situation de celle d'Héraklès aux prises avec l'hydre. Noter qu'il est métriquement impossible d'attribuer à Alcée la forme ἐννἔᾰκἔφᾰλος ; on songerait plutôt à ἐννᾰ-/ἐννὄκἔφᾰλος/-κᾰρᾶνος : rapprocher Hésiode, *Travaux* 436, βόε δ᾿ ἐνναετέρω ; sur le vocalisme α/ο voir Blümel, p. 52 et 272, et sur -κεφᾱλος/-κἔφᾱλος/-καρᾱνος, voir O. Poltera, *Le langage de Simonide*, Berne, 1997, p. 358-359.

399. On connaît par Strabon (13,1,38) une version selon laquelle un Archéanax de Mytilène aurait fortifié Sigée avec des pierres prélevées sur les ruines de Troie, à une date indéterminée mais qui précède le combat de Pittacos et de Phrynon (607/606 : cf. *TVA* V). L'existence d'une famille dirigeante qui pourrait descendre de cet Archéanax est attestée par le fr. 112,24 (avec n. 123) ; une Archéanassa fait partie des connaissances de Sappho (103Ca,4 ; 213,2-3 [commentaire]). Une inscription de Delphes datant de la fin du VIᵉ s. ou du premier tiers du Vᵉ (R. Flacelière, *Fouilles de Delphes*, Paris, 1954, III 4, n° 125,7-8) mentionne un κιθαρῳδὸς Ἀρχεά<ν>αξ Ζωΐου Μυτιληναῖος. L'anthroponyme Archéanax apparaît deux fois dans les inscriptions d'Érythrée (IVᵉ s.).

400. Inconnue par ailleurs. Welcker, p. 131, met en doute l'existence d'une guerre entre Mytilène et Érythrée (comme au fr. 439, il s'agit d'Érythrée en Ionie) en tant que telle. Hérodote (1,18,3) mentionne une guerre entre Chios et Érythrée antérieure à la guerre entre la Lydie et Milet, qui débuta en 623 : Mytilène était-elle alors une alliée de Chios ? Sans vraisemblance est le rattachement par Treu (p. 108) à cette guerre entre Mytilène et Érythrée des vicissitudes plus anciennes de Pitanè (cf. fr. 439, où Érythrée est censée avoir contré les Pélasges ; voir Jacoby *FGrH*, I, p. 459 à Hellanicos 4 F 93 : « aus der Zeit der Pelasgerherrschaft in der Aiolis »).

401. Voir sur cet Apollon Shields, p. 5 ; Page, p. 247, et Meyerhoff, p. 173-174.

402. Ce fragment, παραβάλλεταί σε, est cité par le scholiaste d'Aristophane, *Oiseaux* 1648 (p. 245 Dübner, p. 291 White), qui l'attribue à Alcée. On attendrait παρβάλλεται chez le poète lyrique (Lobel) ; il convient de remarquer que le scholiaste illustre διαβάλλεταί σ᾿ ὁ θεῖος d'Aristophane en citant une occurrence de ce verbe chez le poète comique Archippos (fr. 38 Kassel-Austin) et en rapprochant *Iliade* 4,6 παραβλήδην ἀγορεύων, après quoi il cite Alcée. L'attribution au poète comique Alcée (fr. 30 Kock, 34 Kassel-Austin), due à Meineke (II p. 833) n'est donc pas, au vu du contexte de citation, sans vraisemblance, et je l'accepte. Rapprocher Hesychius παραβαλεῖς· ἀπατήσεις. Malgré Bergk (p. 191), la glose éolienne d'Hesy-

chius ζαβάλλειν· ἐξαπατᾶν ne peut servir d'argument pour l'attribution au poète lyrique.

403. Bergk (p. 151) émet l'hypothèse peu vraisemblable que ce témoignage est relatif au fr. 308. Sur Hermès échanson des dieux, voir Lucien, *Dial. deor.* 24,1 ; Càssola, p. 156 ; J. Bremmer dans *Sympotica*, p. 141, et, sur ce témoignage d'Athénée, les réflexions de K. Tümpel, *Philologus*, 49, 1890, p. 717-718, qui rapproche la dédicace d'un hermès protecteur de la vigne, *IG* XII2 476 = *Epigr. Graeca* n° 812 Kaibel.

Page 194

404. On considère en général qu'il est ici question de Thalès de Milet (11 A 11a Diels-Kranz), dont le rôle politique est connu (Diogène Laërce, 1,25 δοκεῖ δὲ καὶ ἐν τοῖς πολιτικοῖς ἄριστα βεβουλεῦσθαι ; Hérodote, 1,170,3 avec la note d'Asheri) et dont Barner (*Hermes*, 95, 1967, p. 23) imagine qu'il a pu être question ailleurs chez Alcée à l'occasion de l'éclipse de 585 (voir n. 220 au fr. 306Ae). On se représente bien, avec Mazzarino (p. 77), qu'après avoir évoqué Pindare chantant, lors des jeux Olympiques, la gloire de son contemporain Hiéron, tyran de Syracuse, Anacréon la fortune de son contemporain Polycrate, tyran de Samos, pendant la fête annuelle des Samiens en l'honneur d'Héra, Himerius évoque Alcée mentionnant son contemporain Thalès pendant la panégyrie de Lesbos (sur cette dernière, voir Hesychius μεσοστροφωνίαι· ἡμέραι ἐν αἷς Λέσβιοι κοινὴν θυσίαν ἐπιτελοῦσιν [« jours équinoxiaux » selon l'explication de K. Latte *ad loc.*] ; Robert, p. 303-304 ; fr. 129 et 130b). Il est difficile d'admettre l'hypothèse de Bowra (*Greek Lyric Poetry*, Oxford, 1936[1], p. 170), selon laquelle Thalès ne désignerait pas ici le philosophe (cf. Page, p. 155 n. 1) mais un ami d'Alcée : on attend chez Himerius la mention de l'équivalent approximatif pour Alcée d'Hiéron pour Pindare et de Polycrate pour Anacréon. Une confusion de la part d'Himerius entre Thalès et Pittacos, supposée par exemple par Wilamowitz, p. 112 n. 1, n'est guère vraisemblable (cf. Mazzarino, *loc. cit.*) : il n'y a aucune chance qu'Alcée ait évoqué son ennemi au cours d'une des panégyries de Lesbos. Peut-être y a-t-il lieu d'envisager qu'il s'agisse de Thalès ou Thalétas de Gortyne, le législateur, poète et musicien (Plutarque, *Vie de Lycurgue* 4 = Test. 6 Campbell [*Greek Lyric*, II, 1988, Loeb] ; cf. Gentili, p. 206 ; West, *Music*, p. 33 et 334), que certains considéraient comme ayant vécu plus tard qu'Archiloque ([Plutarque], *De musica* 10 1134d, avec la note de Weil-Reinach).

Page 195

406. Rapprocher Sénèque, *De rem. fort.* 8,1, *nulla terra exilium est, sed altera patria*, et les proverbes grecs et latins rassemblés par Otto, p. 268.

I. INDEX DES NOMS PROPRES

(se rapporte à la traduction des fragments. Les références renvoient au texte grec. L'astérisque signale les mots qui appartiennent aux commentateurs ou aux citateurs et n'ont pas ou ne paraissent pas avoir été employés par Alcée lui-même).

Sirius 347,5
*Smintheus 306Ea col. II, l. (11-12 ?), 14
Soleil 401E; *450
*Sophocle 434
Sparte 360,2
Sysiphe 38a,5

*Tanagra (306Ae bis, l. 4 ?)
Tantale (365,1)
Tartare 77 col. II,3; 286a,4
téien 322,2
Terre 450
Thalès 448
Thèbes (306Ac, l. 5 ?)
*Thémis 306Ea col. I, l. 3
*Thétis 450 (?)
Thrace 45,3; *306Ea col. II, l. 36
Tritaia (307e)
Troie 42,4
Troyen 283,13

Typhôs 336
Tyrrakos 383,1 (?)

*Vénus 430
*Virgile 450

Xanthe 395
Zéphyr 327,3
Zeus 34a,2; 39a,10; (42,3); (44,7); 69,1; 112,14; 129,6; 200,10; 206,1, 6; 283,10; (298,23); *306g, l. 8; (*306Ea col. I, l. 3 ?); 307a, b[1]; 308A; 338,1; 346,3; 361; 401N,9

(-ana)ctidas 300,5
*-ès (306Eb, l. 6 ?)
*-mos 306Ab, l. 9

II. INDEX SÉLECTIFS DE L'INTRODUCTION ET DES NOTES

A. Index rerum

(voir aussi les indications données dans les rubriques des *Testimonia uitae atque artis*, classés par thème)

B. Mots et syntagmes grecs

(voir aussi les mots transmis par les fr. 401 O et 402-428)

Κάριος, non Κάρικος: fr. 388 app. crit.

καρπός: fr. 431 n. 386

κὰς κεφάλαν (correction non accueillie dans le texte): fr. 346,5 n. 293

καταβάλλω: fr. 140,11 n. 142; fr. 338,5 n. 281bis

καταήσατο: fr. 296b,2 app. crit.

κατασσάτω: fr. 130a,13 app. crit.

κε(ν) éloigné du début de la proposition: fr. 358,8 app. crit.

κεμήλιος: 129,9 n. 128

κηλίς: fr. 431 n. 386

κύαθος sous-entendu: TVA XIV n. 19

κῦμα (τὼ ἀνέμω): fr. 6,1 n. 48

λεῦκος: fr. 306i col. II, l. 12 n. 207

λυκαιχμίαις: fr. 130b,10 n. 135

μάτημι: fr. 74,3 app. crit.

μέγα adverbial: fr. 364,1 app. crit.

μέδημι/μέδω + génitif dans la phraséologie hymnique et cultuelle: fr. 354 n. 312

μέσφα: fr. 306 (65) LP [fr. 67 p. 93 Porro], l. 2 (notice des pièces omises du fr. 306, p. 113)

μέτερρα = μέτρια: fr. 401C app. crit.

Μυρσίνηον (?): fr. 383,2 n. 338

νίππα = νίμμα (?): fr. 45,7 app. crit.

νόμισμα («discipline»): fr. 382,2 n. 337

νῶ ἔννεκα: fr. 43,1 n. 74

ὄγμος (?): fr. 77 col. I,15 app. crit.

δῖγω: fr. 296b,3 app. crit.

ὀνδίδηο: fr. 33c,5 app. crit. et notice

περίστροφις: fr. 143,8 n. 143

πίθος ἀδέσποτος: fr. 207,3 n. 170

πινακίς: fr. 306d, l. 6 n. 200

ποι (= που): fr. 327,2 n. 263

πόλεμον ἐκέρσαο: fr. 207,2 (scholie) n. 170

πρὸς βίαν πίνειν: fr. 332 n. 272

πρὸς θυμόν: 129,23 n. 130

προτενωπια (sic): fr. 58,17 n. 89

προτί (?): fr. 58,17 app. crit.

πρωτάλιος: fr. 43,4 app. crit. et n. 77

πύργος: fr. 112,10 n. 120

ῥεθομαλίδαις: Intr., p. xcix-c

σκέλος: fr. 306i col. II, l. 13 n. 208

σκύρων: fr. 167,3 n. 150

σύ δή (interrogation indignée): fr. 72,11 app. crit.

τετραμαρήων (après correction non accueillie dans le texte): fr. 398 n. 352

τις prétendument omis: fr. 344 n. 286

τομίαις: fr. 317a n. 255

τριβωλέτηρ: fr. 401L n. 365

τώ adverbe: fr. 73,11 n. 107

τὼι παρέοντι τρέχην: fr. 249,9 n. 178

τὠστίω: fr. 34bc,17 n. 60

ὕμνος παίδων : fr. 39a,5 n. 70

Ὑρράδ<ι>ος / ὑρράδιος: fr. 298,47 n. 192

φίλων: fr. 70,4 n. 101

φῦσαι νόημμα: fr. 61,11 n. 93

χάρῑ (?): fr. 179,10 app. crit.

ψέφος: fr. 437 app. crit.

ὦναξ: fr. 307a app. crit.

Appendice latin:

naeuus in pulchro/egregio corpore: fr. 431 n. 386

tangomenas facere: fr. 347 n. 295

C. Passages discutés

Pour les fragments d'attribution incertaine à Alcée ou Sappho, voir Intr., p. LXXXVII-C

adespot. 919 PMG: fr. 401N n. 367; 973 attribué à Pindare: Intr., p. XCVI; 975c attribué à Sappho: fr. 382 Test.; 1001 attribué à Bacchylide: fr. 309 n. 249

adespot. eleg. 19 West²: fr. 359 n. 318

Alcée le comique fr. 34 K.-A.: fr. 445 n. 402; fr. 35: fr. 389 n. 343; fr. 36: fr. 401A n. 355; fr. 38: Intr., p. XCIX-C; fr. 39: fr. 417 n. 375; cf. fr. 434 n. 389

Alcman fr. 1,2 PMGF: fr. 430 n. 385

Anacréon fr. 388 PMG: fr. 143 n. 143; fr. 403 PMG: fr. 306i col. I, l. 10-11 n. 206; fr. 505(c) PMG: Intr., p. XCIV; fr. 55 Gentili = fr. eleg. 1 West²: fr. 129 n. 130

Anonyme dans Scholia uet. in Pindari carm. I p. 10 D., v. 4: TVA XLI n. 34

Anth. Pal. 9,239: TVA LI n. 41; 9,189,1: fr. 129 n. 131

Artémidore Onirocr. 2,25 p. 144 Pack = Alcée fr. 91 Bergk: fr. 401L n. 65

Callimaque fr. 374 Pfeiffer: fr. 298 n. 191

carm. pop. 869 PMG: fr. 143 n. 143

Fragmenta Bobiensia de uersibus VI p. 623,20 K.: Intr., p. CXV

Héphestion, Περὶ σημείων 2-3 p. 73-74 C.: Intr., p. XLVI-XLVII

Hérodote 1,51,2: fr. 307 n. 242

Horace, Epîtres 1,19,28-29: TVA XXXVI n. 29

Hymn. hom. 4,437: fr. 308 n. 245

Jean le Grammairien, Comp. I §22 p. 208 Hoffmann: TVA LVI (texte grec)

CONCORDANCES

Bergk (édition de 1882)	Notre édition
HYMNI	
1-4	307abcd
5-7 + 8	308acd + 447
9	325
10	425
11	349b
12	308c
13A	309
*13B	327
*14	310
STASIOTICA	
15	140
*16	319
*17	355
18	208a,1-9
19	6,1-3
20	332
21	331
22	388
23	112,10
24	427
25	141,3-4
26	334 + 373
*27	401H
*28	401F
*29	372
*30	400
*31	330

Bergk	Notre édition
32	401B
33	350
34	338
SCOLIA	
35	335
36	362
37A	348
37B	429
*38	401L
39,1-3 et 6-8	347
40	352
41	346
42	50,1-2
43	322
44	342
45	367
*46	368
47	369
48A	387
48B	354
49	360
*50	358
51	359
52	376
53	333
*54AB	401ab
EROTICA	
55,1	384
56	374
57	366

58	cf. 430 n. 385	98	10,4
59	10,1	99	393
60	380	100	315
61	397	101	317b
*62	386	102	375
*63	[Sappho 21,12-13]	103	318
		104	371
		*105AB	394; 370
INCERTI GENERIS		106	432
		107	433
64	356	108	434
65	337	109	45 Test. II
66	382	110	435
67	396	111	362a Test.
68	336	112	437
*69	328	113	438
70	[Callimaque fr. 177,18 Pfeiffer]	114	439
		115	440
71	339	116	441
*72	378	117	442
73	313	118	443
74	311	119	444
75	349e	120	402
76	320	121	403
77	361	122	[Achaios fr. 54 Snell]
*78	363		
79	385	123	404
80	314	124	fr. 372 Test.
81	130a,1	125	401G
82	351	126	130b,6 app. crit.
83	341	127	405
84	345	128	cf. fr. 348 Test.
85	308A	129	406
86	340	130	407
87	317a	131	408
88	353	132	409
89	392	133	204,6 app. crit.
90	349a	134	411
91	cf. 401L n. 365	135	412
92	364	136	413
93	365	137	414
94	383	138	415
95	377	139	cf. 417 n. 375
96	391	140	[Alcman fr. 165 PMGF]
97	10,5-6		

141	312
142	418
143	419A
144	419
145	420
146	445
147	421
148	422
149	410
150	cf. Intr., p. XCIX-C
151	cf. 401A n. 355
152	423
153	398
154	424A
155	424

Diehl²   Notre édition
(édition de 1935 avec le supplément de 1943)

ΜΕΛΩΝ Ā
HYMNI

1	307a
2	308a
2A	390
3	325
4	328
5	310
6	311
7	382
8	327
9	349b
9A	349c
9B	349d
9C	349e
10	349a
11	3O8A
12	386
13	309
14	354
15	387

ΜΕΛΩΝ B̄

16	313

ΜΕΛΩΝ Γ̄

17	314

ΜΕΛΩΝ Δ̄

18	315

ΜΕΛΩΝ ϛ̄

18A	316

ΜΕΛΩΝ Ζ̄

19	317a
20	317b

ΜΕΛΩΝ H̄

21	318

ΜΕΛΩΝ Θ̄

22	319
23	320

ΜΕΛΩΝ Ī

24	322

STASIOTICA

24A (suppl.)	129
24B (suppl.)	130a
24C (suppl.)	130b
24D (suppl.)	131
24E (suppl.)	132
25	66
26	67

27	74	65	374
28	64	66	366
28A (suppl.)	77	67 (*uacat*)	
28B	61,8-15	68	380
29	331	69	397
30 (*uacat*)			
31	141	SCOLIA	
32	365		
33	351	70	58
34	376	71	36
35	112	72	37
36	113	73 (cf. p.227)	38ab
37	114	74	42
38	361	75	43
39	332	76	44
40	383	77	45
41	68	78	34a
42	69	79	34bc
43	70	80	39a
44	71	81	33a
45	72	82	48
46A	208a,1-9	83	41
46B	73	84-84A	33bc
47	76	85	35
48	75	86	50
49ab	401B	87	348
50	350	88	cf. Intr., p. XCVII
51	334		(25C)
52	401H	89	344
53	373	90	338
54	140	91	335
55	355	92	362
56	356	93	401L
57	395	94	347
58	388	95	352
58A	329	96	346
59	401F	97	342
60	372	98	367
61	400	99	368
62	330	100	369
		101	360
EROTICA?		102	358
		103	359
63	384	104	333
64	375	105	401

INCERTI GENERIS		131	130a,1
		132	378
106-117	[115, 117, 118 col. II, 119-122, 124, 125: cf. Intr., p. LXXXVII-XCI]	133 (*uacat*)	
		134	341
		135	345
		136	340
		137	353
118	5	138	392
119.120.122	6	139 (*uacat*)	
121	7	140	393
122A	1	141a	394
123	10	141b	370
124	337	142	364
125	336	143	cf. 401Λ n. 355
126	396	144	385
127	[Callimaque fr. 177,18 Pfeiffer]	145	363
		146	377
128	379	147	391
129	339	148	cf. 389 n. 343
130	371	149	398

TABLE DES MATIÈRES

COLLECTION DES UNIVERSITÉS DE FRANCE

OUVRAGES PARUS

Série grecque
dirigée par Jean Irigoin
de l'Institut
professeur au Collège de France

Règles et recommandations pour
  les éditions critiques (grec).
  (1 vol.).

ACHILLE TATIUS.
  Le Roman de Leucippé et
  Clitophon. (1 vol.).

AELIUS THÉON.
  Progymnasmata. (1 vol.).

ALCÉE.
  Fragments. (2 vol.).

LES ALCHIMISTES GRECS.
  (2 vol. parus).

ALCINOOS.
  Les doctrines de Platon.
  (1 vol.).

ALEXANDRE D'APHRODISE.
  Traité du destin. (1 vol.).

ANDOCIDE.
  Discours. (1 vol.).

ANTHOLOGIE GRECQUE.
  (12 vol. parus).

ANTIGONE DE CARYSTE.
  Fragments. (1 vol.).

ANTIPHON.
  Discours. (1 vol.).

ANTONINUS LIBERALIS.
  Les Métamorphoses. (1 vol.).

APOLLONIOS DE RHODES.
  Argonautiques. (3 vol.).

APPIEN.
  Histoire romaine. (2 vol. parus).

ARATOS
  Phénomènes. (2 vol.).

ARCHILOQUE.
  Fragments. (1 vol.).

ARCHIMÈDE. (4 vol.).

ARGONAUTIQUES
  ORPHIQUES. (1 vol.).

ARISTÉNÈTE. (1 vol.).

ARISTOPHANE. (5 vol.).

ARISTOTE.
  De l'âme. (1 vol.).
  Constitution d'Athènes. (1 vol.).
  Du ciel. (1 vol.).
  Économique. (1 vol.).
  De la génération des animaux.
  (1 vol.).
  De la génération et de la cor-
  ruption. (1 vol.).
  Histoire des animaux. (3 vol.).
  Marche des animaux - Mouve-
  ment des animaux. (1 vol.).
  Météorologiques. (2 vol.).
  Les parties des animaux.
  (1 vol.).

HÉLIODORE.
Les Éthiopiques. (3 vol.).

HÉRACLITE.
Allégories d'Homère. (1 vol.).

HERMÈS TRISMÉGISTE.
(4 vol.).

HÉRODOTE.
Histoires. (11 vol.).

HÉRONDAS.
Mimes. (1 vol.).

HÉSIODE.
Théogonie. - Les Travaux et les Jours. - Bouclier. (1 vol.).

HIPPOCRATE. (9 vol. parus).

HOMÈRE.
L'Iliade. (4 vol.).
L'Odyssée. (3 vol.).
Hymnes. (1 vol.).

HYPÉRIDE.
Discours. (1 vol.).

ISÉE.
Discours. (1 vol.).

ISOCRATE.
Discours. (4 vol.).

JAMBLIQUE.
Les mystères d'Égypte.
(1 vol.).
Protreptique. (1 vol.).

JOSÈPHE (Flavius).
Autobiographie. (1 vol.).
Contre Apion. (1 vol.).
Guerre des Juifs.
(3 vol. parus).

JULIEN (L'empereur).
Lettres. (2 vol.).
Discours. (2 vol.).

LAPIDAIRES GRECS.
Lapidaire orphique. - Kerygmes lapidaires d'Orphée. - Socrate et Denys. - Lapidaire nautique. - Damigéron. - Evax. (1 vol.).

LIBANIOS.
Discours. (2 vol. parus).

LONGUS.
Pastorales. (1 vol.).

LUCIEN. (2 vol. parus).

LYCURGUE.
Contre Léocrate. (1 vol.).

LYSIAS.
Discours. (2 vol.).

MARC-AURÈLE.
Écrits pour lui-même. (1 vol.).

MÉNANDRE. (3 vol. parus).

MUSÉE.
Héro et Léandre. (1 vol.).

NONNOS DE PANOPOLIS.
Les Dionysiaques. (11 vol. parus).

NUMÉNIUS. (1 vol.).

ORACLES CHALDAÏQUES.
(1 vol.).

PAUSANIAS.
Description de la Grèce.
(3 vol. parus).

PHOCYLIDE (Pseudo-).
(1 vol.).

PHOTIUS.
Bibliothèque. (9 vol.).

PINDARE.
Œuvres complètes. (4 vol.).

PLATON.
Œuvres complètes. (26 vol.).

PLOTIN.
Ennéades. (7 vol.).

PLUTARQUE.
Œuvres morales. (18 vol. parus).
Vies parallèles. (16 vol.).

POLYBE.
Histoires. (11 vol. parus).

PORPHYRE.
De l'Abstinence. (3 vol.).
Vie de Pythagore. - Lettre à Marcella. (1 vol.).

Série latine

dirigée par Paul Jal

AUGUSTIN (Saint).
Confessions. (2 vol.).

AULU-GELLE.
Nuits attiques. (4 vol.).

AURÉLIUS VICTOR.
Livre des Césars. (1 vol.).

AURÉLIUS VICTOR (Pseudo-).
Origines du peuple romain.
(1 vol.).
Abrégé des Césars. (1 vol.).

AVIANUS.
Fables. (1 vol.).

AVIÉNUS.
Aratea. (1 vol.).

BOÈCE.
Institution arithmétique.
(1 vol.).

CALPURNIUS SICULUS.
Bucoliques. CALPURNIUS
SICULUS (Pseudo-). Éloge de
Pison. (1 vol.).

CATON.
De l'Agriculture. (1 vol.).
Les origines. (1 vol.).

CATULLE.
Poésies. (1 vol.).

CELSE.
De la médecine. (1 vol. paru).

CÉSAR.
Guerre civile. (2 vol.).
Guerre des Gaules. (2 vol.).

CÉSAR (Pseudo-).
Guerre d'Afrique. (1 vol.).
Guerre d'Alexandrie. (1 vol.).
Guerre d'Espagne. (1 vol.).

CICÉRON.
L'Amitié. (1 vol.).
Aratea. (1 vol.).
Brutus. (1 vol.).
Caton l'ancien. - De la vieil-
lesse. (1 vol.).
Correspondance. (11 vol.).
De l'invention. (1 vol.).
De l'Orateur. (3 vol.).

Des termes extrêmes des Biens
et des Maux. (2 vol.).
Discours. (22 vol.).
Divisions de l'Art oratoire. -
Topiques. (1 vol.).
Les Devoirs. (2 vol.).
L'Orateur. (1 vol.).
Les Paradoxes des Stoïciens.
(1 vol.).
De la République. (2 vol.).
Traité des Lois. (1 vol.).
Traité du Destin. (1 vol.).
Tusculanes. (2 vol.).

CLAUDIEN.
Œuvres. (1 vol. paru).

COLUMELLE.
L'Agriculture. (3 vol. parus).
Les Arbres. (1 vol.).

COMŒDIA TOGATA.
Fragments. (1 vol.).

CONSOLATION À LIVIE,
ÉLÉGIES À MÉCÈNE,
BUCOLIQUES D'EINSIE-
DELN. (1 vol.).

CORIPPE.
Éloge de l'Empereur Justin II.
(1 vol.).

CORNÉLIUS NÉPOS.
Œuvres. (1 vol.).

CYPRIEN (Saint).
Correspondance. (2 vol.).

DRACONTIUS.
Œuvres. (4 vol.).

ÉLOGE FUNÈBRE D'UNE
MATRONE ROMAINE.
(1 vol.).

L'ETNA.
(1 vol.).

FESTUS.
Abrégé des hauts faits du
peuple romain. (1 vol.).

FIRMICUS MATERNUS.
L'Erreur des religions
païennes. (1 vol.).
Mathesis. (3 vol.).

QUINTILIEN.
De l'Institution oratoire.
(7 vol.).

RHÉTORIQUE
À HÉRENNIUS. (1 vol.).

RUTILIUS NAMATIANUS.
Sur son retour. (1 vol.).

SALLUSTE.
La Conjuration de Catilina. La
Guerre de Jugurtha. Frag-
ments des Histoires. (1 vol.).

SALLUSTE (Pseudo-).
Lettres à César. Invectives.
(1 vol.).

SÉNÈQUE.
L'Apocoloquintose du divin
Claude. (1 vol.).
Des Bienfaits. (2 vol.).
De la Clémence. (1 vol.).
Dialogues. (4 vol.).
Lettres à Lucilius. (5 vol.).
Questions naturelles. (2 vol.).
Théâtre. Nlle éd. (3 vol.).

SIDOINE APOLLINAIRE.
(3 vol.).

SILIUS ITALICUS.
La Guerre punique. (4 vol.).

STACE.
Achilléide. (1 vol.).
Les Silves. (2 vol.).
Thébaïde. (3 vol.).

SUÉTONE.
Vie des douze Césars. (3 vol.).
Grammairiens et rhéteurs.
(1 vol.).

SYMMAQUE.
Lettres. (3 vol. parus).

TACITE.
Annales. (4 vol.).
Dialogue des Orateurs. (1 vol.).
La Germanie. (1 vol.).
Histoires. (3 vol.).
Vie d'Agricola. (1 vol.).

TÉRENCE.
Comédies. (3 vol.).

TERTULLIEN.
Apologétique. (1 vol.).

TIBULLE.
Élégies. (1 vol.).

TITE-LIVE.
Histoire romaine. (25 vol.
parus).

VALÈRE MAXIME.
Faits et dits mémorables.
(2 vol.).

VALERIUS FLACCUS.
Les Argonautiques.
(1 vol. paru).

VARRON.
L'Économie rurale. (3 vol.).
La Langue latine. (1 vol. paru).

LA VEILLÉE DE VÉNUS
(Pervigilium Veneris). (1 vol.).

VELLEIUS PATERCULUS.
Histoire romaine. (2 vol.).

VIRGILE.
Bucoliques. (1 vol.).
Énéide. (3 vol.).
Géorgiques. (1 vol.).

VITRUVE.
De l'Architecture.
(7 vol. parus).

Catalogue détaillé sur demande